Clásicos TOMO

Aleksandr R. Beliáiev

La cabeza del profesor Dowell

El día del juicio final

Grupo Editorial Tomo, S. A. de C. V.
Nicolás San Juan 1043,
03100, México, D.F.

1a. edición, noviembre 2014.

Nicolás San Juan 1043, Col. Del Valle
03100 México, D. F.
Tels. 5575-6615, 5575-8701 y 5575-0186
Fax. 5575-6695
www.grupotomo.com.mx
ISBN-13: 978-607-415-705-5
Miembro de la Cámara Nacional
de la Industria Editorial No. 2961

Traducción: Roberto Mares
Diseño de portada: Karla Silva
Diseño tipográfico: Francisco Miguel M.
Supervisor de producción: Leonardo Figueroa

Impreso en México - *Printed in Mexico*

Dedicado a mi esposa,
Margarita Konstantínova Beliáieva

Contenido

Prólogo

Aleksandr Beliáiev nació en 1884, en Smolensk, dentro de una familia tradicionalista y en extremo religiosa, siendo su padre sacerdote de la Iglesia Ortodoxa Rusa. Dos hermanos suyos murieron muy jóvenes, por lo que él, a manera de primogénito, debía seguir el apostolado de su padre. Fue ingresado en el seminario, pero en su espontánea condición de joven liberal y ávido lector, lo que allí se le desarrolló fue un acendrado ateísmo, por lo que no llegó a hacer los votos sacerdotales y decidió estudiar derecho. Se convirtió en un brillante abogado, cuyo desempeño profesional le produjo la suficiente holgura económica para viajar, leer y desarrollar su innata vocación literaria, misma que, aunada a su interés por la ciencia, lo llevó al terreno de la ficción científica.

A partir de 1914 decidió dedicar todo su tiempo a la creación literaria, en parte porque no podía hacer gran cosa en su profesión, pues ese año contrajo una tuberculosis, y el desarrollo de esa enfermedad, junto con una previa lesión que tenía en la columna vertebral, lo dejó inválido durante una temporada. Aunque después pudo caminar, tuvo que lidiar con dolores incapacitantes y periodos de invalidez, lo que le valió el abandono de su primera mujer, quien al parecer estaba acostumbrada a ser la esposa de un exitoso abogado.

Durante la época de la revolución bolchevique, acompañado de sus dos ancianas "madres" (su madre y su aya), fue a Yalta para someterse a un tratamiento especial que prometía la cura, lo que al parecer tuvo un cierto éxito. Durante aquella larga convalecencia leyó con gran atención obras de Julio Verne, H. G. Wells y Konstantín Tsiolkovski, lo que afianzó aún más su inclinación a la ciencia-ficción.

En 1925, ya en plena efervescencia del régimen soviético, fue a vivir a Moscú y dedicó todo su tiempo a escribir. Así fue que compuso su primera gran obra: *La cabeza del profesor Dowell*, que publicó en 1926, la cual presentamos en este volumen, junto con otra novela corta que es particularmente interesante: *El día del juicio final*. Ambas novelas se insertan de lleno en el modelo "clásico" del género de ciencia-ficción, en el que se construye una historia a partir de una hipótesis científica, que da lugar a un invento o descubrimiento que genera un conjunto de cambios significativos en algunos aspectos de la vida humana, lo que da a este tipo de ficción un carácter de "espejo humanístico" frente a la fría racionalidad de la ciencia.

Muy bien acogida por el público, *La cabeza del profesor Dowell* se convirtió en la primera de una serie amplia de novelas, entre las que destacan *El último habitante de la Atlántida* (1926); *El hombre anfibio* (a veces llamada *Ictiosaurio*) (1928); *El día del juicio final* (1929); *El ojo mágico* (1935); *La estrella de KETS* (1936), y la serie antológica *La invenciones del profesor Wagner* (1926-1936).

Por la calidad de sus obras y su dominio sobre el género, se le ha llamado "el Julio Verne ruso". Fue muy leído en los propios tiempos de su producción literaria que llegó a vender más de un millón de ejemplares en ruso.

Sin embargo, la vida siempre fue cruel con Aleksandr Beliáiev; en 1930 fue a vivir a San Petersburgo (entonces Leningrado), donde murió de meningitis su pequeña hija de seis años. Su de por sí precaria salud se agravó y tuvo que someterse a operaciones durante varios años; convaleciente de una de ellas durante la Segunda Guerra Mundial, no pudo ser evacuado cuando los alemanes establecieron un prolongado cerco en torno a Leningrado. En 1942, Beliáiev murió de hambre en su cama de hospital.

Roberto Mares

La cabeza del profesor Dowell

El primer encuentro

—Por favor, tome asiento.

Marie Laurane se acomodó, hundiéndose en el sillón de cuero; mientras el profesor Kern abría la correspondencia, ella pudo echar un rápido vistazo al despacho.

"¡Qué cuarto tan lúgubre! —pensó—, claro que aquí se puede estudiar bien; nada distraería tu atención". Una lámpara de pantalla opaca iluminaba únicamente el escritorio, atestado de libros, manuscritos y pruebas de imprenta. Apenas podía entreverse el sólido y negro mueble de roble. Las paredes lucían un oscuro tapiz y las cortinas tenían el mismo tono. En medio de la penumbra solo brillaban los lomos estampados en oro de los libros, alineados en sus macizos anaqueles. El largo péndulo del viejo reloj de pared se balanceaba suave y rítmicamente.

Dirigiendo su mirada a Kern, Marie esbozó una forzada sonrisa. El profesor concordaba plenamente con el estilo de la sala. Como tallada de un roble, la tosca y voluminosa figura de Kern parecía formar parte del mobiliario. Sus grandes gafas con montura de carey semejaban esferas de reloj. Sus ojos grises, del tono de la ceniza, se movían pendularmente, recorriendo la carta. Su nariz rectilínea, el corte definido de ojos y boca y el mentón cuadrado y prominente daban a su rostro un aspecto de máscara decorativa estilizada, modelada por algún escultor cubista.

"Sería una máscara perfecta para adornar una chimenea", pensó.

—Mi colega Savatier ya me había hablado de usted. Efectivamente, necesito una ayudante. Y entiendo que usted, además, ha estudiado medicina. Perfecto. Cuarenta francos al día. Pago semanal. Desayuno y comida. Pero pondré una condición…

Dando golpecitos con su enjuto dedo sobre la mesa, formuló una inesperada pregunta:

—¿Sabe usted callar?... Todas las mujeres son parlanchinas. Usted es mujer… eso es malo; y usted es guapa; eso es peor.

—Pero, ¿qué relación puede haber…?

—La más estrecha. Una mujer guapa vale por dos y por tanto está usted doblemente dotada de defectos femeninos. Seguramente tendrá marido, novio o algún amigo, y si así es, todos los secretos se van al diablo.

Pero…

—¡Nada de peros! Tendrá que ser tan muda como un pez. Tendrá que callarse todo lo que vea y escuche aquí. ¿Acepta esa condición? Debo advertirle que su incumplimiento traerá graves y desagradables consecuencias para usted. Consecuencias extremadamente desagradables.

Marie se sentía confusa, pero el misterio la entusiasmaba.

—Estoy de acuerdo, si no hay en ello…, si en ello no hay…

—Delito, ¿quiere decir? Puede estar completamente tranquila. Además, no recaerá sobre usted responsabilidad alguna… ¿Sus nervios están bien?

—Estoy completamente sana.

El profesor asintió con la cabeza.

—¿Ha habido alcohólicos, neurasténicos, epilépticos o dementes en su familia?

—No.

Kern asintió de nuevo y acto seguido su dedo afilado y huesudo se hincó en el pulsador del timbre. La puerta se abrió sigilosamente. En la oscuridad de la habitación, como si se tratara de un negativo fotográfico, Marie percibió el blanco de unos ojos; después poco a poco aparecieron los reflejos de la brillante faz de un hombre de color. Su cabello y traje oscuros se fundían con las lóbregas cortinas de la puerta.

—John, muéstrale a *mademoiselle* el laboratorio.

El negro asintió, invitando a Marie a seguirlo, entonces abrió una segunda puerta. Entraron en una sala completamente sumida en las tinieblas.

Chasqueó el interruptor y la potente luz de cuatro semiesferas traslúcidas llenó la estancia. Marie entornó los ojos en un acto reflejo. Después de la penumbra del despacho, ahora la cegaba el reflejo en aquellas paredes, los cristales de las vitrinas reflejaban el brillo de los instrumentos quirúrgicos. Una luz fría de estaño y aluminio emanaba de aquellos aparatos que ella no podía identificar. Reflejos cálidos y amarillentos se proyectaban sobre las partes pulidas del cobre: tubos de ensayo, serpentines, matraces, cilindros de vidrio... Cristal, caucho, metal...

En medio de la habitación había una gran mesa de disección. Junto a la mesa, una caja de cristal con un corazón humano palpitante en su interior. De él partían unos finos tubos que lo conectaban a unos cilindros llenos de gas.

Marie se volvió hacia un lado y de pronto vio algo que le causó un estremecimiento súbito, como si hubiera recibido una descarga eléctrica: una cabeza humana la estaba mirando directamente. Se trataba de una cabeza y nada más, sin ninguna parte de cuerpo. Estaba fijada a un tablero de cristal cuadrangular, que se sostenía sobre cuatro elevadas y relucientes patas metálicas.

De las venas y arterias seleccionadas partían delgados tubos que atravesaban los agujeros practicados en el tablero y se dirigían a los cilindros. Otro tubo más grueso salía de la garganta y comunicaba con un gran cilindro. Tanto este último como las botellas de gas estaban dotados de llaves de paso, manómetros, termómetros y otros instrumentos nunca vistos por Marie.

La cabeza miraba atenta y dolorosamente, mientras parpadeaba. No cabía duda: existía por sí misma, separada de su cuerpo, con una vida propia y consciente.

A pesar de la perturbadora impresión, Marie no pudo dejar de notar el asombroso parecido de la cabeza con el recientemente fallecido cirujano, el profesor Dowell, quien había logrado gran fama a partir de sus experimentos de reanimación en órganos recién extraídos de cadáveres. En más de una ocasión había asistido a sus conferencias y se le había quedado grabada su elevada frente y su perfil característico, sus ondulantes y espesos cabellos castaños entreverados de canas plateadas, sus ojos azules... Sí, no cabía duda, aquella era la cabeza del profesor Dowell. Solo que sus labios y nariz eran ahora más finos, las sienes y mejillas aparecían hundidas, los ojos se adentraban más aún en las órbitas y su tez blanca había adquirido la tonalidad amarillenta de una momia. Sin embargo, sus ojos parecían albergar vida, y mostraban capacidad de raciocinio.

Marie, como hipnotizada, no podía apartar su mirada de aquellos ojos azules. En ese momento, la cabeza empezó a mover los labios en silencio. Eso fue demasiado para los nervios de la joven; a punto de caer desvanecida, fue sujetada por el criado y llevada fuera del laboratorio.

—Es horrible, horrible... repetía, tras derrumbarse sobre el sillón.

El profesor Kern, callado, repiqueteaba con sus dedos en la mesa.

—Dígame, ¿cómo es posible que sea esta la cabeza de...?

—¿Del profesor Dowell? Sí, en efecto, es su cabeza, la cabeza de mi querido y difunto colega Dowell, devuelta a la vida por mí. Por desgracia, solo he podido revivir la cabeza. No todo sale a la primera. El pobre profesor sufría una enfermedad por ahora incurable. Antes de morir, donó su cuerpo para continuar los experimentos científicos en los que trabajábamos juntos; entonces dijo: "Toda mi vida ha estado dedicada a la ciencia. Que mi muerte también le sirva. Prefiero que en mi cadáver hurgue un científico antes que los gusanos en la tumba": esa fue la última voluntad del profesor D. Dowell; así que su cuerpo me fue entregado. Conseguí no solo reanimar su corazón, sino despertar su conciencia, resucitar su "alma", como se dice popularmente. ¿Qué hay de horrible en ello? Hasta ahora la gente considera horrible el hecho de morir. ¿Acaso resucitar de entre los muertos no ha sido el sueño milenario de la humanidad?

—Yo preferiría la muerte a una resurrección así... —El profesor hizo un gesto indefinido con la mano.

—Sí, tiene sus inconvenientes para el resucitado, claro. Al pobre profesor le resultaría incómodo presentarse en público con este aspecto, digamos... incompleto. De ahí que lleváramos en secreto el experimento. Y digo "lleváramos" porque ese era el expreso deseo de Dowell. Por otra parte, el ensayo aún no había sido desarrollado hasta el final.

—¿Y cómo el profesor Dowell, es decir, su cabeza, manifestó ese deseo? ¿Es que puede hablar?

—No, la cabeza del profesor Dowell no habla. Pero sí oye, comprende y puede responder con la mímica de su rostro.

Y para desviar la conversación hacia otro terreno, el profesor Kern preguntó:

—Bien, ¿acepta usted mi propuesta? ¡Excelente! La espero mañana a las nueve de la mañana. Pero recuerde, silencio, silencio y silencio.

El enigma de la llave prohibida

Marie Laurane no había tenido una vida fácil. Tenía 17 años cuando murió su padre. Sobre sus hombros recaía el cuidado de su madre enferma. Los escasos bienes que les había dejado su padre no durarían mucho, de modo que debía estudiar y mantener al mismo tiempo a su familia. Algunos años trabajó por las noches como correctora en un periódico. Una vez obtenido el título de médico, en vano intentó encontrar un lugar en el ejercicio de la profesión. Tuvo una oferta para viajar a las indómitas tierras de Nueva Guinea, donde estaba causando estragos la fiebre amarilla. Pero ni quería viajar con su madre en tal estado ni pensaba siquiera separarse de ella. La proposición del profesor Kern le pareció la única salida posible a su situación.

A pesar de lo extraordinario de aquel trabajo, aceptó prácticamente sin vacilar. Lo que no sabía Marie era que el profesor Kern, antes de admitirla, había recabado detallados informes sobre ella.

Llevaba ya dos semanas al servicio de Kern y sus obligaciones no le resultaban muy complicadas. Debía hacer un seguimiento durante el día de todos los aparatos que mantenían con vida la cabeza. Por la noche era John quien hacía ese trabajo. El profesor le había explicado cómo manipular las diferentes espitas de los cilindros y, al indicarle el gran cilindro que conectaba a través de un grueso tubo con la garganta de la cabeza, le prohibió terminantemente abrir la llave.

—Si gira la llave de este cilindro, la cabeza moriría de inmediato. Algún día le explicaré todo el sistema de alimentación y el papel que desempeña el cilindro, pero por ahora es suficiente que sepa cómo manejar los instrumentos.

Sin embargo, en lo que respecta a la prometida explicación, Kern no tuvo ninguna prisa.

La cabeza tenía insertado un pequeño termómetro en una de las fosas nasales, mismo que a determinadas horas se debía extraer para anotar la temperatura. Las esferas estaban igualmente dotadas de termómetros y manómetros; Marie debía hacer un seguimiento de la presión y temperatura del contenido de aquellas botellas cilíndricas. Todos los aparatos estaban perfectamente regulados y funcionaban con la precisión de un mecanismo de relojería, por lo que no daban mucho que hacer a su supervisora. Otro dispositivo especialmente sensible se encontraba adherido a una de las sienes, y este registraba las pulsaciones y trazaba la correspondiente gráfica. La cinta se cambiaba cada dos días. Los cilindros se rellenaban en ausencia de Marie, antes de que ella llegara a trabajar.

Poco a poco, Marie se fue acostumbrando a la cabeza, y hasta empezó a generar una cierta empatía con ella.

Por las mañanas, cuando entraba en el laboratorio, un poco agitada y con las mejillas encendidas por la caminata y el aire frío, la cabeza le sonreía delicadamente, y los párpados le temblaban en señal de saludo.

Ciertamente, la cabeza no podía hablar, pero entre ella y Marie se estableció un lenguaje a base de gestos que era eficaz, aunque muy limitado. Bajando la mirada, la cabeza daba su asentimiento, y levantándola, su negación. Algo ayudaba también el movimiento silencioso de los labios.

—¿Cómo se encuentra hoy? —preguntaba ella.

Entonces la cabeza esbozaba una especie de sonrisa y bajaba los párpados, lo que significaba "bien, gracias".

—¿Qué tal ha pasado la noche?

Y la misma mímica por respuesta.

Tras las preguntas de rigor, Marie se afanaba sin perder un minuto en las tareas matinales. Comprobaba el funcionamiento de los aparatos, la temperatura, el pulso, y hacía las correspondientes anotaciones en el diario. Después, con sumo cuidado, enjugaba el rostro de la cabeza con una suave esponja humedecida en alcohol previamente rebajado con agua. Posteriormente se dedicaba a limpiar los pabellones auditivos con algodón húmedo, retirándole alguna hebra del algodón que se le hubiera adherido, y de igual manera le limpiaba los ojos, las orejas, la nariz y la boca; para estas últimas, se valía de unos pequeños tubos flexibles, y por último le peinaba los cabellos.

Sus manos se aplicaban a esos trabajos con gran destreza, y en la expresión del paciente se reflejaba una sensación de contento.

—Hoy hace un día maravilloso —empezó diciendo Marie—. El cielo está muy claro y azul, y el aire es frío, pero transparente y puro. Da gusto respirar a pleno pulmón. Mire cómo brilla el sol, ¡casi como si estuviéramos en primavera!

Dowell frunció los labios en un gesto de amargura cuando sus ojos se volvieron para mirar hacia la ventana, y después detuvo su mirada sobre Marie.

Ella se sonrojó, pues entendió que había cometido un error; su delicado tacto femenino le hacía evitar cualquier conversación que aludiera a todo aquello que resultaba imposible para la cabeza, y ahora le había hecho recordar las graves limitaciones físicas de su tipo de existencia. Ella experimentaba una especie de instinto maternal con la cabeza, como si se tratara de un indefenso bebé lastimado por la naturaleza.

—Bueno, ¡vamos a la tarea! —dijo con entusiasmo, en un intento de enmendar su error.

Todas las mañanas, en espera de la llegada del profesor Kern, la cabeza se entretenía con la lectura. Marie le traía algunos libros y los últimos números de revistas de medicina, y se los mostraba a la cabeza. Marie le iba hojeando las revistas hasta que la cabeza arqueaba las cejas, que era una señal de elección por algún artículo. Entonces ella le colocaba la revista en un atril y la cabeza se quedaba inmersa en la lectura. Observando los ojos del profesor mientras leía, Marie aprendió a adivinar hasta qué párrafo había llegado, y le cambiaba la página oportunamente.

Cuando había que hacer alguna anotación, el profesor le hacía una seña, y Marie pasaba su dedo por los renglones, hasta notar, por la expresión de sus ojos, que debía marcar con lápiz ese punto. En realidad ella ignoraba el motivo de aquellas marcas. Pero, dado lo reducido del lenguaje que se podía manejar, resultaría extremadamente difícil averiguarlo, así que mejor se abstenía de preguntar.

Sin embargo, en una ocasión, al pasar por el despacho en ausencia de Kern, se fijó en las revistas que había sobre el escritorio, y en ellas vio las marcas que ella había hecho siguiendo las indicaciones de la cabeza. Junto a ellas, el profesor había reescrito los párrafos señalados en una hoja de papel, eso motivó su curiosidad, y desde entonces había estado pensando en ello. En una ocasión, cuando lo recordó no pudo resistir hacerle la pregunta a la cabeza, con la esperanza de que pudiera responderle de alguna forma.

—Dígame, ¿por qué señalamos algunos pasajes concretos de los artículos que lee?

En el rostro de Dowell se dibujó una expresión de desagrado e impotencia. Miró a Marie significativamente, después bajó los ojos hacia la espita que partía del tubo conectado a su garganta y arqueó dos veces las cejas. Aquello era una clara petición, y Marie la comprendió de inmediato: el profesor quería que abriera la llave de paso prohibida. No era la primera vez que se lo pedía, y ella lo interpretaba como el deseo del profesor de que se terminara su amarga existencia; pero ella no se atrevería a hacer eso, pues era tanto como ser cómplice de su muerte. Temía tanto la responsabilidad del acto como la pérdida de su trabajo.

—No, no... —respondía con vehemencia—. Si abro la llave, usted morirá. No quiero, no pienso, no puedo matarlo.

La angustia y la incapacidad para actuar causaron convulsiones en el rostro del profesor. Por tres veces arqueó enérgicamente las cejas, lo que ella entendió como "No voy a morir por eso"; pero seguía vacilante.

Entonces la cabeza hizo un esfuerzo por mover los labios, como tratando de hablar para decir: "¡Por favor ábrala, se lo suplico!".

La curiosidad de Marie había llegado a límites extremos, se daba cuenta de que había un gran secreto en esa llave. Los ojos del profesor reflejaban una infinita tristeza, mientras seguían pidiendo, suplicando, exigiendo una sola acción. Era como si toda la fuerza de su pensamiento y de su voluntad se hubiera concentrado en aquella mirada.

Así que Marie se decidió a hacer lo que le pedía.

Su agitado corazón le golpeaba en el pecho cuando, con mano temblorosa, comenzó a girar la llave. En ese instante la cabeza dejó escapar una especie de susurro y Marie percibió una débil y quebrada voz. Sonaba trémula y silbante, como si emanara de un gramófono descompuesto.

—Se-lo-agra-dez-co…

Se liberó el aire atrapado en el cilindro, atravesando la garganta del profesor, y las cuerdas vocales se accionaron y se le dio la ansiada capacidad de hablar; pero los músculos que regulan la voz no funcionaban con eficacia, y al paso del aire se producían sonidos silbantes, lo que sucedía incluso si la cabeza no intentaba hablar. La disección de las terminaciones nerviosas en la zona del cuello no permitía actuar correctamente a los órganos vocales y ocasionaban un timbre de voz opaco y quebradizo. A pesar de ello, en el profesor se podía apreciar un alivio y satisfacción enormes.

En ese momento se escucharon pasos procedentes del despacho, y acto seguido el sonido de una llave girando la cerradura (el laboratorio siempre estaba cerrado con llave). Marie apenas tuvo tiempo de cerrar la llave de paso, con lo que cesó bruscamente el gorjeo de la garganta.

Se abrió la puerta y el profesor Kern hizo acto de presencia.

La cabeza empieza a hablar

Había transcurrido una semana desde que Marie Laurane descubrió el secreto de la llave prohibida, y en ese tiempo se había creado un vínculo más estrecho entre ellos. Las horas en que el profesor Kern acudía a la universidad o a la clínica, Marie abría la llave, dirigiendo hacia la garganta una ligera corriente de aire, para que la cabeza pudiera hablar con un susurro inteligible; también ella hablaba en voz baja, teniendo cuidado de que John no se percatara de la conversación.

Estas charlas tenían un efecto muy saludable en el profesor; sus ojos se volvieron más vivaces y las arrugas del entrecejo perdieron hondura. Él disfrutaba del diálogo, como si quisiera recuperar todo el tiempo perdido durante su obligado silencio.

La noche anterior, Marie había soñado con la cabeza de Dowell y al despertarse se preguntó si él también podía tener sueños.

—¿Sueños?... —susurró la cabeza lentamente—. Sí, tengo sueños; pero no sé lo que representan para mí, si alegría o tristeza. Me veo en los sueños completamente sano, lleno de alegría, y cuando despierto me siento doblemente desgraciado, moral y físicamente. Estoy privado de todo lo que es accesible a los vivos y solo me queda la capacidad de pensar... "Pienso, luego existo" —citó a Descartes con amargura, y agregó—: existo.

—¿Y qué ve en sus sueños?

—Aún no me he visto nunca en mi aspecto actual. Me veo como era antes, veo a mis familiares y amigos... Hace poco vi a mi difunta esposa y reviví con ella los comienzos de nuestro amor. Betty llegó a mí como paciente, tras lastimarse un pie al salir de un automóvil. Nos conocimos en mi consulta y casi sin darnos cuenta nos enamoramos de inmediato. Después de una cuarta visita le dije que tenía una foto enmarcada de mi novia en la mesa y la invité a verla. "Me casaré con ella si recibo su consentimiento", le dije. Ella se acercó a la mesa, tomó el marco, y al volverlo hacia sí se vio reflejada en el espejo que yo había colocado ahí. Se echó a reír a carcajadas y dijo: "Creo que aceptará". Una semana más tarde se convirtió en mi mujer. Esa imagen me vino como un relámpago en mi sueño... Betty murió aquí, en París. Yo llegué aquí desde América, como cirujano durante la guerra europea. Me ofrecieron tomar posesión de una cátedra, y me quedé para vivir cerca de la tumba de mi amada. Ella era una mujer excepcional...

El rostro del profesor Dowell pasó de la serenidad del recuerdo a la más profunda aflicción.

—¡Qué lejos están ahora esos días!

Se quedó pensativo, mientras el aire burbujeaba en su garganta.

—La noche pasada soñé con mi hijo. ¡Tengo tantas ganas de verlo de nuevo! Pero no quiero hacerlo pasar por una experiencia así… Para él yo estoy mejor muerto.

—¿Es mayor? ¿Dónde se encuentra ahora?

—Sí, es de su misma edad, o algo mayor. Acabó la universidad y ahora debe encontrarse en Inglaterra, en casa de su tía materna. Pero no… sería mejor no soñar. A mí —continuó la cabeza tras hacer una pausa—, no solo me inquietan los sueños. En estado de vigilia me veo atormentado por falsas sensaciones. Lo más extraño es que en ocasiones parece como si tuviera cuerpo, puedo sentirlo. Tengo de repente la necesidad de soltar con fuerza todo el aire de mis pulmones y de estirarme extendiendo al máximo los brazos como si llevara mucho tiempo sentado. Y a veces siento un dolor muy agudo en la pierna izquierda. Suena ridículo, ¿verdad? Aunque, como médica que es usted, debe comprenderlo perfectamente. El dolor es tan real que a menudo miro hacia abajo, pero claro, lo que encuentro a través del cristal es un espacio vacío y luego las baldosas del suelo. A veces tengo la sensación de estar al borde de un ataque de asfixia, y entonces casi me alegro de mi estado actual, que al menos me evita el asma… Todo esto no es más que la acción refleja de las neuronas, el recuerdo que está en ellas de la unión que tuvieron con un cuerpo viviente.

—¡Eso es algo horrible! —exclamó Marie, sin poderse contener.

—Sí, es terrible… Es curioso que antes vivía solo para mi trabajo y no le prestaba atención a mi cuerpo, inmerso como estaba en mi trabajo científico. Y ahora, habiendo perdido mi cuerpo, aprecio y extraño lo que tenía. Ahora, como nunca en mi vida, añoro el perfume de las flores, el olor que desprende el heno en los linderos del bosque, los largos paseos a pie, el ruido del oleaje... En mí no se han perdido el olfato, el tacto, ni los otros sentidos, y sin embargo estoy desconectado del mundo de las sensaciones: el olor del bosque, los colores del crepúsculo, el canto de los pájaros. El aroma artificial nunca podrá sustituir al natural. El perfume de rosas en sustitución de la flor me satisfaría tan poco como el olor del paté a una persona hambrienta que no lo tuviera como alimento. Privado de mi cuerpo me falta el mundo, un infinito y maravilloso mundo de cosas que antes ni notaba, cosas palpables y asibles. Y al mismo tiempo poder sentir el propio cuerpo, sentirse uno mismo... ¡Con gusto ofrecería mi quimérica existencia a cambio de la alegría de notar el peso de un simple guijarro en mi mano!... ¡Ah!, si supiera el enorme placer que siento con el roce de la esponja sobre mis labios cuando me lava usted en las mañanas. El tacto es la única posibilidad que me queda de sentirme en el mundo de las cosas reales... Lo único que alcanzo a hacer por mí mismo es pasarme la punta de la lengua por mis labios resecos.

Aquella tarde Marie llegó a su casa más confusa y conmovida que nunca. Su anciana madre, como era su costumbre, le había preparado un té y algo frío para picar, pero ella no pudo ni acercarse a los bocadillos, se tomó la bebida rápidamente y se levantó enseguida para irse a su habitación. Los ojos atentos de la madre no se habían separado de ella.

—¿Estás triste por algo, Marie? ¿Has tenido algún disgusto en tu trabajo?

—No, no pasa nada, mamá. Solo estoy cansada y me duele la cabeza... Me acostaré y pronto se me pasará.

Su madre no quiso retenerla y se quedó sola, suspirando pensativa.

Desde que Marie tenía ese trabajo, había cambiado mucho. Estaba más nerviosa y encerrada en sí misma. Hasta entonces su madre y ella siempre habían sido verdaderas amigas y nunca tuvieron secretos. La anciana presentía que su hija le ocultaba algo, pero a sus preguntas ella siempre respondía de forma escueta y un poco agresiva.

—El profesor Kern ha instalado una clínica en su propia casa, para enfermos especialmente interesantes desde el punto de vista médico. Y yo me encargo de atenderlos.

—¿Y qué clase de enfermos son estos?

—Hay diferentes casos, tenemos unos muy graves... —y entonces Marie, visiblemente incómoda, cambiaba de tema.

La madre no quedaba satisfecha con estas respuestas y llegó a intentar obtener más información a espaldas de la hija, pero no consiguió averiguar nada más que lo que ya sabía.

"Puede que se haya enamorado del profesor, sin tener esperanza alguna de que él le corresponda", pensaba; pero un momento después se decía que su hija no le ocultaría algo así. Además, ella era una buena chica, y Kern un solterón. Si le mostrara su amor, él no podría resistirse, pues le sería imposible encontrar otra como ella en el mundo. No, seguramente no se trataba de eso... Y la mujer trataba entonces de conciliar el sueño, dando vueltas en su colchón de plumas.

Tampoco Marie dormía. Apagaba la luz para disimular ante su madre, pero se quedaba sentada en la cama con los ojos abiertos de par en par. Recordaba cada palabra pronunciada por la cabeza y procuraba ponerse en su lugar. Se rozaba los labios con la lengua, el paladar, los dientes... y pensaba: "esto es lo único que puede hacer. Se puede morder los labios o la lengua. Puede arquear las cejas, mover los ojos, abrirlos y cerrarlos. La boca también, pero ni un movimiento más. Bueno, además podía mover algo los pliegues de la frente; pero nada más"...

Marie abría y cerraba los ojos haciendo muecas. ¡Si la viera su madre...! Pensaría que había perdido el juicio. Después empezó a tocarse los hombros, las rodillas y las manos, a darse masajes en el pecho y a deslizar sus dedos entre su espeso cabello, hasta que llegó a conclusiones que expresó en un murmullo: "¡Dios mío! ¡Qué afortunada soy! ¡Cuánto poseo! Ahora me siento rica, y antes ni me daba cuenta de ello".

El cansancio hizo mella en su joven cuerpo y los ojos se le cerraron sin que pudiera evitarlo. Entonces vio la cabeza del profesor Dowell, que la miraba fijamente con una gran pesadumbre. De repente se desprendía de la mesa y empezaba a volar. Marie corría perseguida por la cabeza, mientras Kern se lanzaba en pos de ella como un halcón. Sinuosos corredores... Enormes puertas que intentaba abrir sin conseguirlo, y Kern casi daba alcance a la cabeza. Esta silbaba y casi podía escuchar su bisbiseo junto al oído... Marie notó que se quedaba sin aire. El corazón le punzaba en el pecho, con latidos acelerados que repercutían dolorosamente en todo el cuerpo. Un escalofrío recorrió su espalda... Ella luchaba por abrir una puerta... ¡Era espantoso!

—¡Marie, Marie! ¿Qué te pasa? ¡Despierta, Marie! Estabas gimiendo.

Se acabó la pesadilla. Su madre está junto a la cabecera de la cama y la acaricia con preocupación.

—No pasa nada, mamá: Es que he tenido un mal sueño...

—Últimamente tienes muchos sueños así, mi pequeña.

La anciana salió de la habitación entre suspiros, pero Marie aún siguió un rato con los ojos abiertos y el corazón acelerado.

"Mis nervios cada vez aguantan menos" —balbuceó en un susurro, y se durmió profundamente.

¿Muerte natural o asesinato?

En una ocasión, hojeando las revistas de medicina antes de acostarse, Marie leyó un artículo del profesor Kern que trataba de sus últimas investigaciones científicas. Kern se remitía a los trabajos de otros contemporáneos suyos en ese campo.

Las citas, tomadas de otros libros y revistas, coincidían punto por punto con las que había ido subrayando con ayuda de la cabeza, durante sus lecturas matinales.

Al día siguiente, en cuanto tuvo ocasión, le preguntó a la cabeza:

—¿A qué se dedica el profesor en su laboratorio cuando yo me marcho?

Tras una vacilación, respondió finalmente:

—Proseguimos nuestro trabajo científico.

—Es decir, ¿todas esas anotaciones las hace para él? Entonces, ¿sabe usted que él está publicando esos estudios con su nombre?

—Lo imaginaba.

—Pero, ¡eso es indignante! ¿Cómo puede permitirlo?

—¿Y qué puedo hacer?

—¡Si usted no puede, lo haré yo! —dijo Marie, levantando la voz y en tono de enojo.

—Más bajo… Es inútil… Sería ridículo, en mi posición, tener pretensiones sobre los derechos de autor. ¿Dinero? Para qué lo quiero. ¿Fama?... ¡Qué me puede dar la fama!... Además, si todo esto sale a la luz, el trabajo no se podrá continuar hasta el final. Y en esto yo mismo soy parte interesada. A decir verdad, me gustaría poder ver el resultado de mis esfuerzos.

Marie se quedó pensativa.

—Sí, un hombre como Kern estaría dispuesto a todo —dijo en voz baja—. Cuando empecé a trabajar con él me dijo que usted había muerto de una enfermedad incurable y había donado su cuerpo voluntariamente para que se continuaran los experimentos. ¿Es cierto eso?

—Me resulta difícil hablar de eso. Puedo estar equivocado. Es verdad, pero… quizá no sea toda la verdad. Estábamos trabajando en la reanimación de órganos humanos, extraídos de cadáveres recientes. Él era entonces mi ayudante. Como fin último de mi trabajo, me proponía revivir una cabeza humana previamente amputada de su cuerpo. Tenía concluido todo el proceso preparatorio. Ya lo habíamos conseguido antes con algunos animales, pero no queríamos divulgarlo hasta obtener resultados fehacientes y demostrativos con una cabeza humana. Antes de esta concluyente experiencia, de cuyo éxito no dudaba, había dejado en manos de Kern un manuscrito con todos mis experimentos paso a paso, y ya listo para la imprenta.

Al mismo tiempo trabajábamos en otro asunto que estaba igualmente cercano a su resolución. En ese momento yo sufría terribles ataques de asma, una de las enfermedades contra las cuales yo luchaba como médico. Pero era una lucha que ya se prolongaba demasiado: era cuestión de tiempo saber quién de los dos saldría vencedor. Yo sabía que la victoria podría caer en manos del otro bando y fue por eso que doné mi cuerpo para su posterior estudio, aunque nunca imaginé que fuera precisamente mi cabeza el objeto de la reanimación. De modo que, durante ese último ataque de asma, Kern estaba conmigo, ayudándome. Me inyectó adrenalina... y puede que fuera una dosis excesiva; o simplemente el asma fue la culpable...

—Bueno, ¿y después?

—Asfixia, una leve agonía... y la muerte, que para mí fue tan solo como una pérdida de conocimiento... A continuación pasé por una serie de estados bastante extraños. Empecé a volver en mí lentamente; y creo que mi conciencia se despertó con el agudo sentimiento de dolor en la zona del cuello. El dolor se fue desvaneciendo poco a poco. Entonces no comprendía lo que eso significaba. Cuando hicimos los experimentos con cabezas de perros amputadas de sus cuerpos, constatamos que experimentaban terribles dolores tras la reanimación. La cabeza del perro golpeaba la fuente con tal fuerza que se le salían los tubos que habíamos conectado a sus vasos sanguíneos con el preparado de nutrientes. Entonces yo propuse anestesiar la zona de corte. Para que no se resecara ni sirviera de campo a la acción bacteriana, el cuello se sumergía en un líquido especial que llamamos Ringen-Lock-Dowell. Este preparado contiene tanto elementos nutritivos como antisépticos y narcóticos. En esta misma solución fue sumergido mi cuello. Sin esta medida preventiva habría muerto por segunda vez al poco tiempo de reanimarme, tal y como sucedió con los perros en nuestros primeros ensayos.

Pero, repito, entonces yo no pensaba en nada de eso. Todo era confuso, como si alguien me hubiera despertado tras una severa borrachera, cuando aún perduran los efectos del alcohol. A pesar de todo, en mi cerebro surgió cierta idea positiva, y era que si tenía conciencia —aun siendo vaga— eso significaba que no había muerto. Antes de abrir los ojos, medité sobre el extraño ataque de asma que acababa de sufrir. Normalmente las crisis concluían repentinamente. A veces, la intensidad del ahogo remitía poco a poco, pero yo no recordaba haber perdido nunca el conocimiento. Además, estaba esa inusitada sensación de dolor en el cuello. Y lo que era todavía más extraño: tenía la impresión de no estar respirando, pero tampoco me asfixiaba.

Probé expulsar aire, pero no podía. Es más, había perdido la percepción de mi propio pecho. Me era imposible ensanchar la caja torácica, aunque, si me esforzaba, me parecía como si los músculos pectorales se tensaran.

"Aquí pasa algo raro —pensé—. O bien estoy dormido o padezco alucinaciones". Con gran dificultad conseguí abrir los ojos, y lo único que percibí fue una gran oscuridad; escuchaba un sonido difuso. Cerré los ojos de nuevo... Usted sabe que cuando una persona muere, sus órganos sensoriales no se extinguen al mismo tiempo. Primero se pierde el sentido del gusto, después desaparece la visión y más tarde el oído. Y, por lo visto, su restauración debe producirse en orden inverso. Al poco tiempo volví a abrir los ojos y noté algo de luz, como cuando se está sumergido en el agua a gran profundidad. A continuación, esa neblina comenzó a disiparse y distinguí de forma imprecisa el rostro de Kern frente a mí, al mismo tiempo que podía oír su voz, ya con bastante claridad: "¿Está usted volviendo en sí? Me alegra mucho volverlo a ver con vida". Hice un enorme esfuerzo por intentar aclarar mi pensamiento. Miré hacia abajo, y vi una mesa justo debajo de mi mentón. Entonces no era la que ve usted ahora, sino una mesa común y corriente, como de cocina, que había sido instalada provisionalmente por Kern en el transcurso de su experimento. Quería mirar hacia atrás, pero no me fue posible volver la cabeza. Al lado de la mesa había otra un poco más alta: era una mesa de disección. Sobre ella yacía el cadáver de alguien a quien le faltaba la cabeza. Lo miré con atención y me pareció familiar, a pesar de faltarle esa parte y tener el tórax abierto en canal. Justo a su lado, en un recipiente de cristal, latía un corazón humano.

Miré a Kern, sin acabar de comprender. No podía asimilar el hecho de que mi cabeza se alzase sobre una mesa, sin que pudiera ver mi cuerpo. Intenté alargar una mano, pero no la sentí... "¿Qué me está pasando?", quería preguntar a Kern, pero solo conseguí vocalizarlo con los labios, sin emitir sonido alguno. Él me miró y sonrió. "¿No me reconoce?" —me dijo, señalándome con un gesto de cabeza la mesa de disección—. "Ese es su cuerpo. Ahora ya se ha librado del asma para siempre". ¡Él era capaz de bromear...! Entonces lo entendí todo. Mi primer impulso fue el de gritar, soltarme de la mesa y matarlo, para después hacer lo mismo conmigo... Pero no, no fue eso lo que sucedió. Mentalmente aceptaba el hecho de enojarme y gritar con rabia, pero al mismo tiempo me sorprendió la fría calma que me invadió. Es posible que estuviera furioso, pero era como si lo viera todo desde fuera. Se habían producido alteraciones en mi psique. Únicamente acerté a fruncir el ceño... y callar. ¿Acaso podía preocuparme como antes, si mi corazón latía en una caja y su sustituto adoptaba la forma de un ingenioso mecanismo?

Marie miraba horrorizada la cabeza.

—Y después de todo esto... ¿usted sigue ayudándolo en su trabajo? Si él no hubiera intervenido, usted hubiera acabado por vencer la enfermedad y ahora sería un hombre completamente sano... Kern es un ladrón y un asesino, y usted está contribuyendo a cimentar su fama. Usted trabaja para él y él, a su vez, se alimenta como un parásito de su actividad cerebral. Ha hecho de su cabeza una especie de generador de creación intelectual y se beneficia de ello con fama y fortuna. Pero, ¿y usted? ¿Qué recibe a cambio? ¿En qué vida se ha visto sumido?... Está privado de todo. Es un rescoldo al que se aferran penosamente sus deseos. Kern le ha quitado el mundo entero. Perdóneme, pero no puedo llegar a comprenderlo. ¿Cómo es posible que pueda seguir, sumiso y resignado, a su servicio?

En la cabeza se perfiló una triste sonrisa.

—¿La rebelión de una cabeza? Causaría un gran efecto, desde luego. ¿Y qué podría hacer, si estoy privado hasta de la última capacidad de un ser humano, la de acabar consigo mismo?

—Pero, ¡podría haberse negado a colaborar!

—Ya he pasado por eso, y el resultado de mi insurrección fue que él me convirtiera en una máquina de pensar. Al fin y al cabo, ¿qué más da el nombre del autor? Lo importante es que la idea se abra al mundo y lo beneficie. Si me resistía al principio era porque me resultaba exasperante tener que acostumbrarme a mi nueva existencia. Entonces prefería la muerte, antes que vivir esta vida... Le contaré algo que me sucedió en esos días; estaba solo en el laboratorio, y por la ventana se coló un enorme escarabajo negro. ¿De dónde saldría en pleno centro de una ciudad tan grande? Lo ignoro. Quizá llegó atrapado en un automóvil, después de una excursión a las afueras. El caso es que el escarabajo revoloteó a mi alrededor y fue a posarse en el tablero de cristal, justo a mi lado. Entorné los ojos siguiendo los movimientos del repugnante insecto, sin poder hacer nada por quitármelo de encima. Sus patas resbalaban sobre el cristal y sus articulaciones rechinaban mientras se acercaba lentamente a mi cabeza. No sé si usted me comprenderá. Siempre he tenido una profunda animadversión y hasta repugnancia por ese tipo de insectos. Nunca había sido capaz de rozarlos ni siquiera con un dedo; y ahora me encontraba indefenso incluso ante un enemigo tan insignificante. Para él, mi cabeza solo era un excelente trampolín para echarse a volar. Se acercaba más y más, moviendo sonoramente sus patas. Con algún trabajo consiguió aferrarse a los pelos de mi barba. Estuvo un buen rato forcejeando y enredándose en mi pelo; pero el muy testarudo cada vez trepaba más. Y así se paseó por mis labios apretados, mi nariz, y a través de mi ojo izquierdo semicerrado, hasta que, por fin, tras alcanzar la frente, cayó sobre el cristal y rebotó hasta el suelo.

Eso fue algo insignificante, lo sé, pero me produjo una fuerte impresión... Y cuando llegó el profesor Kern me negué categóricamente a proseguir las investigaciones. Yo sabía que él nunca se decidiría a mostrar en público mi cabeza, y sin utilidad, tampoco la conservaría, ya que serviría de prueba en su contra. De modo que tendría que matarme. Esos eran mis cálculos. Pero lo que sucedió fue que se desató una guerra entre nosotros y él llegó a poner en práctica medidas realmente crueles. Una vez, casi de noche, se acercó a mí con su aparato eléctrico, me colocó electrodos en las sienes y antes de activar la corriente, empezó su discurso. Estaba de pie, con los brazos cruzados, y se dirigía a mí en un tono extremadamente amable y sosegado, como un auténtico inquisidor.

"Querido colega —empezó a decir—. Estamos aquí solos, frente a frente, entre gruesas y férreas paredes. Por otra parte, aunque fueran delgadas no cambiaría nada, ya que usted no puede gritar. Puedo torturarlo de la forma más terrible y saldría impune. Pero, ¿para qué recurrir a eso? Los dos somos científicos y nos comprendemos perfectamente. Sé que su situación no es fácil, pero de eso yo no tengo la culpa. Yo lo necesito y no puedo liberarlo de su penosa existencia, y usted no está en condiciones de liberarse ni en sueños. De modo que ¿no sería mejor para ambos firmar la paz? Así usted podrá continuar sus lecciones de ciencia..."

Yo moví las cejas en un gesto negativo y vocalicé la palabra ¡no!

"Me decepciona usted. ¿Quiere un cigarrillo? Sé que no puede disfrutar de él plenamente, pues como no tiene pulmones la nicotina no podrá pasar a la sangre, pero aun así le resultaría una sensación agradablemente familiar…"

Entonces él encendió dos cigarrillos y puso uno en mi boca… ¡Con qué placer le escupí ese cigarrillo!

"Bueno, está bien, mi querido colega —dijo con el mismo tono cortés y sin ofenderse—. Me obliga usted a pasar a la acción…"

Al momento se produjo una descarga eléctrica. Fue como si un hierro candente atravesara mi cerebro.

"¿Cómo se encuentra? —me preguntó solícito, como hace un médico con su paciente—. ¿Le duele la cabeza? Seguramente necesitará un tratamiento. Lo único que tiene que hacer es…"

"¡No!", respondieron mis labios.

"¡Lástima! ¡Una gran lástima! Habrá que aumentar un poco la intensidad de la descarga. Me decepciona usted de nuevo".

Se liberó tal corriente que sentí que mi cabeza iba a estallar en llamas. El dolor era insoportable. Me rechinaban los dientes y empecé a perder el conocimiento. ¡Ojalá lo hubiera perdido del todo!, pero no fue así, por desgracia. Cerré los ojos y apreté fuertemente los labios. Kern seguía fumando y echándome el humo a la cara, mientras cocinaba mi cerebro a fuego lento. Ya no intentaba convencerme, y cuando entreabrí los ojos, vi que mi empecinamiento lo había puesto furioso…

"¡Maldita sea! Si su cerebro no fuera para mí tan necesario, hoy mismo lo freiría para dárselo de comer a mi perrito Pinscher… ¡Qué testarudo es usted!"

Finalmente, sin mediar palabra, me arrancó todos los cables de la cabeza y salió del laboratorio. Pero aún era pronto para alegrarme. Al poco tiempo apareció de nuevo y empezó a mezclar el preparado que servía de alimento a mi cabeza con sustancias irritantes que me produjeron dolores indescriptibles. Y cuando, sin querer, me encogía, él me preguntaba: "¿Qué decide? ¿Todavía no?". Pero yo era inquebrantable. Salió aún más furioso que antes, lanzando todo tipo de maldiciones, mientras yo celebraba mi victoria. Kern estuvo varios días sin aparecer por el laboratorio, y yo cada vez deseaba más que llegara mi muerte liberadora. Al quinto día llegó contento, como si nada hubiera pasado, silbando una tonadita. Sin mirarme siquiera, se dispuso a continuar su trabajo. Durante dos o tres días estuve observándolo sin tomar parte, pero inevitablemente llegó a estimular mi interés. Y cuando en el curso de sus experimentos empezó a cometer errores que podían echar por tierra todos nuestros esfuerzos anteriores, no pude aguantar más y le hice un gesto.

"¡Eso debía haber hecho mucho antes!", me dijo con una sonrisa de satisfacción, y abrió el paso del aire hacia mi garganta. Desde entonces he ido corrigiendo sus errores y continúo orientando sus experimentos... Al final ha resultado ser más astuto que yo.

Las víctimas de la gran ciudad

Desde que Marie Laurane conoció la verdad sobre la cabeza, odiaba con toda su alma a Kern, y ese sentimiento era más fuerte cada día. Su imagen se le aparecía constantemente en sus pesadillas y había llegado a obsesionarse. Cada vez que estaba con él tenía que hacer un enorme esfuerzo para no decirle en su cara "¡asesino!".

Guardaba las distancias y se comportaba con frialdad con él.

—¡Kern es un maniático asesino! —exclamaba cuando se quedaba a solas con la cabeza—. Lo llevaré ante... Contaré a voz en cuello sus delitos, no descansaré hasta verlo despojado de la fama que ha usurpado, pondré al descubierto todos sus crímenes. ¡Nada me detendrá!

—¡Más bajo... tranquilícese! —insistía Dowell— Ya le he dicho que no albergo ningún sentimiento de venganza. Si su exacerbado sentido de la justicia le exige tomar represalias, yo no voy a contradecirla... pero hágalo con calma. Le ruego que aguante hasta que concluyamos nuestros experimentos. Ahora mismo yo necesito a Kern tanto como él a mí. Él no podría terminar el trabajo sin mí y yo mucho menos sin él. Es lo único que me queda por hacer. No puedo crear nada más, pero al menos debo terminar lo empezado.

Se oyeron pasos en el despacho. Marie cerró la llave rápidamente y se sentó con un libro en la mano. La cabeza entornó los párpados, como cualquier persona que se dispone a "echar una cabeceada".

Cuando entró el profesor, la miró con recelo.

—¿Qué le ocurre? La noto triste. ¿Va todo bien?

—¡Ah, no es nada! Cuestiones familiares.

—Déjeme medir su pulso...

Ella no tuvo más remedio que tender el brazo.

—Late de una forma acelerada. Los nervios a veces juegan malas pasadas. Este es un trabajo difícil para la tensión. Sin embargo, estoy satisfecho con usted y pienso duplicarle sus honorarios.

—No lo necesito, gracias.

—¡Cómo que no lo necesita! ¿A quién no le hace falta el dinero? Además, usted tiene una familia.

Marie guardó silencio.

—Bueno, esto es lo que haremos. Necesitamos hacer ciertos preparativos. Alojaremos la cabeza del profesor en la habitación contigua al laboratorio. Solo temporalmente, por supuesto... ¿Duerme usted? —dijo, dirigiéndose a la cabeza—. Bien; mañana traerán aquí dos cadáveres frescos y prepararemos con ellos un buen par de cabezas parlantes para presentarlas en sociedad. Ya va siendo hora de sacar a la luz nuestros descubrimientos.

Kern miró de nuevo inquisitivamente a Marie; y ella, para no dejar ver su hostilidad, intentó adoptar un talante de indiferencia y se apresuró a preguntar lo primero que se le vino a la cabeza:

—¿Y de quiénes serán esos cadáveres?

—No lo sé. Eso nadie lo sabe, porque aún no son tales, sino que están vivos y saludables. Más sanos que usted y que yo, eso se lo aseguro. Necesito cabezas de personas que se encuentren completamente sanas; hasta mañana, claro, cuando les llegue la muerte. Y después, al cabo de una hora a lo sumo, los tendremos aquí en la mesa de disección. Yo me ocuparé de todo.

Marie, que ya podía esperar del profesor cualquier cosa, lo miró tan aterrada por un momento que le produjo un desconcierto; pero de inmediato se recuperó y se puso a reír a carcajada abierta.

—No piense mal. Encargué en la morgue un par de cadáveres recientes. Verá usted, esta ciudad es como un moderno Moloch, que diariamente exige sus sacrificios humanos. Cada día, las infalibles leyes de la naturaleza hacen morir por accidentes a un determinado número de personas: por el tráfico de coches, en las fábricas, en las obras... Estos "condenados" son gente llena de vida, plena de energía y salud, ellos dormirán ahora con toda tranquilidad, sin sospechar siquiera lo que les espera al siguiente día. Se levantarán, desayunarán despreocupadamente, y se dispondrán a acudir a sus lugares de trabajo como creerán ellos; aunque en realidad acudirán inevitablemente a su cita con la muerte.

Al mismo tiempo, en el otro extremo de la ciudad, y de forma igualmente rutinaria, estarán desayunando y preparándose para salir sus involuntarios y fatales verdugos, el conductor del automóvil o del tranvía... Venciendo la corriente del tráfico matutino, se irán acercando tenazmente el uno al otro, sin llegar a conocerse hasta llegar al punto de encuentro que el destino les tiene designado, allí donde se cruzan sus caminos.

Un instante después, uno de los dos yacerá con la mirada perdida en el vacío... y ya está. Las estadísticas que registran el número de víctimas del tráfico aumentan una décima. Miles de coincidencias los conducirán inevitablemente a este nefasto punto de encuentro. Y, sin embargo, todo se cumple eficazmente, con la precisión del mecanismo de un reloj, como el momento en que se superponen en el mismo plano las manecillas del reloj, que se mueven a velocidad desigual.

Nunca se había mostrado el profesor Kern tan comunicativo con ella... ¿Por qué ahora hacía gala de tan inesperada generosidad? "Pienso duplicar sus honorarios", había dicho; "quiere adularme, quiere comprarme —pensaba Marie—. Seguramente sospecha que pueda intuir, o incluso saber, demasiadas cosas. Pero no permitiré que me soborne".

Los nuevos huéspedes del laboratorio

A la mañana siguiente, en la mesa de disección del laboratorio, yacían, en efecto, dos cadáveres recientes.

Las dos nuevas cabezas destinadas a exhibirse en público, no debían tener conocimiento de la existencia del profesor Dowell. Y por eso su cabeza fue trasladada a la sala contigua.

Un cuerpo de hombre pertenecía a un trabajador de unos 30 años, víctima de un accidente automovilístico. Su voluminoso tronco estaba aplastado y en los vidriosos ojos entreabiertos se había petrificado su mirada de pánico.

Kern, Marie y John se afanaban con los recién llegados.

—Habían algunos cadáveres más —observó el profesor Kern—. Un albañil que se cayó del andamio, pero lo descarté por presentar conmoción cerebral y seguramente daños irreparables. Tampoco quise algunos suicidas que habían decidido envenenarse. En cambio este era ideal. Y no menos esta preciosidad de vida nocturna —señaló con un gesto de cabeza un cuerpo de mujer, en el cual aún se apreciaba cierta belleza ya marchita en el rostro. Quedaban restos de carmín y maquillaje. Tenía la cara relajada, solo las cejas arqueadas y la boca entreabierta le daban cierto aspecto pueril de sorpresa—. Era cantante en un club nocturno. Murió en el acto por una bala perdida durante una pelea entre dos malvivientes borrachos; la bala le dio justo en el corazón, ¿ven?, ni apuntando se lograría un tiro así.

El profesor Kern se manejaba con rapidez y precisión. Las dos cabezas fueron cercenadas y los cuerpos evacuados del laboratorio. Unos minutos más tarde, las cabezas ya se encontraban montadas en sus aditamentos de revitalización y se habían entubado las gargantas, las venas y carótidas.

Kern se encontraba en un estado de optimista excitación. Se acercaba el momento más solemne y estaba seguro de su éxito. La presentación y ponencia que tenía previstos se celebrarían en un acto al que asistirían las celebridades científicas más destacadas del momento. Y en la prensa ya podían leerse artículos que anticipaban el acontecimiento, destacando la genialidad del doctor Kern, cuya foto aparecía en diversos medios. La comunidad científica internacional también hacía eco del extraordinario descubrimiento de Kern, consistente nada menos que en la reanimación de cabezas humanas.

Una vez que hubo concluido, Kern se lavó las manos y se mostraba tan satisfecho que silbaba una melodía; finalmente encendió un puro y se quedó contemplando con satisfacción las dos cabezas que tenía delante.

—¡Vaya! Tenemos en bandeja la cabeza de Juan y la de la propia Salomé. Será un encuentro interesante. Solo falta abrir la llave y... los muertos volverán a la vida. Bueno, *mademoiselle*, es hora de resucitar. Abran las tres llaves de paso. Este cilindro contiene tan solo aire comprimido, no veneno; ande pues.

Para Marie hacía tiempo que esta acción no constituía una novedad, pero, por precaución casi inconsciente, no lo manifestó. Pero Kern pareció reflexionar y perdió bruscamente su sonrisa. Se acercó hasta casi casi pegar su rostro al de Marie, y le dijo:

—Le pido expresamente que no abra la llave del profesor Dowell. Él… tiene dañadas las cuerdas vocales y…

Mientras ella sostenía su desconfiada mirada, añadió:

—Pase lo que pase…, se lo prohíbo. Sea obediente, si no quiere atenerse a muy desagradables consecuencias.

Retomando el tono jocoso, se puso a tararear un estribillo de la obra *Pagliacci* y anunció:

—¡Bien! ¡Empieza la función!

Marie giró las llaves de paso.

La primera en dar señales de vida fue la cabeza del hombre. Un estremecimiento casi imperceptible recorrió sus párpados. Las pupilas se tornaron más diáfanas.

—Hay circulación. Todo va bien…

Repentinamente, los ojos dirigieron su mirada hacia la luz de la ventana. Se estaba despertando la conciencia.

—¡Vive! —gritó exultante Kern— ¡Aumente el paso del aire!

Marie abrió más la llave y el aire circuló silbante por la garganta.

—¿Qué ocurre? ¿Dónde estoy?... —pronunció con dificultad la cabeza.

—En el hospital, amigo mío —lo tranquilizó Kern.

—¿En el hospital…? —la cabeza entornó los ojos, miró hacia abajo y se encontró con un espacio vacío—. Pero, ¿dónde están mis piernas?; ¿y mis manos?; ¿y mi cuerpo?

—No están, querido amigo, Usted estaba hecho mil pedazos; solo la cabeza quedó intacta, y hubo que amputarle el tronco.

—¡Cómo! ¿Amputar? No, no quiero… ¿Qué clase de operación es esta? ¿Para qué voy a servir ahora? Con una sola cabeza no te ganas el pan. Necesito mis manos. Sin manos ni piernas nadie me dará trabajo… Sales del hospital, ¿y qué?... Y además, ¿cómo salir? ¿Qué hago yo ahora? Necesito comer y beber. Yo sé cómo son nuestros hospitales. Te dejan un rato y luego te dan de alta, diciendo que estás curado. No, desde luego que no estoy de acuerdo —afirmó convencido.

Su forma de hablar, así como sus anchas facciones, su torso terso y moreno, el peinado, y esa mirada ingenua de sus ojos azulados, todo hacía pensar en un hombre de clase baja. Seguramente se había visto obligado a dejar a los suyos para entregarle a la ciudad su joven y sano cuerpo.

—Bueno, supongo que al menos me darán algún subsidio... ¿Y dónde está el otro? —recordó de repente, abriendo lo más que pudo los ojos.

—¿Quién?

—Pues ese... el que me atropelló... Aquí estaba el tranvía, allí otro, y luego el que se me echó encima...

—No se preocupe. Recibirá su merecido. Se anotó la matrícula del camión, por si le interesa: 4711... ¿Cómo se llama? —le preguntó Kern.

—¿Yo? Thomas... Thomas Bush me llamo.

—Pues bien, Thomas, mire lo que vamos a hacer: no le va a faltar nada, no pasará frío, ni hambre ni sed. Nadie lo va a dejar en la calle, no se preocupe.

—¿Y me van a dar de comer para nada? ¿Es que me van a exhibir de feria en feria, para sacar dinero conmigo?

—Bueno, sí lo vamos a exhibir; pero no en ferias. Lo exhibiremos ante científicos. Pero ahora descanse —dijo, y volviéndose hacia la otra cabeza, comentó—: Esta Salomé se está haciendo del rogar.

—¿Y eso qué es? ¿Otra cabeza sin cuerpo? —preguntó Thomas.

—Así es; para que no estuviera tan aburrido nos hemos ocupado de traerle una dama que le haga compañía... Marie, cierre la llave para que no nos moleste con su verborrea.

Kern extrajo el termómetro de la fosa nasal de la mujer.

—La temperatura es más alta que la de un cadáver, pero aún le falta calor, está volviendo muy despacio.

Pasaba el tiempo y la segunda cabeza no acababa de resucitar. Kern empezaba a preocuparse. Se paseaba por el laboratorio, miraba su reloj impaciente, y cada uno de sus pasos resonaba en la sala.

La cabeza de Thomas lo miraba con un aire de desconcierto, y movía los labios, pero de ellos no salía sonido alguno.

Finalmente, Kern se acercó a la cabeza de la mujer y observó con atención los tubos de cristal, cuyas terminaciones de caucho se insertaban en la carótida.

—Aquí está el motivo, este tubo está demasiado holgado, y eso causa una circulación lenta, deme uno más grueso.

Una vez cambiada la pieza, la cabeza empezó a revivir en pocos minutos.

La cabeza de Briquet —que así se llamaba su dueña— reaccionó con mayor agitación ante su reanimación. Cuando volvió en sí definitivamente se puso a gritar con ronca voz y a suplicar que la mataran antes de dejarla convertida en un monstruo.

—¡Ah!... ¡Ah!... ¡Mi cuerpo! ¡Mi pobre cuerpo!... ¿Qué es lo que han hecho conmigo? ¡Sálvenme o acaben conmigo! ¡Yo no puedo vivir así!... Déjenme al menos ver mi cuerpo... Aunque, no; será mejor que no; estará sin cabeza... ¡Qué horror! —Cuando consiguió serenarse, se dirigió al profesor—: Usted dice que me ha devuelto la vida. Yo tengo pocos estudios, pero bien sé que una cabeza no puede vivir sin cuerpo. ¿Qué es esto, un milagro o una brujería?

—Ni una cosa ni la otra. Es una conquista de la ciencia.

—Si su ciencia es capaz de hacer un milagro así, será capaz de hacer otros. Póngame otro cuerpo. Osiel George me atravesó con una bala... Pero más de una se pega un tiro entre ceja y ceja. ¿Qué tal si le separa el cuerpo y me lo encaja a mí? Solo que antes tengo que verlo, claro. Hay que elegir un cuerpo bonito... Así, como estoy, no voy a ninguna parte. Una mujer sin cuerpo..., eso es algo peor que un hombre sin cabeza. —Y dirigiéndose a Marie, añadió—: Haga el favor de traerme un espejo. —Viendo su imagen reflejada, la estudió detenidamente—.

¡Horrible!... ¿Le puedo pedir que me arregle un poco el pelo? En este estado yo no me puedo peinar sola.

—Ahora tiene usted un nuevo trabajo —bromeó Kern con Marie—. Por supuesto, habrá que aumentarle el sueldo como corresponda. —Después miró el reloj y acercándose a Marie, le susurró—: En su presencia —refiriéndose a las cabezas—, ¡ni una palabra sobre el profesor Dowell!

Cuando Kern abandonó el laboratorio, Marie fue a ver cómo se encontraba el profesor Dowell. Este tenía la mirada triste, pero esbozaba una forzada sonrisa.

—¡Pobrecito mío, pobre...! —musitó Marie—. No se preocupe, pronto será vengado.

La cabeza hizo un gesto y ella se apresuró a liberar el paso del aire.

—Mejor cuénteme qué ha pasado con el experimento —dijo con voz quebrada y sonriendo débilmente.

Para las cabezas de Tom y Briquet era aún más difícil que para Dowell acostumbrarse a su nueva forma de existencia. Este último seguía inmerso en el mismo terreno científico del que se había ocupado anteriormente. En cambio ellos eran gente más sencilla, y sin sus cuerpos su vida carecía de sentido. Era de esperar que pronto extrañarían con gran vehemencia su anterior condición.

—¿Acaso puede llamarse vida a esto? —se quejaba Thomas.

Aquel abatimiento era propio de los "cautivos de la ciencia", como los llamaba Kern bromeando, sin embargo, lo tenía preocupado, pues si persistía su estado de ánimo podrían no llegar en buenas condiciones al evento en que se les exhibiría públicamente.

El profesor Kern puso todo su empeño en entretenerlos, trayendo un proyector para que Marie y John organizaran sesiones vespertinas de cine. Como pantalla les servía perfectamente la blanca pared de laboratorio.

A Tom le gustaban sobre todo las comedias de Charles Chaplin y Monty Banks. Las escenas cómicas le hacían olvidar su infrahumana existencia. A veces incluso se escapaba de su garganta algo parecido a una carcajada, y se le saltaban las lágrimas de la risa.

Al final de una de las películas, Banks recibe su merecido y luego cambia la escena: aparece la imagen de una granja. Una niña está dando de comer a las gallinas. Al fondo del establo se ve a una joven mujer ordeñando una vaca y apartando con el codo al ternero que intenta chupar de la ubre. A continuación llega corriendo un perro desgreñado que mueve el rabo alegremente y, tras él, el granjero que trae de las riendas a su caballo.

Thomas, casi sin aliento, soltó una especie de gruñido y empezó a gritar:

—¡Basta! ¡Basta!...

John, que se encargaba del proyector, no entendía lo que pasaba.

—¡Pare la película! —le gritó Marie, apresurándose a encender la luz.

La imagen palideció brevemente y luego desapareció, tras lo cual John desconectó totalmente el aparato.

Marie se fijó en la cabeza de Thomas. Sus ojos estaban llenos de lágrimas, pero ya no eran de risa. Toda su cara estaba constreñida en una mueca, como un bebé a punto de estallar en llanto. Con la boca torcida empezó a decir entrecortadamente:

—Como nosotros... igual que en la aldea... la vaca... las gallinas... Ya no está. Todo ha desaparecido ahora...

Marie estaba junto al proyector. Pocos instantes después se apagó la luz y temblaron las sombras en la pared. Harold Lloyd hacía cabriolas para huir de los agentes de la ley que lo perseguían. Pero Tom ya no tenía humor para nada, y ver las imágenes de la gente corriendo lo deprimía aún más.

—Mírenlo, va por ahí como un atleta. Si estuviera como yo no daría esos saltos.

Marie probó cambiar de nuevo la película. Pero la escena de un baile aristocrático descolocó por completo a Briquet. Ver todas esas mujeres hermosas ataviadas con lujosos vestidos y luciendo preciosas joyas le parecía insoportable.

—¡Basta!... No quiero ver cómo viven los demás —dijo.

Finalmente decidieron desmontar el proyector y traer un aparato de radio para intentar distraerlos de otra manera; pero a ambos les sobrecogía la música, especialmente las piezas que se prestaban al baile.

—¡Dios mío, cómo bailaba yo eso! —exclamaba Briquet, con los ojos llenos de lágrimas.

Así que hubo que buscar de nuevo otro entretenimiento.

Briquet se mostraba caprichosa, pidiendo el espejo a cada momento e imaginando todo tipo de peinados. Quería que la pintaran con el lápiz de los ojos, la empolvaran y le aplicaran colorete. Le molestaba la falta de conversación de Marie, quien no alcanzaba a comprender los misterios de la cosmética.

—Pero, ¿es que no ve —le decía enojada— que el ojo derecho está sombreado en un tono más oscuro que el izquierdo? Levante más el espejo.

También exigía que le trajeran revistas de moda y de patrones, y obligó a que le tapizaran la mesa en la que se encontraba su cabeza. Pero el colmo fue cuando se le ocurrió que, "por una cuestión de pudor", ella no podía dormir en la misma habitación que un hombre.

—Pónganme un biombo por la noche; o aunque sea un libro abierto.

Marie colocó un gran libro, a modo de biombo, en la mesa de Briquet, junto a su cabeza.

No menos quehaceres le daba Thomas. Una vez se empeñó en que quería tomar vino, y el profesor Kern no tuvo más remedio que darle la ocasión de emborracharse, añadiendo pequeñas dosis de sustancias embriagadoras al líquido que le servía de sustento.

A veces Tom y Briquet cantaban a dúo, pero la debilidad de sus cuerdas vocales no les ayudaba y el resultado era desastroso.

—Mi pobre voz... ¡Si pudieran oír cómo cantaba antes! —se lamentaba Briquet, alzando las cejas impotente.

Por las tardes se mostraban más filosóficos. La inaudita situación en que se encontraban los llevaba, incluso con su natural simpleza, a interesarse por las grandes cuestiones existenciales, por la vida y por la muerte.

Briquet creía en la inmortalidad del alma. Tom, en cambio, era materialista.

—Claro que somos inmortales —afirmaba ella—. Si el alma muriera con el cuerpo, no regresaría a ocupar una cabeza.

—Pero, ¿usted dónde tenía el alma, en la cabeza o en el cuerpo? —preguntó con saña Tom.

—Por supuesto que en el cuerpo..., por todas partes... —respondió insegura Briquet, sospechando que la pregunta tenía trampa.

—De modo que el alma de su cuerpo ahora va por ahí sin cabeza en el otro mundo.

—¡Usted sí que no tiene cabeza! —le recriminó ella ofendida.

—Si hay algo que tengo es cabeza, aunque solo sea eso —prosiguió Tom—. ¿Y dice usted que el alma de su cabeza no se quedó en el más allá? ¿Qué volvió a la tierra a través de ese manguito de goma? No... —dijo en tono más serio—. Somos como máquinas; dejas pasar el vapor y nos ponemos de nuevo en marcha. Pero, si saltamos en mil pedazos, no hay vapor que valga.

Finalmente, los dos se sumieron en sus propios pensamientos.

El cielo y la tierra

Los argumentos de Thomas no habían convencido a Briquet. A pesar de su modo de vida desordenado, era una ferviente católica. Y, aunque sus días eran bastante agitados y no podía permitirse pensar en lo que la esperaba en la tumba —y mucho menos en ir a misa—, la religiosidad que le habían inculcado en su infancia seguía hundida en ella como un clavo. Ahora pensaba si la situación que vivía era la más adecuada para que la semilla de esa creencia diera sus frutos.

Su vida actual era terrible, pero la muerte —la posibilidad de morir por segunda vez— la aterraba aún más. Por las noches soñaba con una vida de ultratumba. Veía surgir las lenguas de fuego del infierno, mientras su cuerpo pecador se achicharraba en una enorme caldera.

Se despertaba aterrorizada, sin resuello y con un castañeteo de dientes. Su cerebro sobreexcitado necesitaba aumentar la dosis de oxígeno recibida, pero por otra parte se hallaba privada de corazón, auténtico motor que regula y distribuye la cantidad de sangre necesaria para cada órgano. Intentaba gritar para despertar a John, que hacía guardia cerca de ellos, pero este —para dormir tranquilo aunque fuera unas horas— a veces cerraba las llaves de paso del aire, contraviniendo lo prescrito por el profesor.

Briquet abría y cerraba la boca como un pez fuera del agua, e intentaba hacerse oír, pero su voz quedaba ahogada al igual que el pez en su última bocanada antes de morir.

Mientras tanto, las quiméricas sombras vagaban por la sala, los rostros iluminados con el fuego infernal... se acercaban a ella tendiendo sus garras afiladas. Entonces ella cerraba los ojos, pero eso no le ayudaba, porque seguía viéndolos. Y lo que es más extraño: le parecía como si su corazón quedara frío e inerme por el terror.

—Señor, Señor todopoderoso, ¿acaso no podrás perdonar a tu sierva —pronunciaba con sus labios sin sonido—, tú que eres la suma bondad? He pecado mucho, pero ¿soy culpable de ello? Tú sabes cómo pasó todo. No conocí a mi madre, no tuve quien me enseñara la senda del bien... Pasé hambre... y, ¡cuántas veces he recurrido a ti en busca de ayuda! No te enfades conmigo, no te reprocho nada —continuaba temerosa su muda oración—. Únicamente quiero hacerte ver que soy inocente, y quizá con la misericordia de tu corazón puedas enviarme al purgatorio... Pero, por favor, ¡libérame del infierno!; me moriría de miedo... Pero, qué tonta soy, ¡allí uno no muere! —y de nuevo comenzaba sus ingenuas súplicas.

Thomas tampoco dormía bien, aunque a él no lo perseguían pesadillas infernales. Sus sueños reflejaban la añoranza de las cosas terrenales. Apenas unos meses antes había salido de su aldea, dejando en ella cuanto amaba su corazón y llevando por todo equipaje los víveres, cargado de tortitas y de un montón de sueños: ganar el suficiente dinero en la ciudad para comprarse un pequeño terreno. Y entonces podría casarse con su Marie, tan buena muchacha y de mejillas sonrosadas... Y su padre entonces ya no podría oponerse a tenerlo como yerno.

Pero todo se hizo añicos... En la blanca pared de su inesperada celda podía ver a una alegre y hermosa mujer, que le recordaba en todo a su Marie, ordeñando una vaca. Pero en vez de él, otro hombre cruzaba el patio entre las alborotadas gallinas y el caballo que espantaba rítmicamente las moscas con el rabo. Porque Tom estaba muerto, ya no existía, y su cabeza estaba puesta en un palo como un espantapájaros. ¿Dónde habían ido a parar sus brazos musculosos y su robusto cuerpo? Solo podía hacer chirriar los dientes en su desesperación. Después se echó a llorar en silencio, y sus lágrimas cayeron sobre el cristal que lo sostenía.

—¿Qué es esto? —preguntó Marie al hacer las faenas matinales—. ¿De dónde ha salido esta agua?

Aunque John ya había tenido la precaución de activar de nuevo la llave de aire, Tom no contestó. Miró con desprecio a

Marie, y cuando ella se acercó a la cabeza de Briquet, murmuró con voz ronca a sus espaldas: "¡Asesina!". Ya se había olvidado del conductor que lo había atropellado y ahora cargaba el peso de la culpa sobre aquellos que lo rodeaban.

—¿Qué ha dicho, Thomas? —le preguntó Marie tras volverse hacia él.

Pero sus labios estaban de nuevo sellados, aunque sus ojos no ocultaban la ira contenida.

Marie se sorprendió por esta actitud y quería interrogar a John sobre los motivos de ese mal humor, pero Briquet ya estaba reclamando su atención.

—Sea tan amable de rascarme la nariz por el lado derecho. Me mata no poder hacer nada... ¿No tendré ahí un grano? ¿Entonces, por qué me pica tanto? Haga el favor de darme el espejo. —Marie se lo acercó a la cara—. Gírelo hacia la derecha porque así no veo. Un poco más... Así. Está algo enrojecido. Tal vez tenga que aplicarme alguna crema. —Marie le aplicó la crema con paciencia—. Perfecto. Ahora, si pudiera empolvarme... se lo agradecería... Señorita Laurane, quisiera preguntarle algo...

—Usted dirá.

—¿Qué cree usted...? Si una persona que ha pecado mucho se confiesa con un sacerdote y se arrepiente de sus pecados, ¿puede ser perdonada y alcanzar el paraíso?

—Claro que sí —respondió ella con seriedad.

—Tengo pánico por las torturas del infierno... —reconoció Briquet—. Por favor, haga venir a un cura, quiero morir cristianamente... —dijo, adoptando el gesto de una mártir moribunda, alzando los ojos al cielo. Después los bajó de repente y exclamó—: ¡Qué hechura tan interesante tiene su vestido! ¿Es lo que se lleva ahora? Hace tiempo que no me trae ninguna revista de moda. —Sus ideas habían vuelto al ámbito terrenal—. El dobladillo es corto... Unas piernas bonitas ganan mucho con la falda corta. ¡Ahhh... mis piernas! ¡Mis pobres piernas! ¿Usted llegó a verlas? Cuando bailaba, ¡los hombres perdían la cabeza!

En ese momento entró en la habitación el profesor Kern.

—¿Qué tal va todo? —preguntó alegremente.

—Escuche, señor profesor —empezó Briquet, dirigiéndose a él—. Yo no puedo más... Tiene que encajarme en el cuerpo de alguien... ya se lo pedí antes y ahora lo hago de nuevo. Se lo ruego, por favor. Estoy segura de que usted puede hacerlo si se lo propone...

"¡Diablos!... ¿y por qué no?", se le ocurrió de pronto a Kern. Aunque él se llevara todos los honores con su experimento de revivificación de cabezas humanas, sabía perfectamente que el mérito de tal logro lo debía por entero al profesor Dowell. Pero, ¿y si continuara su trabajo y fuera más lejos? Formar una persona viva partiendo de dos muertas, sería algo en verdad formidable... De tener éxito, todo el reconocimiento sería de pleno derecho para él, lo cual no impedía que pudiera servirse de algunos consejos de su colega Dowell. Sí, decididamente había que pensar en ello.

—Y a usted le encantaría volver a bailar, ¿no es así? —dijo a Briquet mientras le echaba el humo de su cigarro en la cara.

—¿Que si quiero? Estaría bailando día y noche. Mis brazos serán como las aspas de un molino, y revolotearé como una mariposa... ¡Póngame un cuerpo femenino joven y hermoso!

—Pero, ¿por qué necesariamente femenino? —preguntó Kern, juguetón—. Si usted me lo pide, puedo darle un cuerpo de varón.

Briquet lo miró entre sorprendida y aterrada.

—¿Un cuerpo de hombre? ¡Una cabeza de mujer en un cuerpo de hombre! ¡No, de ninguna manera, es una completa locura!... Hasta sería difícil elegirle traje.

—Pero entonces usted podría dejar de ser mujer y transformarse en un hombre. Le crecería la barba y el bigote, y le cambiaría la voz. ¿Es que no querría convertirse en un hombre? Muchas mujeres lamentan no haber nacido hombres.

—Seguramente serán mujeres a las que los hombres no prestaban ninguna atención. Esas, claro, a lo mejor saldrían ganando. Pero yo no necesito eso –dijo, enarcando las cejas con orgullo.

–Está bien, será como usted quiera. Seguirá siendo mujer. Procuraré encontrarle un cuerpo adecuado.

–¡Oh, profesor! Le estaré eternamente agradecida... ¿Podría hacerlo hoy? Me imagino qué impresión causaré cuando aparezca por el Chat Noir...

–No, eso no puede hacerse tan rápido.

Ella siguió hablando, pero Kern ya no la escuchaba, y se había dirigido a Tom.

–¿Qué tal, amigo?

–Thomas no había prestado atención a la conversación, ensimismado en sus pensamientos, miró con hostilidad al profesor sin decir palabra.

Desde que el profesor Kern hizo su promesa de dotarla de un nuevo cuerpo, el estado de ánimo de Briquet cambió radicalmente, las pesadillas desaparecieron y no volvió a imaginarse cómo sería su vida de ultratumba. Todo su pensamiento estaba consagrado a los preparativos para su nueva vida terrenal. Viéndose en el espejo le preocupaba que su cara pareciera más delgada que antes y su tez hubiera adquirido ese matiz apergaminado.

Traía de cabeza a Marie, obligándola a realzarle el cabello, peinarla y maquillarle la cara.

Profesor, ¿es que voy a quedarme así de chupada y amarillenta? –le preguntaba con inquietud.

–No se preocupe, estará incluso más guapa que antes –la tranquilizaba él.

–No, esto con pinturas no lo arreglas, sería engañarse –decía cuando el profesor ya se había ido– *Mademoiselle* Laurane, tendremos que hacer lavados con agua fría y masajes. Alrededor de los ojos y entre la nariz y los labios me han salido arrugas, pero creo que con una buena loción desaparecerán. Es usted una verdadera amiga... ¡Ah, sí!, se me olvidaba preguntarle si encontró la seda gris para el vestido. El gris me favorece mucho. ¿Y me ha traído las revistas de modas? ¡Estupendo! ¡Qué pena que aún no pueda probarme nada! No sé qué cuerpo voy a tener. Estaría bien que me consiguiera uno más alto y de finas caderas... Ábrame esa revista.

Y se sumergió en los misterios de la moda femenina.

Marie no se olvidaba de la cabeza del profesor Dowell. Seguía aseándola cada mañana y continuaba con las lecturas, pero les faltaba tiempo para charlar y todavía le quedaban muchas cosas que comentar con él.

Cada vez se sentía más agotada y nerviosa. Briquet no le dejaba ni un minuto de descanso. A veces incluso tenía que interrumpir la lectura y acudir corriendo a las voces de Briquet, solo para que le alzara el pelo caído hacia adelante o para preguntarle si había ido a la lencería.

—Pero si no sabe aún qué talla tendrá su cuerpo —le decía Marie conteniendo su indignación. Después le fijaba el cabello con laca y volvía rápidamente con Dowell.

La idea de ejecutar tan osada operación tenía atrapado a Kern. Trabajaba intensamente para ejecutar con la máxima precisión una intervención de tal envergadura. Pasaba largos ratos junto al profesor Dowell, para obtener los valiosos consejos sin los cuales no sería capaz de seguir adelante. Él le iba avisando de todas y cada una de las dificultades que no había previsto y que podían echar por tierra el experimento. Asimismo, le sugirió poner en práctica diversos ensayos preliminares con animales, bajo su propia supervisión. Dowell puso todo su talento en juego, ya que él mismo estaba extraordinariamente interesado en el reto planteado. Su cabeza parecía haber rejuvenecido y su razonamiento funcionaba con increíble claridad.

Kern estaba satisfecho e insatisfecho al mismo tiempo con la inapreciable ayuda de su colega. Cuanto más avanzaba, más se convencía de que sin Dowell no habría llegado hasta ese punto. Solo podría conservar el amor propio consolándose con que fuera él personalmente quien ejecutara el experimento.

—Usted es un digno sucesor del difunto profesor Dowell —le dijo en una ocasión la cabeza de este último, sonriendo irónicamente— ¡Ah...! ¡Si pudiera tomar parte en forma más activa en todo esto!

No lo decía como petición o insinuación, porque sabía perfectamente que Kern nunca se decidiría a concederle otro cuerpo.

Kern no quiso darse por aludido entonces, y se limitó a fruncir el ceño.

—¡Bien! Las pruebas con animales han sido coronadas con el éxito —anunció algunos días después—. He operado a dos perros, amputándoles la cabeza y poniendo luego la de uno en el cuerpo del otro. Ambos gozan de buena salud y los puntos de sutura en el cuello están cicatrizando.

—¿Y la alimentación? —inquirió Dowell.

—Por ahora solo artificial, por vía oral solo toman un preparado desinfectante con yodo. Pero pronto pasaré a una alimentación normal.

Al cabo de unos días, Kern proclamó:

—Los perros se están alimentando con normalidad, se les han quitado los vendajes y seguramente en dos o tres días pueden corretear.

—Espere aún otra semana —aconsejó Dowell—. Los perros jóvenes hacen movimientos bruscos con la cabeza y pueden saltarse los puntos. No los fuerce.

"Ya tendrá tiempo de lucir sus laureles", quería añadir, pero se contuvo.

—Una cosa más: póngalos en habitaciones separadas. Juntos pueden pelearse y hacerse daño.

Finalmente, llegó el día en que el profesor Kern, con aspecto solemne, llevó uno de los perros a la sala para mostrárselo a Dowell. Tenía la cabeza negra y el cuerpo claro. Parecía encontrarse en perfecto estado de salud. Sus ojos eran vivaces y movía el rabo alegremente. Sin embargo, nada más ver la cabeza, se le erizó el pelo y se puso a gruñir y a ladrar agresivamente.

Por lo visto, el extraño espectáculo impresionó y asustó al pobre animal.

—Dele una vuelta por la sala —le pidió la cabeza. Y así lo hizo Kern, mientras el ojo avezado y atento de Dowell observaba cada detalle—. ¿Y esto? —preguntó—. Parece que cojea algo de la pata trasera izquierda, además de que la potencia de su voz pareciera no estar del todo recuperada.

Kern se indignó.

Ya cojeaba antes de la operación —se defendió—. La tiene rota.

—A simple vista no se aprecia, y yo no puedo palparlo. ¿Es que no pudo encontrar un par de perros sanos? —preguntó Dowell con un matiz de reproche en su tono—. Creo que puede ser totalmente sincero conmigo, mi querido colega. Seguramente, la intervención se complicó; tal vez se prolongaría demasiado la muerte cerebral, con el consiguiente paro cardiorrespiratorio. Y esto, como usted bien sabe por mis ensayos, con frecuencia ocasiona disfunciones en el sistema nervioso. Pero tranquilícese, eso es algo que suele desaparecer con el tiempo. Eso sí, procure que su Briquet no vaya a cojear de las dos piernas.

Kern estaba fuera de sí, pero intentó que no se le notara. Reconocía el carácter del profesor Dowell y su estilo directo, exigente y seguro de sí mismo.

"¡Es indignante! —pensaba Kern—. Esta condenada cabeza sigue dándome lecciones entre susurros y burlándose de mis errores y yo, como un niño en la escuela, tengo que aguantar y escuchar sus enseñanzas... Un giro de esa llave, y el alma de esta podrida calabaza se escapará volando..."

Sin embargo, Kern no hizo nada de eso y, sin dejarse llevar por el mal humor, aún tuvo que escuchar algunos consejos más.

—Gracias por sus indicaciones —apuntó, y moviendo la cabeza salió de la sala.

Una vez fuera recuperó su estado de ánimo.

"¡No! —se consolaba a sí mismo—. El trabajo ha sido ejecutado a la perfección. Satisfacer a Dowell no es tan fácil. Una pata renqueante y un mal ladrido no son nada comparado con lo que se ha logrado".

Paseándose por la sala donde se encontraba Briquet, se detuvo y, señalando al perro, se dirigió a ella.

—*Mademoiselle* Briquet, sus deseos pronto se harán realidad. ¿Ve ese perro? Antes era igual que usted, una cabeza sin cuerpo, y mírelo ahora, está vivo y correteando como si cualquier cosa.

—Yo no soy un perro —dijo ella ofendida.

—Lo sé, pero es obligado hacer ensayos. Si el perro volvió a la vida en un cuerpo nuevo, con usted también sucederá.

—No entiendo qué pinta aquí este perro —siguió diciendo Briquet—. Yo no tengo nada que se parezca a un perro. Mejor dígame cuándo me devolverá a mi estado normal. En vez de hacer eso, anda usted por ahí paseando al perro.

Dejando a un lado cualquier explicación, Kern hizo un gesto con la mano y le dijo sonriendo:

—Ahora pienso que pronto... Solo hay que encontrar el cadáver... es decir, el cuerpo adecuado, y estará usted de nuevo en forma, como se suele decir.

Después de sacar al perro de la sala, Kern volvió con una cinta métrica en la mano y midió cuidadosamente la circunferencia del cuello de Briquet.

—Son 36 centímetros —concluyó.

—¡Madre mía! ¿Tanto he adelgazado? —exclamó la cabeza—. Tenía un 38 de zapato...

Pero Kern ya no le prestaba atención y se dirigió a su despacho. Acababa de sentarse a la mesa cuando llamaron a la puerta.

—Adelante.

La puerta se abrió y entró Marie. Aunque hacía visibles esfuerzos por dominarse, su rostro reflejaba una profunda preocupación.

La perversión y la bondad

—¿Qué ocurre? ¿Ha sucedido algo con las cabezas? —preguntó Kern, alzando la vista del papel.

—No... Yo... quisiera hablar de algo con usted, señor profesor.

Kern se apoyó en el respaldo de su sillón.

—La escucho, *mademoiselle* Laurane.

—Dígame, ¿realmente se propone darle un nuevo cuerpo a la cabeza de Briquet, o solo quiere levantarle el ánimo?

—Lo digo totalmente en serio.

—¿Y usted cree que la operación puede tener éxito?

—Sin duda, usted misma ha visto a los perros.

—¿Y a Tom, no piensa... ponerlo en pie? —continuó Marie, dando un rodeo.

—¿Por qué no? Él mismo me lo pidió. Claro que no a los dos a la vez.

—Y Dowell... —empezó a decir, cada vez más nerviosa; las palabras se le atragantaban—. Por supuesto que cada uno tiene derecho a vivir, a llevar una vida normal, como Briquet y Thomas. Pero es evidente, como usted comprenderá, que el valor de la cabeza del profesor Dowell es bastante mayor que el de las otras cabezas juntas... Y, por tanto, si usted quiere devolver su anterior existencia a ellos dos, con mayor motivo se planeará hacer lo mismo con Dowell.

Kern cambió de expresión inmediatamente y todos los rasgos de su rostro adoptaron un gesto de dureza, como en guardia ante un ataque.

—El profesor Dowell, mejor dicho, su docta cabeza, ha encontrado en usted una fiel defensora —dijo, sonriendo con ironía—. Pero no hay necesidad alguna de tal defensa, y usted verá que se preocupa en vano. Por supuesto que pienso darle una nueva vida a su cabeza.

—Entonces, ¿por qué no empieza su experimento con él?

—Pues precisamente porque la suya es más preciosa que mil cabezas juntas. Empecé con los perros antes de intentar ponerle un cuerpo a Briquet, ya que su cabeza es tanto más valiosa respecto del animal como lo es la de Dowell respecto de ella.

—La vida de un hombre y la de un perro no son comparables, profesor.

—Del mismo modo que la cabeza de Dowell y la de Briquet. ¿No tiene nada más que decir?

—Nada más, señor profesor —dijo Marie, dirigiéndose a la puerta.

—En este caso, *mademoiselle,* tengo algunas preguntas que hacerle. Espere, por favor.

Marie se detuvo frente a la puerta, observando interrogativamente al profesor.

—Por favor, acérquese y siéntese un momento.

—Marie se acomodó, hundiéndose en el sillón, asustada y confusa por la situación. La expresión de Kern no presagiaba nada bueno. Se recargó en el respaldo de su butaca y se puso a observar a su asistente en silencio durante un buen rato, mirándola directamente a los ojos, hasta que esta se vio obligada a bajar la vista. Después se irguió repentinamente en toda su altura, apoyó los puños con fuerza sobre la mesa y, acercándose a la joven le preguntó de manera sosegada pero amenazante:

—Dígame, usted no habrá accionado la llave que regula el paso del aire a la cabeza de Dowell, ¿verdad? No ha estado hablando con él... ¿verdad?

Marie sintió que se le congelaban las puntas de los dedos; un torbellino de ideas se le arremolinaba en su cabeza. La ira que suscitaba Kern en ella le hacía hervir la sangre y se sentía a punto de estallar.

"¿Qué hacer? ¿Contarlo o no? —dudaba—. ¡Qué enorme placer sería levantarse y gritarle a la cara que era un asesino! Pero una abierta hostilidad podría estropearlo todo".

Marie no creía que Kern tuviera la menor intención de proporcionarle un nuevo cuerpo a su colega. Sabía ya demasiado para permitirse esa posibilidad.

Su mayor sueño era desprestigiar a Kern ante la sociedad, por acreditarse un trabajo ajeno. Tenía que revelarlo todo. Y también sabía que él no se detendría ante nada, y si confiaba en sus sospechas, ella misma estaría en grave peligro. Pero tampoco el más elemental sentido de supervivencia podría hacer mella en su ánimo. No quería morir sin poner antes al descubierto sus crímenes. Y en este caso debía mentir, algo que rechazaba su conciencia y la educación que había recibido. Nunca había mentido en su vida, y para ella suponía un enorme sacrificio el hacerlo.

Kern no había desviado ni un ápice su mirada clavada en ella.

—No me mienta... —le dijo como si adivinara su pensamiento—, no recargue su conciencia con el pecado de la mentira. Usted ha hablado con Dowell, no lo niegue, lo sé, John lo ha escuchado todo...

Marie bajó la cabeza en silencio.

—Solo quiero saber de qué estuvieron hablando.

Ella sintió cómo la sangre afluía a sus mejillas. Alzó la cabeza y miró fijamente a Kern a los ojos.

—¡De todo!

—Vaya... —dijo él sin levantar la mano de la mesa—. Me lo imaginaba. De todo...

Se hizo un silencio, Marie volvió a bajar la cabeza, con el mismo aspecto de un condenado que espera su sentencia.

Kern se levantó inesperadamente y se acercó a la puerta, para cerrarla con llave. Empezó a pasearse por la mullida alfombra de su despacho con las manos en la espalda. Después se aproximó sigilosamente a ella y le preguntó:

—¿Y qué se dispone usted a hacer, mi pequeña joven? ¿Entregar a los tribunales al monstruoso profesor sediento de sangre? ¿Pisotear su nombre en el barro? ¿Revelar todas sus atrocidades? De seguro Dowell se lo habrá pedido.

—No, no es eso —dijo ella venciendo todo su miedo y decidida a hablar con firmeza. Le aseguro que el profesor Dowell no tiene el más mínimo deseo de venganza. ¡Él es la persona más noble que he conocido!... Incluso quería convencerme de lo contrario. Es totalmente diferente de usted. ¡No debe juzgarse a los demás por cómo es uno mismo! —concluyó, desafiándolo con la mirada.

Kern se echó a reír y reanudó sus pasos por el despacho.

—Bien, bien... ¡excelente! Así que usted albergaba la decidida intención de acusarme, y si no fuera por mi colega ya estaría entre barrotes. Y ya que la virtud no puede prevalecer, al menos la vileza recibirá su castigo. Seguro que así terminan todas las novelas moralizantes que usted lee; ¿no es así, mi encantadora muchacha?

—¡Por supuesto que será castigado! —gritó Marie envalentonada, sin poder contener su rabia.

—¡Ah, sí, claro, en el cielo...! —dijo Kern mirando al techo artesonado en roble—. Pero aquí, en la tierra, ya tendrá ocasión de ver, ingenua criatura, cómo reina la maldad, ¡y solo la maldad! La bondad se ve únicamente en el que tiende la mano mendigando unas monedas..., o ahí —dijo señalando a la sala de Dowell—, en ese espantapájaros que filosofa sobre las cosas perecederas de este mundo. —Y pegando su cara a la de Marie, en tono más bajo, le dijo amenazante—: ¿Usted sabe que puedo reducirlos a los dos a cenizas, en el sentido literal de la palabra, sin que nadie se entere jamás de lo que he hecho?

—Yo sé que usted es capaz de cometer cualquier...

—¿Crimen?... Está muy bien que usted lo sepa. —Kern siguió deambulando por el despacho y adoptó de nuevo su tono habitual, hablando como si pensara en voz alta—. En cambio, ¿qué me sugeriría hacerle a usted, mi audaz justiciera? Por desgracia, es usted de esas personas que no se detienen ante nada, y con tal de que prevalezca la verdad está dispuesta a cargar con la cruz de un mártir. Puede parecer frágil, inquieta e impresionable, pero en el fondo no es fácil asustarla. ¿Matarla? ¿Aquí y ahora? Podría ocultar las pruebas del asesinato, pero eso me tendría bastante ocupado y mi tiempo es muy valioso. ¿Sobornarla? Eso es aún más difícil que asustarla... Así que, bueno, dígame qué hago con usted.

—Déjelo todo como está... ya que hasta ahora no lo he delatado.

—Y no lo hará.

Marie tardó en responder, pero finalmente dijo con voz baja pero firme:

—Lo haré.

Kern dio una patada en el suelo.

—¡Oh... más que testaruda! Pues le diré una cosa. Siéntese ahora mismo a mi mesa... Tranquila, no pienso estrangularla ni envenenarla aún. Vamos, siéntese.

Marie, sin acabar de comprender, se quedó pensando, y finalmente se sentó en la butaca del profesor.

—Al fin y al cabo la necesito. Si la matara, tendría que buscar un nuevo asistente. No puedo descartar que en su lugar me topara con algún chantajista, que una vez conocido el secreto, me sacara hasta el último céntimo y encima me delatara después. A usted por lo menos la conozco. De modo que escriba: "Querida mamá —o como sea que usted la llame—, el estado de los enfermos de que me ocupo, exige mi presencia constante junto al doctor Kern"...

—¿Pretende usted tenerme encerrada en su casa? —preguntó Marie en un tono de protesta, antes de comenzar la carta.

—Exactamente, mi fiel ayudante.

—¡Pues yo no voy a escribir eso! —dijo con firmeza.

—¡Es el colmo! —exclamó Kern, con tal grito que resonó hasta el mecanismo de su reloj—. ¿No comprende que no me queda otra salida? ¡No sea estúpida, por Dios!

—Yo no pienso quedarme con usted ni escribir esa carta.

—¡Así que esas tenemos! Está bien. Puede irse a tomar viento fresco, pero antes será testigo de cómo le quito la vida a la cabeza de su amigo y la disuelvo después en ácido. ¡Vaya y grite a los cuatro vientos que me ha visto con la cabeza del difunto profesor Dowell! Nadie le creería, se burlarían de usted. Pero váyase con cuidado, pues su acusación no quedará impune. ¡Márchese de una buena vez!

Kern la tomó del brazo con brusquedad y la arrastró hasta la puerta. Ella era demasiado débil físicamente para ofrecer resistencia. Abrió la puerta, cruzaron a toda prisa la sala de Briquet y Thomas, y llegaron hasta la otra sala, donde estaba la cabeza de Dowell. Este la miró sorprendido por la inesperada visita. Y Kern, sin prestarle la más mínima atención, fue directamente hacia la máquina que lo mantenía con vida y giró bruscamente la llave que permitía el paso de la sangre hacia la cabeza. Los ojos de Dowell reflejaban confusión, pero dirigió lentamente su mirada hacia la llave de paso y después a Kern y a la paralizada Marie. La llave de aire estaba cerrada, de modo que la cabeza no podía hablar, solo movía los labios y Marie, acostumbrada a su mímica, comprendió lo que intentaba decir: "¿Es el final?".

Los ojos de Dowell miraron con angustia a Marie y comenzaron a empañarse, al tiempo que sus globos oculares parecían salirse de sus órbitas. Su rostro empezó a contraerse convulsivamente. Estaba experimentando la tortura de la asfixia.

Marie gritó, presa de pánico. Tambaleándose, se abalanzó sobre Kern, lo agarró del brazo y, a punto de perder el conocimiento, le gritó casi sin aliento:

—¡Abra la llave! ¡Ábrala ya... haré lo que usted quiera!

Con una sonrisa malévola casi imperceptible, Kern abrió la llave. La corriente vivificadora avanzó por el tubo hasta la cabeza de Dowell. Cesaron las convulsiones en su rostro; los ojos fueron recuperando su expresión normal y su vista empezó a aclararse. Así le regresó la vida, y también la conciencia, ya que

Dowell volvió a mirar a Marie con la misma expresión interrogativa y podría decirse que incluso con decepción.

Ella apenas podía tenerse en pie por la conmoción de la experiencia.

—Permítame que le ofrezca mi brazo —le dijo Kern galantemente… y la extraña pareja salió de la sala. Cuando Marie se sentó de nuevo a la mesa del despacho, Kern prosiguió como si nada hubiera pasado:

—Bien, ¿dónde nos habíamos quedado? Ah, sí… "el estado de los enfermos requiere mi presencia constante —¿no es así?..., siga, siga— en la clínica del profesor Kern. El profesor es tan bondadoso que me ha instalado una magnífica habitación con vista al jardín. Además, ya que mi jornada laboral se ha dilatado ahora, el profesor me ha triplicado la paga". Eso no es falso —aclaró—. La necesidad me obliga a privarla de la libertad, pero de algún modo debo compensárselo. Y en efecto le aumentaré considerablemente su salario. Siga escribiendo: "El trato aquí es excelente, y aunque tengo mucho trabajo, me encuentro realmente a gusto. No vengas a verme, porque el profesor no recibe a nadie. Pero no te preocupes, te escribiré"… Correcto. Ahora añada usted por su cuenta algunas palabras cariñosas, como lo haga habitualmente, para que la carta no despierte la más mínima sospecha. —Y el profesor, olvidándose ya de Marie, comenzó a reflexionar solo en voz alta—. Así no puede estar mucho tiempo, es evidente. Espero no retenerla demasiado. Nuestro trabajo está próximo a concluir, y entonces… Es decir, lo que intento explicar es que la cabeza no tiene una vida ilimitada, y cuando deje de existir… Bueno, usted ya sabe todo. Dicho de otra forma: cuando llevemos a término nuestros estudios con la cabeza de Dowell, será también el fin de su existencia. De él no quedarán ni las cenizas, y entonces usted podrá regresar con su mamita, ya que no representará peligro alguno para mí. Pero le insisto: no lo olvide, si al final se decide a hablar de estas cosas, entienda que yo cuento con testigos dispuestos a declarar ante los tribunales que todos los restos mortales del profesor, incluida su cabeza, miembros y otros atributos, fueron incinerados por mí en el crematorio una vez terminada la autopsia. En ocasiones el incinerador puede llegar a ser un instrumento muy útil, muy cómodo.

Kern pulsó el timbre y enseguida entró John.

—John, va a llevar a *mademoiselle* a la habitación blanca que da al jardín. La señorita Laurane se instalará en la casa, de modo que tendremos trabajo por delante. Pregúntele qué necesita para estar lo más cómoda posible y proporciónele todo lo que pida. Si es necesario lo puede encargar por teléfono, llamando a las tiendas. Yo corro con todos los gastos. Y no olvide tener a punto su comida.

Kern hizo una inclinación y salió.

El criado acompañó a Marie a la habitación mencionada.

Kern no había faltado a la verdad, realmente era una habitación espléndida: amplia, luminosa y dispuesta acogedoramente. Desde el gran ventanal se veía el jardín. Pero ni la celda más lúgubre podría causar en ella tal sentimiento de tristeza como el que le producía esta alegre y vistosa habitación.

Como si estuviera gravemente enferma, Marie a duras penas alcanzó la ventana para contemplar el exterior.

"Un segundo piso… demasiado alto… imposible saltar", pensó. Y aunque pudiera no lo haría, pues su huida sería la sentencia de muerte del profesor Dowell.

Se desplomó con impotencia en el pequeño sofá y se sumió en los más melancólicos pensamientos. No pudo determinar cuánto tiempo estuvo así hasta que oyó como en sueños la voz de John, y por fin abrió los ojos.

—La comida está servida.

—Gracias, pero no tengo hambre, puede recoger la mesa.

El disciplinado sirviente obedeció sin insistir y se retiró. Ella volvió a abstraerse en sus cavilaciones. Cuando vio encenderse la luz en la casa que tenía enfrente, la invadió tal soledad que decidió inmediatamente hacer una visita a las cabezas. En especial tenía ganas de ver la del profesor Dowell.

Briquet recibió con enorme alegría la inesperada visita de la señorita Laurane.

¡Por fin! —exclamó—. ¿Ya? ¿Lo han traído?

—¿Qué cosa?

—Mi cuerpo —respondió, como si estuviera hablando de un nuevo vestido.

—No, aún no lo han traído —respondió Marie con una sonrisa forzada—. Pero pronto lo traerán, no tendrá que esperar mucho.

—¡Ah… que sea rápido!

—¿A mí también me coserán otro cuerpo? —preguntó Thomas.

—Sí, claro que sí —lo tranquilizó Marie—. Y volverá a estar tan fuerte y sano como antes. Ahorrará dinero, volverá a su pueblo y se casará con su Marie.

Ella conocía ya hasta los más íntimos anhelos de las tres cabezas.

Tom chasqueó los labios:

—Si fuera pronto.

Marie se apresuró a pasar a la sala de Dowell. Nada más abrir la llave, el profesor le preguntó:

—¿Qué significa todo esto?

Ella le contó la conversación que había tenido con Kern y el efecto que tuvo.

—¡Es indignante! —exclamó el profesor—. Si pudiera al menos ayudarla de algún modo… Y quizá pueda, si usted me ayuda primero a mí… —Sus ojos reflejaban ira y decisión a partes iguales—. Es muy sencillo. Cierre la llave de los mecanismos alimentarios y moriré. Créame, me sentí decepcionado cuando Kern abrió de nuevo la válvula, reanimándome. Yo moriré y él la dejará libre para volver a su hogar.

—¡Nunca volveré a mi casa a ese precio! —contestó vehemente Marie.

—Ojalá tuviera toda la elocuencia de Cicerón, para poder convencerla de que lo haga.

Ella seguía negando con la cabeza.

—Ni el mismo Cicerón podría persuadirme. Nunca tomaré la decisión de acabar con la vida de otra persona...

—Pero, ¿acaso le parezco una persona? —sonrió tristemente el profesor.

—Recuerde que usted mismo repetía las palabras de Descartes: "Pienso, luego existo" —respondió ella.

—De acuerdo. Supongamos que es así; pero escuche lo que sucederá después. Yo dejaré de darle a Kern instrucciones y podrá torturarme cuanto quiera, sin tener la mínima esperanza de que lo ayude. Entonces acabará conmigo.

—No, no, se lo suplico —le dijo Marie acercándose más—. Escúcheme, por favor. Antes pensaba en la venganza, pero ahora pienso de otro modo. Si Kern consigue implantar un cuerpo en la cabeza de Briquet y la operación sale bien, existe la posibilidad de que también le devuelva la vida a usted... Kern no puede ser tan indiferente a los demás.

—Por desgracia, esa esperanza se me antoja muy débil —respondió la cabeza—. No sé si Kern lo conseguiría. Es un hombre vil y criminal, vanidoso como mil Eróstratos[1]. También es un hábil cirujano y el más diestro de todos los que fueron mis asistentes. Si él no es capaz de hacerlo siguiendo mis instrucciones, nadie podría conseguirlo. No obstante, dudo que pueda culminar con éxito una operación de esta envergadura, siendo algo sin precedentes.

—Pero, con los perros...

—Los perros son otra cosa. Los dos estaban en camillas, vivos y sanos, justo antes de practicar la intervención. Todo se desarrolló en un intervalo muy corto de tiempo desde su muerte hasta su operación. Y aun así, debió resucitar solo a uno de

1 Eróstrato fue un pastor de Éfeso que en el año 356 a. C., incendió el templo de Diana con la única finalidad de volverse famoso y pasar a la historia. Los gobernantes decidieron que, como castigo, jamás se escribiera sobre él o se pronunciara su nombre; decreto que, evidentemente, no se cumplió.

ellos, de lo contrario habría traído a los dos para mostrármelos y jactarse de ello. Un cadáver solo puede operarse en el plazo de unas pocas horas, antes de que comience el proceso de putrefacción. En cuanto a la complejidad de la operación, usted misma puede juzgar por sus conocimientos médicos. No es como coser un dedo casi amputado; hay que unir y suturar meticulosamente todas las venas y las arterias, y, lo más importante, los nervios y la médula espinal; de lo contrario quedaría inválido. Después se debe restaurar la circulación sanguínea... No... Esta es una tarea infinitamente compleja, que no está al alcance de los cirujanos actuales.

—¿Ni siquiera usted podría realizar esa operación?

—He tenido en cuenta todos los aspectos. Además yo ya había realizado experimentos con perros y... supongo que sí, lo lograría.

La puerta se abrió inesperadamente y en el umbral se perfiló la figura de Kern.

—¿Tienen reunión los conspiradores? Disculpen la interrupción, no quería molestarlos —dijo, y cerró dando un portazo.

La Diana cadáver

Briquet pensaba que coserle un nuevo cuerpo a su cabeza sería tan sencillo como probarse un vestido. Midiendo el ancho del cuello, solo habría que encontrar un tronco de la misma medida.

Sin embargo, no tardó en darse cuenta de que la cosa no era tan fácil como se imaginaba.

Por la mañana se presentaron Kern, Marie y John vestidos con batas blancas. El primero dio las indicaciones necesarias para que levantaran la cabeza con cuidado y la colocaran mirando hacia arriba, para poder verle toda la sección del cuello. Esto no interrumpía el abastecimiento de sangre y Kern pudo concentrarse en sus mediciones y análisis.

—A pesar de la homogeneidad de la anatomía humana —expuso el profesor—, cada cuerpo tiene sus peculiaridades individuales. A veces es difícil discernir si estamos ante la carótida externa o interna. Tampoco es igual el grosor de las arterias o la cavidad faríngea, incluso entre personas con el mismo perímetro de cuello. Y no poco quehacer nos darán los nervios.

—Pero, ¿cómo es posible hacer una operación así? —preguntó Marie—. Si superpone la línea de corte del cuello a la del tronco, al mismo tiempo ocultará toda la superficie visible.

Ese es el gran problema de este tipo de operación, y en eso estamos trabajando Dowell y yo. Habrá que hacer una serie de cortes longitudinales que vayan del centro a la periferia. Es algo muy delicado. Deben hacerse paralelamente en el cuello y en el tronco, para alcanzar las células que no estén ya atrofiadas y conserven su actividad. Pero, aun así, el principal obstáculo no es ese; lo importante es eliminar del cuerpo todo elemento iniciador de la putrefacción y cualquier posible foco de infección. Igualmente hay que limpiar los vasos sanguíneos de todo resto de sangre coagulada, rellenarlos con sangre fresca y poner en marcha el "motor" de todo el organismo: el corazón. Y también tenemos el problema de la médula espinal: la más mínima manipulación desencadenaría una reacción extrema, a menudo de gravísimas consecuencias.

—¿Y cómo piensa usted salvar todas esas dificultades?

—¡Oh...! De momento ese es mi secreto. Una vez demostrado el éxito del experimento, publicaré todo el proceso de mi "resurrección de los muertos". Bien, por hoy es suficiente. Pongan la cabeza en su sitio y denle más oxígeno. ¿Cómo se encuentra hoy *mademoiselle*? —preguntó Kern, dirigiéndose a la cabeza de Briquet.

—Muy bien, gracias. Pero dígame, profesor, porque me he quedado muy preocupada... Aquí se han dicho muchas cosas que no entiendo; pero hay algo que sí he comprendido: usted quiere meter sus tijeras por todo mi cuello hasta dar la vuelta completa. Pero eso es una completa locura. ¿A dónde voy yo con un cuello así, que va a parecer un rollo de carne?

—Intentaré que las cicatrices se noten lo menos posible. Pero comprenda usted que ocultar totalmente las huellas de una operación de esta índole es imposible. No ponga esa cara de decepción *mademoiselle*. Siempre podrá llevar un pañuelo de seda, o incluso una gargantilla que cubra las cicatrices... ¡Eso es!, yo se la regalaré el día de su nuevo "cumpleaños". Y una cosa más. Ahora su cabeza se encuentra un poco apergaminada, pero cuando vuelva a su vida normal ganará un poco de peso. Para conocer el volumen real de su cuello, tendremos que sobrealimentarla desde ahora, o de otro modo podrían surgir complicaciones más adelante.

—Pero ya sabe que yo no puedo comer —respondió ella en tono de queja.

La engordaremos a través de tubos. He elaborado un preparado especial —dijo, mirando a Marie—. Además reforzaremos el flujo sanguíneo.

—¿Incluirá en ese preparado sustancias grasas? —prosiguió ella.

Kern hizo un gesto indeterminado con la mano.

—Si la cabeza no engorda, al menos se inflamará, que es lo que nos hace falta. Bien —concluyó—, solo queda lo más importante: rece *mademoiselle* Briquet, para que muera cuanto antes alguna preciosa joven que le deje como herencia un magnífico cuerpo.

—¡No hable así, suena horrible! Una persona debe morir para que yo reciba un cuerpo... Doctor, me da miedo pensarlo. Es que se trata del cuerpo de un muerto. ¿Y si ella aparece de repente y exige que le devuelvan su cuerpo?

—¿Quién?

—La muerta.

—Pero ¡si no tendría piernas para venir!... —respondió Kern en medio de la risa.

—Y si llegara a venir, pues le dice que ahora el cuerpo es suyo, que es usted quien le ha donado una cabeza y no ella a usted un cuerpo. Es probable que entonces incluso le dé las gracias por el regalo. Y ahora tengo que irme al depósito a hacer guardia. ¡Deséeme suerte!

En buena medida, el éxito del experimento dependía de encontrar un cadáver reciente; de ahí que el profesor Kern dejara todos sus asuntos y prácticamente se mudara a la morgue, en espera del feliz acontecimiento.

Con su cigarro puro en la boca, el doctor Kern se paseaba por todo el edificio con tranquilidad, como si estuviera en el bulevar. Una luz mate caía desde el techo sobre las mesas de mármol alineadas. En cada mesa yacía un cadáver, ya desnudo y lavado.

Con las manos en los bolsillos del abrigo y echando bocanadas de su cigarro, se fijaba en los rostros y de vez en cuando echaba un vistazo a los propios cuerpos, levantando la tela que los cubría.

A su lado se movían los familiares y amigos de los fallecidos. Kern no los veía con buenos ojos, como si en cualquier momento le fueran a quitar de las manos el justo material que necesitaba. Después de todo, conseguir un cadáver fresco no era tan fácil; durante tres días los familiares podían ejercer sus derechos sobre el difunto, pero, al cabo de ese período, un cadáver casi descompuesto ya no tendría ningún valor para él. Necesitaba un ejemplar completamente fresco, de ser posible que no se hubiera enfriado aún.

Kern no intentó el soborno para hacerse de un cadáver reciente con prontitud. Podría simplemente cambiar el número de identificación y alguna desgraciada aparecería al final como "sin antecedentes conocidos".

Sin embargo, no sería nada fácil encontrar una Diana del gusto de Briquet, pensaba Kern, mientras observaba las anchas plantas de los pies y las manos encallecidas de muchos de los muertos. La mayoría no eran de los que se desplazan siempre en automóvil.

Recorrió el edificio de un extremo al otro. Durante ese tiempo, algunas de las víctimas fueron reconocidas y desalojadas, dejando su lugar a otros recién llegados. Pero incluso en estos últimos no podía encontrar lo que estaba buscando. Había cuerpos sin cabeza, pero o bien no tenían la complexión adecuada, o bien presentaban heridas o indicios de descomposición.

El día se le fue en la búsqueda y empezaba a estar hambriento, no podía dejar de imaginarse un humeante plato de albóndigas de pollo.

"Un mal día", pensó en voz alta, consultando su reloj. Se dirigió a la salida entre la multitud de visitantes que vagaban entre los yacientes, embargados por la desesperación, la tristeza y el horror. En ese momento se cruzó con los empleados que llevaban el cadáver de una mujer joven sin cabeza, recién lavado y reluciente como si estuviera hecho de mármol blanco.

"¡Vaya, este podría servir!", pensó, mientras seguía a los celadores. Cuando depositaron el cuerpo, Kern le echó un rápido vistazo y se convenció aún más de que había encontrado lo que necesitaba. Pero cuando ya se disponía a tratar con lo bajo con los empleados para hacerse de él, se acercó un anciano desaliñado y con la barba y el bigote sin cuidar desde hacía mucho tiempo.

—¡Ahí está Martha! —exclamó, pasándose la mano por la sudorosa frente.

—¡Maldita sea! —masculló Kern, acercándose al viejo—. ¿Reconoce usted ese cuerpo? ¡Pero si está sin cabeza!

El anciano señaló un gran lunar en el hombro izquierdo.

—Se ve bien —contestó.

A Kern le sorprendió la tranquilidad con la que hablaba.

—¿Quién era? ¿Su mujer, o quizá su hija?

—El señor ha tenido misericordia —respondió débilmente el anciano—. Era mi sobrina segunda. Mi prima murió, dejándome al cuidado de sus tres hijos. Y yo tengo ya cuatro propios. Pasamos muchas necesidades, pero ¿qué le vamos a hacer, señor? No son gatitos que se puedan tirar por una tapia. Así vamos viviendo. Y ahora con esta desgracia. Nuestra casa es muy antigua y hace tiempo que nos desahuciaron, pero ¿a dónde podemos ir? Al final tenía que pasar. El tejado se vino abajo. Los demás salieron llenos de magulladuras, pero a esta le segó limpiamente la cabeza. Mi mujer y yo no estábamos en casa, tenemos un puesto de castañas asadas. Cuando llegué ya se habían llevado el cuerpo al depósito. ¿Para qué lo traen aquí? Dicen que en otras casas también ha habido víctimas. Algunos vivían solos. A todos los reúnen aquí. Yo llegué a casa y oí silbar el viento, no se podía entrar, como si hubiera sido un terremoto.

"El asunto promete", pensó Kern. Y llevándose al anciano a un lado, le dijo:

—Lo que ha sucedido ya no tiene remedio. Mire, voy a hablarle sin rodeos. Yo soy médico y necesito un cadáver para mis estudios. Si usted quiere, le daré cien francos y puede marcharse de aquí.

—¿La van a destripar? —dijo el anciano moviendo la cabeza con desaprobación y quedándose pensativo—. A ella, por supuesto, ya le da igual... Y nosotros somos gente pobre... Pero con todo y eso, no es una extraña...

—Doscientos.

—Y pasamos muchas penurias, los chicos pasan hambre... pero da pena a pesar de todo... Era una buena chica, muy buena, y su cara parecía una rosa... no como ese montón de basura... —dijo, señalando con desprecio a los demás cadáveres.

"¡Caray con el viejo!; no para de elogiar su mercancía", pensó Kern, y decidió cambiar de táctica.

—Bien, como quiera —dijo con aviesa intención—. Aquí hay cadáveres de sobra y algunos no son peores que el de su sobrina. —Y dicho esto, hizo el ademán de marcharse.

—No hombre, deje que lo piense... —fue tras él, al parecer mejor dispuesto a cerrar el trato.

Kern ya lo estaba celebrando, cuando la situación dio un giro inesperado.

—¿Ya estás aquí? —se oyó una voz envejecida y preocupada.

Kern miró a su espalda y vio acercarse con prisas a una anciana regordeta y con una cofia blanca. El anciano soltó un gruñido al verla.

—¿La has encontrado? —le preguntó mirando a todas partes, mientras farfullaba sus rezos. El anciano le indicó con la mano, sin decir palabra—. ¡Nuestra pequeña, pobre desgraciada! —gritó la mujer acercándose al cuerpo decapitado.

Kern comprendió que con ella sería difícil llegar a algo.

—Perdone *madame* —dijo cortésmente—. Yo estaba aquí, hablando con su marido, y me ha contado las penurias que están pasando.

—Tengamos o no necesidad, no vamos por ahí pidiendo —dijo con tono orgulloso la anciana.

—Sí, pero, verá, yo soy de la Sociedad Benéfica Funeraria. Puedo cargar con todos los gastos del entierro y me ocuparé de todo personalmente, si usted quiere, puede encomendarme a mí esa penosa tarea y volver a sus quehaceres, pues la estarán esperando sus hijos y los pobres huérfanos de madre.

—¿Tú qué le has contado? —interpeló a su marido. Y volviéndose a Kern, añadió—: Se lo agradezco, señor, pero hay que hacer las cosas como es debido. Ya nos arreglaremos como sea sin su Sociedad Benéfica. ¿Y tú qué haces ahí plantado? —dijo, volviéndose a su marido, en el tono que este reconoció como habitual—. Vamos, recoge a la chica, he traído un carro.

Lo dijo todo con tal firmeza que Kern no tuvo más remedio que hacer una reverencia y marcharse.

"¡Lástima! No, decididamente no estoy en mi día", se dijo.

Dirigiéndose a la salida, llevó aparte a uno de los conserjes y le dijo en voz baja:

—Esté atento, y si ve algo que me pueda venir bien, llámeme por teléfono.

—Por supuesto, señor, respondió con una inclinación, al tiempo que recibía una buena propina.

El profesor Kern comió generosamente en un restaurante y regresó a su casa.

Cuando entró en la sala de Briquet, esta lo recibió con la pregunta habitual de los últimos días:

—¿Lo ha encontrado?

—Lo encontré, pero no hubo suerte, ¡maldita sea! —respondió—. Tenga paciencia.

—Pero ¿es posible que no hubiera algo que pudiera valer más o menos? —siguió, sin conformarse con la anterior respuesta.

—Había patizambos con las piernas bien torcidas. Si usted quiere, yo...

—¡Ah, no!, mejor esperaré. No quiero ser patizamba.

Kern se retiró antes de lo habitual, para levantarse temprano y acudir de nuevo al depósito. Pero estaba a punto de dormirse cuando de repente sonó el teléfono que tenía junto a la cama. Se incorporó echando maldiciones y descolgó rápidamente.

—¡Bueno! Dígame... Sí, el profesor Kern. ¿Cómo? ¿Qué ha descarrilado un tren en la propia estación?... ¿Una cantidad enorme de muertos? Sí, claro, inmediatamente. Muchas gracias.

Al momento se estaba vistiendo, mientras llamaba a John:

—¡Pídame un coche! Quince minutos después corría veloz por las calles nocturnas, como si fuera a apagar un fuego.

El aviso era cierto. Esa noche la muerte recogió una abundante cosecha. No paraban de traer cadáveres. Las mesas estaban a rebosar viéndose obligados a dejarlos en el suelo. Kern estaba entusiasmado y daba gracias al destino, que hizo que todo sucediera por la noche. De este modo, la noticia aún no se habría difundido por la ciudad. Los familiares todavía no se habían presentado en el depósito y Kern se afanaba estudiando a las víctimas aún sin desnudar ni lavar. Todos estaban sin duda frescos. Era una circunstancia realmente afortunada, lo único malo era que esa afortunada situación no se ajustaba del todo a las exigencias médicas del profesor. La mayoría de los cuerpos estaban aplastados o dañados en muchas partes, pero él no perdía la esperanza, ya que seguían llegando nuevos ejemplares.

—A ver, enséñeme esa… —le pidió a un empleado que llevaba a una mujer con traje gris. Tenía el cráneo fracturado por la nuca; el pelo y el vestido estaban llenos de sangre, aunque el vestido no parecía arrugado. "Por lo que se ve, no presenta graves daños en el cuerpo… puede servir. La complexión es bastante tosca, probablemente de alguna sirvienta, pero es mejor eso que nada", reflexionó—. ¿Y eso? —dijo, señalando otra camilla—. Pero ¡esto es un hallazgo! ¡Un auténtico tesoro! ¡Diablos, es una lástima que haya tenido que morir una mujer así!

En el suelo habían colocado el cadáver de una dama de extraordinaria belleza y porte aristocrático, en el que había quedado grabada una profunda impresión. Había sufrido una fractura craneal por encima de la oreja derecha. Debió fallecer en el acto. En su pálido cuello resaltaba un collar de perlas. Su elegante vestido de raso negro apenas estaba algo desgarrado en su parte más baja y a la altura del hombro, cuya desnudez dejaba entrever un llamativo lunar.

"Igual que la otra —pensó Kern—. Solo que esta es toda una belleza". Sin perder tiempo comenzó a tomarle la medida del cuello. "Como de encargo", concluyó. Después le arrancó el collar de auténticas y voluminosas perlas, y lanzándoselas a los empleados les dijo:

—Me llevo este. Pero, como no tengo tiempo de examinar a los demás, me llevo también a ese otro, por si acaso —indicando al de la primera joven—. ¡Vamos, dense prisa, envuélvanlos en sábanas y sáquenlos de aquí. ¿No oyen? Empieza a formarse una multitud ahí afuera. Pronto tendrán que abrir y en unos minutos aquí no habrá quien se mueva.

Cargaron con los cadáveres y los colocaron rápidamente en el coche de Kern, para trasladarlos sin pérdida de tiempo hasta su casa.

Todo lo necesario para la operación había sido preparado con antelación. El día —o mejor dicho la noche— de la resurrección de Briquet había llegado. No había ni un minuto que perder.

Los cadáveres recién lavados se cubrieron con sábanas y se trasladaron a la sala donde se encontraba Briquet, para depositarlos en la mesa de disección.

Ella ardía en deseos de ver el que sería su nuevo cuerpo, pero el profesor colocó la mesa de tal forma que no pudiera ver los cadáveres y prosiguió con los últimos preparativos antes de dar comienzo a la intervención.

Kern seccionó con habilidad las cabezas de ambos cuerpos; las envolvieron en un paño y John las recogió. Se limpiaron las zonas de corte y las mesas, y las dos figuras quedaron perfectamente dispuestas.

Observándolos con su habitual espíritu crítico, la preocupación del profesor se reflejaba en los movimientos oscilantes de su cabeza, en señal de duda. El cuerpo con el lunar en el hombro tenía una constitución de impecable belleza, y ganaba aún más si se comparaba con el de la "sirvienta", ancha de huesos y de formas duras, aunque, "hecha de buena pasta". Briquet, por supuesto, elegiría el cuerpo de la Diana aristocrática, como la llamaba Kern; sin embargo, tras estudiarlo detenidamente, apareció en ella cierto defecto: en la planta del pie derecho tenía una pequeña herida, causada por el corte de algún objeto metálico. No representaba gran riesgo, por lo que, después de cauterizar la herida, no encontró motivos para pensar en una posterior infección. Pero, a pesar de todo, se sentiría más tranquilo con el cuerpo de la "sirvienta".

Gire la cabeza de Briquet —le dijo a Marie; para que no los molestara con su verborrea durante el trabajo previo, se le había "cerrado" la boca, es decir, se le había cerrado la llave del aire comprimido. Ahora se le volvió a abrir.

Cuando Briquet vio los cadáveres, empezó a gritar como si se estuviera quemando. Sus ojos se exorbitaron, presa del pánico. ¡Uno de esos muertos pasaría a ser su cuerpo! Por primera vez, con una perspicacia realmente dolorosa, tuvo conciencia de que aquello suponía una intervención totalmente fuera de lo normal, y empezaron a surgirle dudas.

—Bueno, ¿qué tal? ¿Qué le parecen estos cad... cuerpos? —le preguntó Kern, tratando de despertar su interés.

—Yo... me da miedo... —dijo con voz ronca—. No, no, yo no creía que fuera algo tan horrible... No quiero...

—¿No quiere?... En ese caso coseré la cabeza de Tom a uno de estos cuerpos. Thomas se convertirá de repente en mujer. Tom, usted sí quiere tener un cuerpo cuanto antes, ¿verdad?

—No, espere —lo detuvo Briquet, asustada—. Estoy de acuerdo, me gustaría tener ese cuerpo... el del lunar en el hombro.

—Pues yo le aconsejaría este otro. No es tan hermoso, pero no tiene ningún arañazo.

—Yo no soy una lavandera, soy una artista —recalcó con orgullo—. Quiero tener un cuerpo bonito. Y con ese lunar... ¡gusta tanto a los hombres!

—Como quiera —respondió Kern—. *Mademoiselle* Laurane, traslade la cabeza de *mademoiselle* Briquet a la mesa de operaciones. Tenga cuidado; la circulación sanguínea artificial debe mantenerse hasta el último segundo.

Marie se encontraba enfrascada en los últimos preparativos con la cabeza de Briquet, en cuyo rostro se reflejaba una tensión y una preocupación crecientes. Cuando la dejó en la mesa no pudo soportarlo y empezó a gritar como nunca la habían oído:

—¡No quiero! ¡No quiero! ¡Basta! ¡Mejor mátenme!... ¡Tengo miedo...!

Kern, sin interrumpir su tarea, le gritó a Marie:

—¡Cierre la llave del aire ahora mismo! Ponga genodal en el gotero y se dormirá.

—¡No, no, no...!

La llave se cerró y la cabeza quedó en silencio, aunque continuó moviendo los labios y mirando con una expresión aterrorizada y suplicante.

—Señor profesor, ¿podemos practicar la operación sin su consentimiento? —preguntó Marie.

—Ahora no es momento de preocuparse por cuestiones éticas —respondió Kern con aspereza—. Después ella misma nos dará las gracias. Haga su trabajo o márchese y no moleste.

Pero Marie sabía que no podía irse. Sin su ayuda, el éxito de su operación parecía aún más dudoso, por lo que decidió continuar.

La cabeza de Briquet se debatía tanto que apenas se sostenían los tubos conectados a ella. John acudió en ayuda del profesor y la sujetó con las manos. Poco a poco fueron cesando las convulsiones, hasta que se le cerraron los ojos. El genodal había hecho efecto.

Entonces el profesor pudo dar comienzo a la operación. El silencio únicamente se veía interrumpido por sus requerimientos de uno u otro instrumento quirúrgico. La tensión le dilataba las venas de la frente. Estaba poniendo en práctica su más brillante técnica quirúrgica, y sumaba a la rapidez la máxima prudencia y la precisión. A pesar de todo el odio que le inspiraba, en esos momentos Marie no podía dejar de admirar su trabajo. Actuaba dejándose llevar por la inspiración propia de un artista. La operación se prolongó una hora cincuenta y cinco minutos.

—Se acabó —dijo finalmente Kern, enderezándose—. Desde ahora Briquet ya no será más "la cabeza de un cuerpo". Solo resta insuflarle la vida, obligar al corazón a latir y activar la circulación sanguínea. Pero esto lo puedo hacer solo. Usted puede descansar, *mademoiselle* Laurane.

—Puedo continuar —respondió ella.

A pesar del cansancio, ansiaba ver el último acto de esta insólita función. Sin embargo, era evidente que el profesor no quería instruirla en los secretos de la resurrección, así que le insistió de nuevo en que se retirara a descansar, y Marie no tuvo más remedio que obedecer.

Al cabo de una hora la volvió a llamar. Kern tenía un aspecto más cansado aún, pero su rostro reflejaba una honda satisfacción.

—Compruebe usted misma el pulso —le sugirió a su asistente.

Marie, estremeciéndose ligeramente, se decidió a coger la mano que apenas tres minutos antes pertenecía a un frío cadáver. Ahora ya no estaba gélida, y se podían sentir las pulsaciones. Kern acercó un espejo a los labios de Briquet y este se empañó.

—Respira. Ahora tenemos que envolver bien a nuestro "recién nacido". Durante algunos días no podrá moverse —dictaminó el profesor.

Por encima de las vendas que rodeaban el cuello, Kern aplicó un vendaje enyesado; también vendó todo el cuerpo y selló fuertemente la boca.

—Es para que no se le ocurra intentar hablar —aclaró—. Durante unos días la mantendremos en un estado semiconsciente, si el corazón lo tolera.

Trasladaron a Briquet a una habitación contigua a la de Marie, y la depositaron cuidadosamente en el lecho con la adecuada sedación.

—Tendrá alimentación artificial hasta que no cicatricen las heridas. Usted quedará a su cuidado —le indicó a Marie.

Hasta el tercer día no se dieron instrucciones para que la paciente volviera en sí. Eran las cuatro de la tarde; un rayo de sol atravesaba oblicuamente la habitación, iluminando el rostro de la convaleciente. Al notarlo, esta movió sin dificultad los párpados y abrió los ojos. Sin tener aún la cabeza despejada, miró la ventana soleada, después a su cuidadora y por último dirigió la vista hacia abajo. Ya no había vacío. Vio cómo se agitaban levemente el pecho y todo el cuerpo bajo las sábanas: su propio cuerpo. Una ligera sonrisa se dibujó en su rostro.

—No intente hablar y siga acostada —le dijo Marie—. La operación ha salido muy bien y ahora todo depende de cómo se comporte usted. Cuanto más quieta se esté, antes se va a poner en pie. De momento nos entenderemos por señas. Si baja los ojos significará "sí", y alzarlos será un "no". ¿Nota dolor en alguna parte? Aquí, en el cuello y en el pie... Se le pasará. ¿Tiene sed? ¿Y hambre?

Briquet no tenía apetito, pero sí sed.

Marie llamó a Kern, que acudió al momento.

—Bueno, ¿cómo está la recién nacida?

La miró detenidamente y se sintió satisfecho.

—Todo está en orden —la tranquilizó—. Paciencia, *mademoiselle*; pronto se pondrá a bailar.

Le dio algunas instrucciones a Marie y se ausentó de nuevo.

Pero la convalecencia se le hizo interminable a Briquet. Era, no obstante, una paciente ejemplar: controlaba su impaciencia, permanecía acostada sin moverse y obedecía todas las indicaciones que le daban.

Finalmente llegó el día en que le quitaron los vendajes, aunque aún no le estaba permitido hablar.

—¿Siente usted su cuerpo? —le preguntó Kern, no sin cierta inquietud.

—Como respuesta bajó los ojos.

—Con mucho cuidado, intente mover los dedos de los pies.

—Briquet lo intentó, como reflejaba la expresión tensa de su rostro, pero los dedos no se movieron.

—Es evidente que las funciones del sistema nervioso central aún no están restablecidas —dijo con autoridad el profesor—. Pero tengo la esperanza de que lo estén pronto y que con ellas aparezca el movimiento. —Y pensó para sí: "Espero que al menos no cojee de las dos piernas".

"Recuperarse, eso suena muy raro", pensaba Marie, recordando el frío cadáver sobre la mesa de disección.

Ahora la intervenida tenía una nueva tarea: se pasaba las horas intentando mover los dedos de los pies, bajo la atenta observación de su cuidadora.

Y por fin, en una ocasión, Marie no pudo contener un grito de alegría:

—¡Se mueve! ¡El pulgar del pie izquierdo se ha movido!

A partir de ahí, la progresión fue más rápida. Se fueron despertando los otros dedos, en manos y pies, y pronto fue capaz de levantar brevemente los brazos y las piernas. Marie no daba crédito; ante sus ojos se estaba produciendo un milagro.

"Aunque sea un delincuente —pensaba—, el profesor no deja de ser un hombre extraordinario. Claro que, sin la cabeza de su colega, no habría conseguido resucitar a un muerto. Pero esto no le resta talento, como afirma el propio Dowell. ¡Oh... si Kern se decidiera a revivirlo! Pero no, él no lo hará nunca".

Pasaron algunos días y a Briquet se le permitió por fin hablar. Resultó tener una voz bastante agradable, aunque con un timbre algo quebrado.

—Se pondrá bien —le aseguró Kern—. Y pronto podrá volver a cantar.

Y Briquet no se hizo esperar mucho, para sorpresa de Marie. Las notas altas resultaban demasiado agudas, con una voz no muy agradable. En tono medio se le oía bastante opaca e incluso ronca. En cambio, las notas graves eran maravillosas, como un auténtico contralto de pecho.

"Pero si las cuerdas vocales quedaban por encima del cuello y pertenecían a Briquet —pensaba Marie—, ¿de dónde nacía esa dualidad de tonos, ese timbre tan diferente entre notas agudas y graves? Misterios de la fisiología. ¿No dependerá de un proceso de rejuvenecimiento de la cabeza, al tener esta mayor edad que el cuerpo? ¿O estará relacionado con la alteración de las funciones del sistema nervioso? Es totalmente incomprensible...sería interesante saber de quién era este joven y delicado cuerpo, a qué infortunada cabeza pertenecía..."

Marie, sin decirle nada a Briquet, comenzó a indagar en los periódicos, en busca de una lista de las víctimas del accidente ferroviario, y rápidamente encontró un pequeño artículo que hacía referencia a la famosa artista italiana Angélica Guy como uno de los pasajeros del tren accidentado, y la daba por desaparecida sin dejar rastro. Su cuerpo no había sido encontrado, y sobre ese extraño suceso hacían toda clase de conjeturas los diversos corresponsales que cubrían la noticia.

Desde entonces, Marie concluyó que Briquet había "adoptado", sin saberlo, el cuerpo de la artista.

Una pieza de museo se da a la fuga

Por fin llegó el gran día en la vida de Briquet. Le quitaron los últimos vendajes y el profesor Kern le permitió levantarse.

Se incorporó apoyándose en la mano de Marie y dio sus primeros pasos por la habitación. Sus movimientos eran inseguros y algo violentos. A veces gesticulaba extrañamente con los brazos: los movía con ligereza hasta un punto determinado, pero después parecían atascarse en un movimiento artificial, aunque finalmente volvían a su flexibilidad natural.

—Esto se le pasará —señaló convencido Kern.

Lo único que le preocupaba era la pequeña herida en la planta del pie; cicatrizaba muy despacio, pero con el tiempo se cerró completamente. Briquet no volvió a sentir dolor alguno y pudo apoyarse sin miedo en esa pierna. A los pocos días ya hacía ensayos de baile.

—No entiendo qué es lo que pasa —decía—. Algunos movimientos puedo hacerlos sin dificultad, pero otros me resultan muy complicados. Seguramente, aún no he aprendido a manejar mi nuevo cuerpo… ¡Y eso que es estupendo! Mire qué piernas, *mademoiselle* Laurane. Y la altura, no digamos. Si no fuera por las cicatrices del cuello… Habrá que disimularlas con algo. Pero el lunar del hombro es encantador, ¿verdad? Me haré un vestido que lo deje al descubierto. Sí, estoy satisfecha con mi cuerpo.

"¡Su cuerpo! —pensó Marie—. ¡Pobre Angélica Guy!"

Todo lo que había reprimido Briquet durante tanto tiempo, se puso en marcha a la vez. Apremió a Marie encargándole todo tipo de vestidos, lencería, calzado, tocados, revistas de moda y productos de cosmética.

Con su nuevo vestido de raso gris, fue presentada por el profesor Kern a la cabeza del profesor Dowell. Y, siendo como era una cabeza masculina, ella no pudo resistirse al coqueteo y se sintió muy halagada cuando Dowell exclamó con voz ronca:

—¡Magnífico! Ha conseguido rematar su trabajo de forma espléndida; ¡lo felicito, colega!

Y Kern abandonó la sala resplandeciente, del brazo de Briquet, como una pareja de recién casados.

—Siéntese *mademoiselle* —le dijo Kern galantemente al entrar en su despacho.

—No sé cómo agradecérselo, señor profesor —dijo ella bajando la vista lánguidamente y dedicándole después una coqueta mirada—. Ha hecho usted tanto por mí… Y yo no puedo premiarlo con nada.

—No es necesario, me siento premiado, más de lo que usted se imagina.

—Me alegro mucho —y le dirigió una mirada aún más luminosa—. Ahora, me permitirá marcharme… dándome de alta del hospital.

—¿Marcharse? ¿De qué hospital? —dijo Kern sin acabar de entender.

—Irme a casa. ¡Ya me estoy imaginando el furor que causará mi reaparición entre los que me conocen!

"¡Tiene intención de marcharse!" Kern no podía hacerse a la idea. Había llevado a cabo una extraordinaria tarea, resolviendo las más complejas dificultades, había realizado algo del todo imposible, y no precisamente para que Briquet causara furor entre sus alocadas amigas. Era él quien debía causar furor entre la comunidad científica, presentando su obra al público. Más adelante quizá pudiera darle algo más de libertad, pero ahora no quería ni oír hablar de eso.

—Por desgracia no puedo dejarla marchar, *mademoiselle* Briquet. Debe quedarse aún algún tiempo en mi casa, bajo observación.

—Pero, ¿por qué? Me encuentro perfectamente —repuso ella, gesticulando con las manos.

—Sí, pero podría recaer.

—Pues entonces vendré de nuevo.

—Permita que sea yo quien decida cuándo estará en condiciones de concluir su estancia aquí —dijo en un tono más severo. —No olvide lo que sería usted, de no ser por mí.

—Ya le he dado las gracias. Pero no soy una niña ni una esclava, ¡puedo decidir por mí misma!

"¡Vaya, tiene su carácter!", pensó Kern, un tanto sorprendido.

—Bien, ya hablaremos de eso más adelante —concluyó—. Ahora permita que la acompañe a su habitación.

Seguramente, John le ha preparado su consomé.

Briquet frunció los labios, se levantó y salió del despacho sin mirar siquiera al profesor.

Briquet solía cenar con Marie en su habitación. Cuando entró, esta ya estaba sentada a la mesa. Se desplomó en la silla e hizo un elegante gesto de desdén con la mano derecha. Marie nunca le había visto un gesto parecido y se quedó pensando a quién pertenecería realmente, si a ella o a Angélica. ¿Acaso habrían quedado atrapadas en las terminaciones nerviosas los movimientos reflejos de la famosa cantante? Para Marie, de momento, estas eran cuestiones sin resolver.

—¡Otra vez caldo! Ya estoy harta de esta comida de hospital —protestó Briquet—. Con gusto me comería ahora mismo una docena de ostras y me bebería un vaso de chablis. —Dio algunos sorbos a su taza de caldo y continuó—: el profesor Kern me acaba de decir que no me dejará marchar durante algunos días más. ¡Cómo puede ser! Yo no soy ningún pájaro en su jaula. Aquí se puede una morir de tristeza. A mí me gusta la vida alegre: luces, música, flores, champán...

Sin dejar de hablar, Briquet se terminó la cena rápidamente, se levantó y, asomándose a la ventana, fijó la mirada en el suelo del jardín.

—Buenas noches, *mademoiselle* Laurane —dijo, dándose la vuelta—. Hoy me acostaré temprano. Por favor, no me despierte por la mañana. En esta casa dormir es la mejor forma de pasar el tiempo. —Y haciendo un saludo con la cabeza, se dirigió a su habitación.

Marie se sentó a escribir una carta a su madre. Todas las cartas las revisaba Kern. Ella conocía la estrecha vigilancia de que era objeto, de modo que ni siquiera intentaba enviar una carta sin pasar antes por la censura del profesor.

En cualquier caso, para no preocupar a su madre —incluso en el caso de que hubiera podido burlar a su censor— había decidido no contarle la verdad sobre su involuntaria reclusión. Esa noche no podía conciliar el sueño, y no paró de dar vueltas en su cama, pensando en el incierto futuro. Su vida corría peligro, y no podría imaginar qué tendría previsto Kern para "neutralizarla".

Briquet tampoco durmió esa noche, pues constantemente se escuchaba un cierto movimiento en su cuarto. "Se estará probando vestidos", pensó Marie. Después se hizo el silencio. Vagamente, como entremezclado con sus sueños, le pareció oír un grito ahogado y se despertó bruscamente. "Mis nervios están a flor de piel", se dijo, y volvió a dormirse profundamente antes de que amaneciera.

Como cada día, se despertó a las siete en punto. En la habitación de Briquet no se oía nada, pero decidió no molestarla y se acercó hasta la habitación donde estaba la cabeza de Thomas. Tenía su habitual aspecto abatido. Después de la operación de su compañera se sentía aún más triste. Pedía, suplicaba, exigía que le dieran también a él otro cuerpo lo antes posible, y acababa blasfemando con rabia y grosería. A Marie le resultó muy difícil calmarlo y suspiró aliviada cuando terminó de asearlo; a continuación fue a la sala de Dowell, que la recibió con una sonrisa.

—¡Extraña cosa es la vida! —dijo la cabeza—. Hace no mucho quería morir. Pero mi cerebro no para de trabajar y a los tres días me vino a la cabeza una idea tan original como atrevida. Si pudiera ponerla en práctica, supondría un giro completo en el campo de la medicina. Puse a Kern al corriente y tendría que haber visto cómo se le iluminaron los ojos. Él de seguro se hará merecedor de un monumento, en agradecimiento de sus contemporáneos... Y yo tendré que vivir por él, por la idea, y también por mí. Claro que en todo esto hay truco.

—¿Y en qué consiste el truco?

—Se lo contaré más adelante, cuando haya tomado una forma más precisa en mi cabeza.

A las nueve, Marie se decidió a llamar a la puerta de Briquet, pero no hubo respuesta. Preocupada, intentó abrir, pero estaba cerrada por dentro y se vio en la obligación de informar al profesor Kern.

Como siempre, este actuó con decisión y rapidez.

—¡Eche la puerta abajo! —le ordenó a John.

El criado tomó impulso y con todas sus fuerzas cargó con su hombro contra la madera. La puerta crujió y saltó de sus goznes. Los tres entraron impetuosamente en la habitación. La cama deshecha estaba vacía. Kern corrió hacia la ventana. De los asideros de esta pendían entrelazadas dos toallas y las tiras de una sábana desgarrada formando una cuerda. Los setos que se encontraban debajo de la ventana se veían aplastados.

—¡Esto es obra suya! —le gritó Kern a Marie, volviéndose amenazadoramente hacia ella.

—Le aseguro que no tengo nada que ver con su huida —respondió con firmeza.

—Más tarde hablaremos de eso —respondió el profesor, aunque, por la reacción de la joven, dedujo que Briquet había actuado por su cuenta. Ahora debían pensar en cómo atraparla.

Kern se encerró en su despacho y se paseó nerviosamente entre la mesa y la chimenea, dando mil vueltas: Su primera idea fue avisar a la policía, pero la descartó casi de inmediato. La policía era la última que debía mezclarse en este asunto. Había que recurrir a investigadores privados.

"¡Maldita sea, yo tengo la culpa!... ¡Tenía que haber tomado medidas antes! Pero quién iba a pensar… Ayer era cadáver, ¡y hoy se ha dado a la fuga! —la rabia le produjo risa—. Y ahora viene lo peor, porque ella le contará a todo mundo lo sucedido… Se refería al furor que causaría su aparición… La historia llegaría a la prensa, y entonces… ¡No tendría que habérsela enseñado a Dowell…! ¡Bastante trabajo me había dado ya! ¡Así me lo agradece!"

Llamó por teléfono a un detective privado y le ofreció una generosa suma para gastos y una cantidad aún mayor si tenía éxito en su búsqueda. Por supuesto, tendría que darle la descripción precisa de la desaparecida.

El detective examinó el lugar de los hechos, así como las huellas que llevaban hasta la verja del jardín. La reja era de gran altura y terminaba en agudas puntas de hierro. "¡Valiente mujer!", comentó con un gesto de admiración. En una de las púas metálicas se había quedado enganchado un trozo de seda gris, mismo que extrajo y guardó cuidadosamente en un sobre.

—Llevaba ese vestido el día de su fuga —dedujo el investigador—. Buscaremos a la mujer de gris.

Con la promesa de dar con ella en menos de 48 horas, el detective se retiró. Era un hombre experto en su trabajo. Averiguó la última dirección de Briquet y realizó visitas a algunas de sus amigas. Una de ellas le proporcionó una fotografía. También consiguió enterarse de en qué *cabarets* había actuado, y envió a sus colegas a indagar en diferentes lugares.

"El pájaro no pudo haber volado muy lejos", se dijo convencido.

Sin embargo, en esta ocasión se equivocaba. Dos días más tarde se encontraban sin la menor pista de su paradero. Hasta que al tercer día de búsqueda, un tipo que frecuentaba las tabernas de Montmartre dijo haber visto por allí a la "resucitada" justo la noche de la fuga, pero nadie supo decir dónde fue a parar después.

Kern estaba cada vez más preocupado. No solo temía que Briquet se fuera de la lengua y contara todos sus secretos, sino también perder para siempre el más preciado de sus "trofeos". Si bien era posible que podía fabricar un segundo con la cabeza de Tom, para ello se requería tiempo y un esfuerzo colosal. Además, podría no salir tan bien como el primero. Mostrar al público unos perros reanimados no tendría el mismo efecto. No, había que dar con Briquet a toda costa. Para ello había duplicado, y hasta triplicado, la recompensa ofrecida.

Cada día, los detectives le daban informes sobre el resultado de sus pesquisas, pero no eran muy alentadores. Parecía como si se la hubiera tragado la tierra.

La actuación concluida

Cuando Briquet, gracias a la fuerza y agilidad de su nuevo cuerpo, consiguió saltar la reja y alcanzar la calle, subió a un taxi al que dio una extraña dirección.

—Al cementerio de Père-Lachaise.

Pero antes de llegar a la Plaza de la Bastilla, cambió de taxi y se dirigió a Montmartre. Había cogido el bolso de Marie para sus primeros gastos y encontrado en él algunas decenas de francos. "Un pecado más o menos no importa; además de que es por necesidad", se decía, intentando calmar su conciencia. Pero la penitencia por los pecados de esos días fue aplazada indefinidamente.

Se sentía de nuevo una persona viva, sana e incluso más joven de lo que antes era. Antes de la operación, según sus cálculos, rondaba ya los treinta. Y su nuevo cuerpo debía tener poco más de veinte años. La acción glandular del nuevo cuerpo le dio un aspecto renovado a su rostro; desaparecieron las arrugas y la tez adoptó un color más natural.

"¡Y ahora, a vivir!", se dijo, mirándose en el pequeño espejo que encontró en el bolso.

—Pare aquí— le indicó al conductor. Pagó y salió del coche para seguir a pie.

Eran aproximadamente las cuatro de la mañana. Se acercó al famoso cabaret Chat Noir, donde actuó la noche en que aquella bala perdida cortó a media palabra el cuplé que estaba interpretando. Las ventanas aún se veían iluminadas en mitad de la noche.

Con cierta emoción, entró en el familiar vestíbulo. El cansado conserje no pareció reconocerla. Cruzó aprisa hasta la puerta lateral y llegó a través del corredor hasta la zona habilitada para los artistas, detrás del escenario. La primera que la vio fue Martha la Pelirroja. Lanzó un grito, asustada, y se encerró en su camerino. Briquet se echó a reír y llamó a la puerta, pero Martha no se decidía a abrir.

—¡Oh, Golondrina! —Oyó decir Briquet a una voz masculina. Así la llamaban en el cabaret, por su afición al coñac que tenía en su etiqueta una golondrina dibujada—. ¿Así que estás viva? ¡Hace tiempo que te dábamos por muerta!

Briquet se dio la vuelta y vio a un hombre elegante y atractivo, con un rostro muy pálido y cuidadosamente afeitado.

Una piel así es propia de personas que raramente ven la luz del sol. Era Jean, el marido de Martha. No le gustaba hablar de su profesión. Sus amigos y compañeros de copas consideraban una falta de tacto preguntarle por sus ingresos. Les bastaba con saber que casi siempre andaba bien de dinero, y que era "el alma de la fiesta". Las noches que se le soltaba el bolsillo, el vino corría a mares y él pagaba todas las rondas.

—¿De dónde has salido, golondrina?

—Del hospital, respondió Briquet.

Por temor a que algún conocido o familiar de la propietaria original de su nuevo cuerpo pudiera reclamárselo, había decidido no contarle nada a nadie de la insólita operación.

—Estuve muy grave —continuó—. Creyeron que estaba muerta, incluso me habían llevado ya al depósito de cadáveres. Pero ahí un estudiante que examinaba mi cuerpo me tomó la mano y notó un débil puso. Aún estaba viva. La bala pasó rozando el corazón sin llegar a dañarlo. Me enviaron directamente al hospital y al final todo salió bien.

—¡Es increíble! —exclamó Jean—. Los demás se van a quedar de una pieza. ¡Hay que celebrar tu vuelta a la vida!

La cerradura de la puerta emitió un chasquido. Martha la Pelirroja, que lo había escuchado todo, había llegado a la conclusión de que Briquet no era una aparición y salió de su escondite. Las dos amigas se abrazaron y se besaron efusivamente.

—Parece que estás más delgada y más alta, es como si tu vieras un aspecto más... distinguido, Golondrina —dijo Martha estudiando con curiosidad y cierto estupor la figura de su amiga reaparecida.

Briquet se azoró un poco ante tan detenido examen.

—Claro que estoy más delgada —contestó—. Solo me daban caldos. La estatura es por los zapatos que llevo, con mucho tacón. Y luego el vestido que realza...

—Pero dime, ¿cómo has tardado tanto en dejarte ver?

—Oh, es una larga historia... ¿Ya has actuado? ¿Podemos sentarnos un rato?

Martha asintió con la cabeza y las dos se sentaron ante una pequeña mesa con un gran espejo cubierta de cajas con pinturas y lápices de maquillaje, frascos de perfume, polveras y cajitas con horquillas y alfileres.

Jean se quedó cerca, fumando sus cigarrillos egipcios.

—Verás, me he escapado del hospital y no pienso volver —empezó a decir.

—Pero, ¿por qué?

—Estaba harta de sopas, ¿entiendes?..., sopa, sopa y sopa… Yo sentía que me iba a ahogar con tanto caldo. El doctor no me quería dar de alta, porque le servía para las prácticas con los estudiantes. Tengo miedo de que me esté buscando la policía… No puedo volver a mi casa y he pensado que tal vez podría quedarme contigo. O, mejor aún, dejar París por unos días… Pero tengo muy poco dinero.

Martha escuchaba con mucha atención, juntando las manos con emoción.

—Pues claro que puedes quedarte en mi casa —dijo sin dudarlo.

—Yo también temo que dé conmigo la policía —dijo Jean, echando una bocanada de humo—. Sería mejor que desapareciera por unos días.

Ella era como de la familia, y él no le ocultaba su profesión. Briquet sabía que se trataba de un "pájaro de altos vuelos". Su especialidad era abrir cajas fuertes.

—Volaremos al sur, Golondrina. Martha, tú y yo. A la Riviera, a respirar la brisa marina. Después de tanto tiempo de no moverme de aquí, quiero tomar aire fresco. No lo vas a creer, pero llevo más de dos meses sin ver el sol y ya casi no me acuerdo de cómo es.

—¡Estupendo! —aplaudió Martha.

—Bueno, aún nos queda una hora. ¡Demonios!, tienes que terminar de cantarnos tu cuplé… Después nos podremos ir, y que vengan a buscarnos si quieren.

Briquet aceptó gustosa la propuesta y su actuación causó furor, como no podía ser menos.

Jean salió al escenario en calidad de presentador. Recordó la trágica historia acontecida unos meses antes y después anunció que, para complacer los deseos del público, *mademoiselle* Briquet había "revivido" en cuanto le echaron al gaznate una copita de coñac de su marca favorita.

—¡Golondrina! ¡Golondrina! —clamó el público.

Jean hizo un gesto con la mano y, cuando se calmaron los ánimos, añadió:

—Golondrina terminará su canción en el mismo sitio donde quedó interrumpida.

—La música dio comienzo y Briquet terminó de cantar la segunda parte del cuplé, entre los aplausos fervorosos del público. Había tal ruido que ni ella misma escuchaba su voz, pero eso era lo de menos. Estaba más feliz que nunca y se deleitaba al ver que no la habían olvidado y la recibían tan calurosamente. El hecho de que esa calidez se debiera a los vapores del alcohol, importaba poco.

Cuando hubo acabado su actuación, hizo un inesperado y elegante gesto con la mano derecha. Eso era nuevo, y el público aplaudió a rabiar.

"¿De dónde le viene eso? Esas maneras tan refinadas... Tengo que aprender ese gesto", pensó la Pelirroja.

Briquet bajó del escenario a la sala. Sus amigas la abrazaron y los conocidos alzaron sus copas para brindar. Ella se había sonrojado de los pies a la cabeza, y sus ojos centelleaban como nunca; el vino se le había subido a la cabeza y se olvidaba del peligro que corría; hubiera podido pasarse el resto de la noche divirtiéndose. En cambio Jean, que había bebido mucho, no perdía el control y de vez en cuando consultaba la hora. Finalmente, se acercó a ella y, tocándola en el hombro, dijo elevando la voz sobre la algarabía:

—¡Ya es hora!

—Pero ya no quiero. Puedes irte solo si quieres. Yo no voy —le respondió ella, entornando perezosamente los ojos.

Entonces Jean, sin decir una palabra, la levantó y la llevó hacia la salida, ante las protestas del público.

—¡La actuación ha concluido por hoy! —gritó cuando ya había alcanzado la puerta—. ¡Hasta el próximo domingo!

Sacó a Briquet del local como pudo, pues se le caía a cada paso, y ya en la calle consiguió meterla en un taxi. Al poco rato llegó Martha con una pequeña maleta.

—A la Plaza de la República —le dijo Jean al conductor, sin indicarle la dirección exacta. Estaba habituado a viajar cambiando de transporte.

La mujer misteriosa

Las olas del Mediterráneo rompían rítmicamente contra la playa de arena. El débil viento apenas conseguía hinchar el velamen de los blancos yates y de los barcos pesqueros. En la inmensidad del azul celeste, ronroneaban los hidroaviones grisáceos que hacían la ruta Niza-Menton.

Un joven con traje de tenis blanco leía el periódico en un sillón de mimbre. Junto a él, su raqueta enfundada y algunas revistas científicas inglesas.

A su lado, bajo una enorme sombrilla blanca, se afanaba frente al caballete su amigo, el pintor Armand Laret.

Arthur Dowell, hijo del difunto profesor Dowell, y Armand Laret eran amigos inseparables. Y esa amistad hacía válida la expresión "los extremos se tocan".

Arthur era callado y más bien frío. Amaba el orden y estaba habituado al estudio constante y sistemático. Solo le faltaba un año para terminar la universidad y ya le habían reservado un puesto en la cátedra de biología. Laret, en cambio, como auténtico francés, era un apasionado de la naturaleza, el desorden y todo lo desmedido. Dejaba sus implementos de artista toda una semana, para después ponerse frenéticamente a la paleta, sin que nada pudiera apartarlo entonces de su obra.

Solo había un rasgo común a los dos: ambos tenían talento y sabían alcanzar los objetivos que se proponían, o bien lo hacían por caminos diferentes, uno de manera impulsiva y desenfrenada, otro con paso comedido. Los trabajos de Arthur en el campo de la biología llamaban la atención de los mejores especialistas en la materia, augurándole una brillante carrera. Paralelamente, los cuadros de Armand suscitaban multitud de comentarios en las exposiciones y algunos ya habían sido adquiridos por importantes museos de diferentes países.

Arthur arrojó el periódico a la arena, recostó la cabeza en el respaldo de su sillón, entornó los ojos y dijo:

—Al final, no han encontrado el cuerpo de Angélica Guy.

Armand movió la cabeza desconsoladamente y suspiró con lástima:

—No puedes quitártela de la cabeza, ¿verdad? —le dijo Arthur.

Armand se volvió hacia él tan bruscamente que se vio obligado a ponerle una forzada sonrisa. Ante él ya no estaba el impetuoso pintor, sino un auténtico caballero con su escudo (la paleta). Su lanza en ristre (el tiento de pintor) y su espada (el pincel). Un caballero ofendido, dispuesto a acabar con el autor del agravio.

—¡Olvidar a Angélica! —dijo, elevando la voz mientras blandía sus armas—. Olvidar a aquella que...

En ese momento una ola inesperada rompió furiosamente, cubriéndolo hasta las rodillas, y concluyó con tristeza:

—¿Acaso puede uno olvidar a Angélica? El mundo ha perdido su alegría desde que no se oyen sus canciones...

Armand supo de la tragedia —o mejor dicho de la desaparición sin rastro— de Angélica en Londres, donde había acudido para inmortalizar su *Sinfonía de la niebla*. Él no era solo un admirador de la cantante, era también su amigo, su caballero andante. No en vano había nacido en la Provenza, entre ruinas de castillos medievales. Cuando tuvo noticia de la desgracia ocurrida quedó tan impresionado que por primera vez en su vida interrumpió su "borrachera artística" en pleno apogeo creativo.

Arthur llegó a Londres procedente de Cambridge, con la intención de que a su amigo no lo invadieran sombríos pensamientos, y como medio de distracción le propuso ese viaje a la costa mediterránea. Pero allí tampoco conseguía tranquilizarlo.

De vuelta al hotel, Armand se cambió de ropa y tomó un tren rumbo al lugar más animado que podía encontrarse en las cercanías: el casino de Monte Carlo. Quería intentar por todos los medios olvidar. A pesar de la hora relativamente temprana, cerca del edificio ya empezaba a verse público: Armand entró en la primera sala, donde aún había pocos visitantes.

—Hagan juego —invitaba el crupier, armado con el rastrillo que le servía para distribuir las apuestas.

Armand no se detuvo y pasó a la siguiente sala, cuyas paredes estaban cubiertas con pinturas de mujeres semidesnudas en diferentes poses: amazonas, cazadoras, espadachinas... en fin, todo aquello que invita a la aventura del juego. De los cuadros emanaba la tensión de las pasiones desatadas, la fortuna, la codicia; pero todo se reflejaba de forma aún más adecuada en las caras de los que estaban sentados en las mesas de juego.

Ahí se encontraba el clásico comerciante obeso de rostro pálido, tendiendo el dinero con sus rechonchas y temblorosas manos llenas de pecas y cubiertas de rojizo vello. Le cuesta respirar, como a un asmático. Sus ojos se esfuerzan por no perder de vista ni un segundo la bola giratoria. Armand no se equivoca al pensar que el gordinflón ya ha perdido una buena suma, y está jugándose todo lo que le queda en un intento de revertir su suerte. Y si no sucede así, es muy probable que este hombre pusilánime camine directo hacia la senda del suicidio, donde rendirá sus últimas cuentas con la vida.

Al lado del comerciante, se encuentra un viejo desaliñado y lampiño, con su pelo canoso enmarañado y ojos de maníaco. En las manos sostiene un cuadernillo y un lápiz. Anota las ganancias y los números que van saliendo, mientras hace sus cálculos... Hace tiempo que lo perdió todo y se convirtió en un esclavo de la ruleta. La administración del casino le da una pequeña paga mensual, suficiente para vivir y seguir jugando en calidad de peculiar anuncio publicitario. Ahora se dedica a elaborar su "teoría de las probabilidades", estudiando el caprichoso carácter de la fortuna. Cuando se equivoca en las conjeturas, da un respingo y golpea furioso el cuaderno con el lápiz, masculla algo entre dientes y se sumerge de nuevo en sus cálculos. Y, si algo confirma sus teorías, su rostro se ilumina y mira hacia los lados, a los demás jugadores, como diciéndoles: "¿Lo ven?, por fin he conseguido descifrar las leyes del azar".

Dos acompañantes llevan del brazo a una anciana, a la que sientan en un sillón junto a la mesa. Lleva un vestido de seda negro y un collar de brillantes un tanto ajado en el cuello. Tiene la cara tan empolvada que le sería imposible estar más pálida. Al ver la misteriosa bolita que reparte la suerte y la desgracia, sus ojos hundidos se encienden con el fuego de la avaricia y sus enjutos dedos cubiertos de sortijas comienzan a temblar.

Una joven y esbelta mujer con un elegante vestido verde oscuro pasa por la mesa y arroja un billete de mil francos con un gesto despreocupado. Pierde, se ríe sin darle la menor importancia y pasa a la siguiente sala.

Armand apuesta cien francos a rojo y gana. "Hoy va a ser mi día", piensa, y decide subir la apuesta a mil. Entonces pierde, pero confía en recuperarlo. Ya ha sido atrapado por el juego.

Otros tres individuos se acercan a la mesa: un hombre alto y de buena planta con la tez muy clara, acompañado por dos mujeres, una pelirroja y otra con un vestido de raso gris... Mirándola de reojo, Armand siente cierto estremecimiento. Sin comprender la razón de esa sensación, no puede dejar de seguir con la mirada a esa mujer y de pronto se queda paralizado al verla hacer un determinado gesto... ¡le es tan familiar! ¡Es el gesto que solía hacer Angélica Guy! La impresión es tan fuerte que no puede seguir jugando. Y cuando los tres desconocidos deciden retirarse entre risas, Armand va tras ellos dejando sus ganancias en la mesa.

A las cuatro de la mañana, alguien aporrea la puerta de Arthur Dowell, que se levantó airado, se enfundó en una bata y fue a abrir. Al momento entró Armand, con paso nervioso y vacilante, y se desplomó, agotado, en un sillón.

—Creo que me estoy volviendo loco, sentenció.

—¿Qué te ocurre? —le respondió Arthur.

—El caso es que... no sé cómo explicarlo... Estuve jugando hasta las dos de la mañana. Iba ganando, pero después empezó a cambiarme la suerte. Y de repente vi a una mujer haciendo un gesto peculiar con la mano... Fue algo tan sorprendente para mí que dejé inmediatamente el juego, y decidí seguirla hasta un restaurante cercano. Me senté en una mesa y pedí una buena taza de café solo. El café siempre me despeja cuando los nervios me juegan malas pasadas. La desconocida estaba en la mesa de al lado, acompañada por un joven bien vestido, pero que no inspiraba mucha confianza, y una chica pelirroja bastante corriente. Bebían y conversaban animados, y en un momento dado la mujer —que iba de gris— se decidió a cantar un cuplé. Le salió una voz algo chillona con un timbre no muy agradable, pero después siguió con notas más graves, de pecho... —Armand se oprimió la cabeza con las manos, en un gesto de tensión— Arthur, ¡era la voz de Angélica! La reconocería entre mil.

"¡Pobre desgraciado! ¡A lo que ha llegado!", pensó su amigo y, poniéndole la mano en el hombro con cariño, le dijo:

—Solo te la recordó, Armand. Tienes que sobreponerte. Ha sido un simple parecido...

—¡No, no, te lo aseguro! —se defendió con ardor—. La estuve observando detenidamente. Era bastante guapa, con facciones bien definidas y ojos agradablemente pícaros. Pero su figura, ¡su cuerpo!... Arthur, que el diablo me lleve ahora mismo si su cuerpo no se parecía como dos gotas de agua al de Angélica Guy.

—Mira, tómate un poco de bromuro, date una ducha fría y acuéstate. Y mañana, es decir, hoy, cuando te despiertes...

Armand miró enfurecido a su amigo.

—Piensas que he perdido el juicio... Pero no saques conclusiones precipitadas. Escúchame hasta el final, porque aún hay más. Cuando terminó de cantar, hizo ese gesto con la mano, su gesto favorito. Era algo peculiar de ella, inimitable.

—¿Qué quieres decir? ¿Acaso piensas que esa cantante está en el cuerpo de Angélica?

Armand se pasó la mano por la frente.

—No sé qué pensar... Si es así, desde luego que puede uno perder la cordura... Pero, espera, no he terminado. La mujer llevaba al cuello un refinado collar, bueno, más que un collar era un collarín adherido y hecho de pequeñas perlas, de al menos cuatro centímetros de ancho. Su vestido era bastante escotado y dejaba al descubierto un lunar en el hombro, un lunar exacto al de Angélica. El collar se parecía más a una venda y por encima de ella se podía ver la cabeza de una mujer del todo desconocida para mí, pero que desde ahí para abajo se prolongaba en un cuerpo completamente familiar, un cuerpo que yo había estudiado en todas sus líneas y formas hasta el más mínimo detalle. Era el cuerpo de mi amiga. No olvides que soy pintor. Soy capaz de recordar líneas irrepetibles y cualquier rasgo distintivo de un cuerpo humano... Hice tantos dibujos y bocetos de ella, la he retratado tantas veces, que es imposible que me equivoque.

—¡No, eso no es posible! —exclamó Arthur—. Angélica fa...

—¿Falleció? Ahí está la cuestión, que nadie puede afirmarlo. Ella, o en todo caso su cadáver, desapareció sin dejar rastro. Y ahora...

—¿Te has topado con el cuerpo de Angélica "resucitado"?

—¡Oh, oh ,oh! —exclamó Armand gimiendo—. Eso es justo lo que pienso.

Arthur se levantó y empezó a pasear por la habitación. Era evidente que hoy ya no sería capaz de dormirse.

—Vamos a reflexionar fríamente —propuso—. Dices que esa cantante desconocida tiene algo parecido a una doble voz; una, la suya, de lo más normal, y otra, ¿la de Angélica Guy?

—Los tonos más graves, su contralto inconfundible —respondió Laret, asintiendo con la cabeza.

—Pero eso, desde el punto de vista fisiológico, es impensable. Se supone que el sonido de las notas más agudas lo producen los extremos superiores de las cuerdas vocales, y el de las más graves, los inferiores. La cantidad de sonido depende de la mayor o menor tensión que se le aplique a las propias cuerdas en todo su alcance. Sucede lo mismo con las cuerdas de los instrumentos musicales: cuanto más se tensan, mejor y mayor vibración se produce y se obtiene un tono más agudo, y viceversa. Es más, si se hubiera realizado una operación así, las cuerdas vocales se habrían acortado, y eso produciría un tono de voz mucho más alto. Y dudo mucho de que nadie fuera capaz después de una intervención así, pues las cicatrices habrían impedido la vibración normal de las cuerdas y, en el mejor de los casos, la voz resultante sería de lo más ronca... No, decididamente no es posible. Y por si fuera poco, para "resucitar" el cuerpo de Angélica, habría que tener la cabeza de alguien sin su tronco.

Arthur se calló de pronto, al recordar algo que en cierto sentido reforzaba la teoría de su amigo. Él mismo había presenciado algunos de los experimentos de su padre, el profesor Dowell, quien había inyectado en los vasos sanguíneos de un perro sin vida un preparado nutritivo a una temperatura de 30 grados Celsius, con una base de adrenalina —sustancia irritante que obliga a los vasos a contraerse—. Cuando el líquido llegaba con cierta presión al corazón, conseguía restablecer su actividad, y este empezaba a bombear sangre hacia los vasos. Poco a poco se restauraba la circulación sanguínea, y el animal finalmente revivía.

—El motivo fundamental de la muerte de nuestro organismo —le había explicado entonces su padre— es la interrupción en el suministro de sangre a los órganos, con su consiguiente carga de oxígeno.

—Entonces, ¿de la misma forma se podría revivir un hombre? —le había preguntado Arthur.

—Sí —había respondido con optimismo el profesor—, me propongo conseguir la "resurrección", y algún día convertiré en realidad ese "milagro". En esa dirección van encaminados mis ensayos.

Resucitar un cuerpo, por consiguiente, era posible. Pero, ¿lo sería si el cuerpo pertenecía a un individuo y la cabeza a otro? ¿Era posible una operación así? Sobre esto Arthur tenía sus dudas. Es verdad que había visto realizar con éxito a su padre operaciones tremendamente audaces e insólitas, con trasplantes de tejidos y huesos. Pero en realidad eso no era tan difícil, y menos para su padre.

"Si mi padre estuviera vivo, seguramente aceptaría la hipótesis de Armand sobre la cabeza ajena en el cuerpo de Angélica como algo verosímil. Solo él podría atreverse a llevar a cabo una intervención tan arriesgada como compleja. ¿Es posible que sus ayudantes continuaran sus experimentos? —se planteó Arthur—. Pero una cosa es resucitar una cabeza, o incluso un cadáver entero, y otra muy distinta coser la cabeza de una persona a otro cuerpo."

—¿Y qué piensas hacer? —le preguntó a su compañero.

—Quiero dar con esa mujer de gris, hablar con ella y resolver este misterio. ¿Me ayudarás?

—Por supuesto —respondió Dowell sin dudar.

Se estrecharon fuertemente la mano y comenzaron a preparar su plan de acción.

Un alegre paseo

Al cabo de unos días, Armand ya conocía a Briquet, a su amiga Martha y a Jean. Habiéndose ganado su confianza, les propuso hacer una excursión en yate, y ellos aceptaron gustosos.

Mientras Martha y Jean conversaban en cubierta con Arthur, Armand invitó a Briquet a bajar para enseñarle los camarotes. Eran dos piezas no muy grandes, con un piano en una de ellas.

—¡Vaya, si tenemos hasta instrumentos! —exclamó ella.

Se sentó al piano y tocó un foxtrot. El barco se mecía suavemente con el oleaje. Armand se puso de pie junto al piano y miraba con atención a Briquet, pensando en la manera de iniciar sus indagaciones.

—Cante algo —le pidió él.

Ella no se hizo del rogar y empezó a cantar, coqueteando con la mirada; era evidente que él le gustaba.

—Tiene usted una voz… particular —dijo él, observando la reacción de su rostro—. Es como si en su garganta se unieran dos voces; de dos mujeres diferentes…

Briquet se azoró visiblemente, pero consiguió dominarse y se rio de un modo forzado.

—¡Oh… sí! Eso me viene de la infancia. Uno de mis profesores de canto veía en mí una contralto y el otro una *mezzosoprano*. Cada uno desarrolló mi voz a su manera, y así salió… Además, llevo unos días resfriada…

"¿No son demasiadas explicaciones para un simple comentario? —pensó Armand—. ¿Y por qué se ha inquietado tanto? Se confirman mis sospechas: aquí hay gato encerrado".

—Cuando usted llega a las notas graves —le dijo con voz apenada— es como si estuviera escuchando la voz de una buena amiga mía… Era una cantante famosa. La pobre falleció en un accidente de tren. Aunque, para sorpresa de todo el mundo, su cuerpo nunca se encontró… Su figura me recuerda extraordinariamente a la suya, se parecen como dos gotas de agua… Hasta podría pensarse que ese es su cuerpo.

Briquet lo miró sin poder ocultar su temor. Comprendió que él había llevado la conversación hacia donde quería, de una forma totalmente intencionada.

—A veces las personas se parecen mucho unas a otras... —se defendió ella, con voz temblorosa.

—Ya, pero una semejanza tan grande yo no la he visto nunca. Además... están sus gestos... como este que hace usted con la mano... Y ahora mismo, sin ir más lejos, ha hecho ademán de arreglarse el cabello... como para poner en orden la magnífica melena que recuerdo en ella. Así tenía el pelo Angélica Guy, y así se atusaba caprichosamente los rizos que caían de sus sienes... Pero usted no tiene esos largos bucles, sino que luce un peinado corto a la última moda.

—Antes yo también llevaba el pelo largo —dijo Briquet, levantándose. Había palidecido y le sudaban ostensiblemente las manos—. Aquí hace calor... Vamos arriba... —sugirió.

—Espere —la detuvo Armad igualmente intranquilo—. Necesito hablar con usted.

Entonces la obligó a sentarse en el sillón, junto al ojo de buey.

—Me encuentro mal... No estoy acostumbrada al balanceo del barco... —se excusó, en un intento de huir.

Pero él, como sin querer, hizo que su mano se enganchara en el cuello de ella, levantándole la parte de la gargantilla, y entonces pudo ver la cicatriz enrojecida.

Briquet se tambaleó y perdió el conocimiento, sin dar apenas tiempo a que Armad la sujetara. El joven pintor, sin saber qué hacer, le roció levemente la cara con un sifón que encontró a mano, y ella volvió rápidamente en sí. Sus ojos reflejaban un terror indescriptible. En unos segundos que se hicieron eternos se miraron uno al otro. A Briquet le pareció que le había llegado la hora de recibir su castigo. La hora fatal en la que habría de pagar por haberse apropiado de un cuerpo ajeno. Sus labios temblaban y, en un susurro apenas audible, dijo:

—No me mate… Tenga compasión…

—Tranquilícese, no tengo intención de matarla, pero necesito resolver este misterio. —Le tomó la mano, que pendía inerte, y la oprimió con fuerza—. Reconózcalo: este no es su cuerpo, ¿verdad? ¿De dónde ha salido?... ¡Cuénteme ahora mismo toda la verdad!

—¡Jean! —intentó gritar ella.

Pero Armand le tapó la boca a tiempo con la mano y le dijo al oído en un susurro amenazador:

—Si vuelve a gritar no saldrá viva de este barco.

Después se apartó de ella, cerró bien la puerta y aseguró fuertemente la claraboya.

Briquet se puso a llorar como un niño, pero él actuaba con gran firmeza.

—Las lágrimas no la van a salvar. Empiece a hablar, antes de que pierda la paciencia.

—Yo no tengo la culpa de nada —dijo sollozando—. Me mataron, pero volví a la vida… Solo tenía mi cabeza… en una plataforma de cristal… ¡Fue tan horrible!... Y al lado estaba la cabeza de Thomas… No sé cómo sucedió… El profesor Kern, fue él quien me resucitó… Yo le pedí que me devolviera mi cuerpo —prosiguió mirando horrorizada sus hombros y sus brazos—. Y cuando vi que cerca había un cadáver, resultó que… Sentí tal miedo… Entonces ya no quería, supliqué para que no cosieran mi cabeza a ese cuerpo… Esto lo puede confirmar la señorita Laurane, que era la que cuidaba de nosotros; pero Kern no hizo caso. Me durmió y desperté así. No quería quedarme más en ese lugar y entonces hui a París, y después, aquí… Sabía que él me perseguiría… Se lo ruego, no me mate y no se lo cuente a nadie… Ahora ya no quiero quedarme sin cuerpo, es como si fuera mío… Nunca me sentí tan ágil como ahora. Lo único que me molesta es un pie, pero ya se me pasará… ¡No quiero volver a aquella casa!

Después de oír este balbuceante discurso, Armand pensó: "La verdad es que la pobre no tiene ninguna culpa. Pero ese

Kern... ¿cómo pudo conseguir el cuerpo de Guy y usarlo en un experimento tan monstruoso?... ¡Kern! Estoy seguro de haber oído mencionar ese nombre a Arthur. Si no me equivoco era el ayudante de su padre. Hay que esclarecer todas estas incógnitas".

—Deje de llorar y escúcheme atentamente —dijo Armand en tono severo—. Estoy dispuesto a ayudarla, pero con una condición: que usted tampoco revele nada de lo que le ha pasado hasta este mismo momento a nadie, excepto a una persona que ahora mismo vendrá a hablar con usted: Arthur Dowell. Usted ya lo conoce, tiene que hacerme caso en todo, o de lo contrario le espera un terrible escarmiento. Usted ha cometido un delito castigado con la pena de muerte, y ante esto no podría ocultar su cabeza ni el cuerpo que ha usurpado en alguna parte. La encontrarán y la llevarán a la guillotina. Ahora escúcheme; lo primero es que se calme, y lo segundo es que se siente al piano y cante algo, tan alto como para que la oigan en cubierta, que suene como que se la está pasando muy bien y no tiene intención de subir aún.

Briquet se acercó al piano, se sentó y empezó a cantar haciendo un gran esfuerzo para que sus manos la siguieran.

—¡Más alto y con más alegría! —exigió Armand, mientras abría la puerta y la claraboya.

La melodía era realmente extraña: como un grito de pánico y desesperación, pero ejecutado en un tono alegre.

—¡Vamos! ¡Dele duro a las teclas! ¡Así! Toque y espere aquí. Vendrá con nosotros a París y no se le ocurra intentar huir. Allí estará segura; nosotros nos encargaremos de que nadie la encuentre.

Armand subió a la cubierta con su mejor sonrisa. El yate, inclinado a babor, se deslizaba sobre las olas. La brisa marina lo recibió con su frescor, se acercó a su amigo, lo llevó aparte discretamente y le dijo:

—Baja a los camarotes y obliga a *mademoiselle* Briquet a que te repita todo lo que acaba de contarme a mí. Yo distraeré a nuestros invitados... ¿Qué tal? ¿Le está gustando el paseo, *madame*? —dijo, dirigiéndose a la muchacha pelirroja, iniciando así una desenfadada conversación.

Jean, arrellanado en el sillón de mimbre, disfrutaba con la distancia que había puesto de por medio entre sí y los policías y detectives que habitualmente lo andaban buscando. No quería tener que pensar en ellos, ni estar siempre en guardia; solo deseaba olvidarse de vivir en un estado permanente de alerta. Dando pequeños sorbos a su copa de coñac de primera, se sumergía cada vez más en sus ensoñaciones, y acabó entrando en un estado de somnolencia, que era justo lo que necesitaba Armand.

Martha también se sentía maravillosamente. Y, mientras escuchaba cómo cantaba su amiga, ella misma, entre frases, tarareaba la alegre melodía que llegaba a sus oídos.

Ya fuera por haberse relajado con la música, o por considerar a Arthur un interlocutor más pacífico, el caso es que en esta ocasión Briquet pudo narrar de forma más coherente e inteligible la historia de su muerte y resurrección.

—Y eso es todo. ¿Acaso tengo yo alguna culpa? —preguntó, ahora ya sonriendo, mientras entonaba el estribillo "Seré yo la culpable", que acompañaba Martha desde cubierta.

—Descríbame la tercera cabeza que vio en la casa del profesor Kern —le pidió Arthur.

—¿La de Thomas?

—¡No, la otra! Aquella ante la que la llevó el profesor para exhibirla como su "obra" Pero, espere...

Arthur sacó rápidamente su cartera, de la que extrajo una fotografía, que acto seguido le enseñó.

—Dígame, ¿se parece la persona aquí representada a la cabeza de mi... amigo, que usted pudo ver en casa del profesor?

—¡Sí, es justo el mismo! —exclamó Briquet dejando de tocar—. ¡Es increíble! Y con sus hombros, la cabeza con su cuerpo... ¿Es que ya les ha dado tiempo de coserlo a él también? Pero, ¿qué le ocurre?, querido —preguntó, sorprendida y preocupada al mismo tiempo.

El joven estaba a punto de desvanecerse. Lívido, y con un enorme esfuerzo, consiguió dominarse y dar unos pasos hacia el sillón. Se dejó caer en él y se cubrió el rostro con las manos.

—Dígame, ¿qué le pasa? —volvió a preguntar Briquet.

Pero él no contestó. Después, de sus labios surgió un balbuceo casi inaudible: "Pobre padre"; pero ella no llegó a oír estas palabras.

Arthur se sobrepuso con rapidez y, cuando levantó la cabeza, su rostro parecía casi sereno.

—Perdóneme, creo que la he asustado —dijo—. A veces tengo pequeñas crisis, a causa del corazón. Ya se me ha pasado.

—Pero, ¿quién es ese hombre de la foto? Se parece tanto a... ¿es su hermano? —se interesó ella.

—Sea quien sea, usted debe ayudarnos a encontrar su cabeza. Irá con nosotros, la instalaremos en un lugar tan recóndito que nadie podrá encontrarla. ¿Cuándo podría partir?

—Hoy mismo —aseguró ella—. Pero usted... ¿no piensa arrebatarme mi nuevo cuerpo?

Arthur no entendió al principio, pero luego sonrió y le respondió:

—Por supuesto que no... siempre y cuando nos ayude y haga lo que le pidamos. Vamos arriba.

—Bueno, ¿qué tal se navega? —preguntó Arthur alegremente al aparecer en cubierta seguido de Briquet, y después miró al horizonte con actitud de marinero experto y, moviendo la cabeza con preocupación, concluyó—: No me gusta cómo está el mar... ¿ven aquella franja oscura en el horizonte?... pues si no volvemos pronto...

—¡Oh, vamos a dar la vuelta ahora mismo! No quiero morir ahogada —exclamó medio en broma Briquet.

No era previsible ninguna tormenta. Sencillamente, Arthur había decidido asustar a su "tripulación" para volver cuanto antes a la orilla.

Armand acordó encontrarse con Briquet en la pista de tenis, después de la comida, y le dijo que si no se presentaba "sí habría tormenta". Entonces se despidieron, pero no por mucho tiempo.

—Escucha Armand: de repente nos encontramos tras la pista de un gran secreto —le dijo Arthur de vuelta al hotel—. ¿Sabes de quiénes eran las cabezas que tenía Kern en su casa?... ¡Una de ellas es la de mi padre, el profesor Dowell!

Armand, que ya estaba sentado, saltó de su silla, como una pelota que rebotara.

—¿Su cabeza? ¿La cabeza viva de tu padre?; pero, ¿es posible? ¡Y todo esto es obra de Kern! Yo... acabaré con él. Encontraremos la cabeza de tu padre.

—Me temo que no llegaremos a tiempo de verlo con vida —observó Arthur desanimado—. Mi propio padre me demostró la posibilidad de resucitar cabezas humanas una vez seccionadas de su cuerpo, pero no podían mantenerse con vida más de una hora y media; después morían, ya que la sangre se coagulaba. Además, los preparados de nutrientes aún no servían para prolongar su vida por mucho tiempo.

Arthur Dowell no sabía que su padre, poco antes de morir, había creado un compuesto —que denominó Dowell 217— y que Kern se apropió rebautizándolo como Kern 217. Una vez inyectado en la sangre evitaba la coagulación, y de este modo servía para alargar la vida de las cabezas.

—Pero vivo o muerto, ¡tenemos que encontrar su cabeza! ¡Debemos ir a París cuanto antes!

Armand corrió al hotel para recoger sus cosas de la habitación.

Hacia París

Corriendo a toda prisa, Armand acudió al punto de encuentro señalado.

Briquet, que llegaba con algo de retraso, se alegró al comprobar que la estaban esperando. A pesar de todo el miedo que le había infundido, no por ello dejaba de ver a Armand como un hombre muy interesante.

—¿Y dónde está su raqueta? —le preguntó decepcionada—. ¿Es que no me va a dar clases hoy?

En los últimos días, él le había estado enseñando a jugar tenis. Resultó ser una alumna aventajada, pero él sabía mejor que nadie el secreto de esa capacidad: Briquet contaba con el entrenado cuerpo de Angélica, que había sido una excelente jugadora. En otro tiempo fue la cantante quien le había enseñado a él algunos golpes. Ahora solo faltaba que el cuerpo de la jugadora Guy, se correspondiera con el cerebro, aún no entrenado de Briquet, y que en este se afianzaran los gestos habituales de aquel. A veces los movimientos de la joven eran inseguros y poco ágiles, pero otras —para sorpresa de Armand— mostraba gran destreza. Por ejemplo, le sorprendió sobremanera cuando se puso a lanzar "pelotas con efecto"; nadie le había enseñado eso. También su hábil y complicado "toque" era motivo de orgullo para Angélica. Viendo los movimientos de su nueva alumna, Armand casi se olvidaba de que no estaba jugando con Angélica; precisamente mientras jugaba al tenis, había empezado a sentir algo por la "resucitada Angélica", como la llamaba en ocasiones, aunque lejos aún de la inclinación y devoción que lo unían a su desaparecida amiga.

Briquet, al lado de Armand, se protegía de los últimos rayos del sol poniente con su raqueta —otro gesto típico de Angélica.

—Hoy no vamos a jugar.

—¡Qué lástima! Yo no me negaría a jugar un poco, aunque justo hoy me duele más el pie —dijo ella.

—Venga conmigo. Nos vamos a París.

—¿Ahora?

—Inmediatamente.

—Pero al menos tengo que cambiarme, y recoger algunas cosas.

—Está bien, le doy 40 minutos para que se prepare, pero ni un minuto más. Pasaremos a recogerla en el coche. Vaya corriendo a hacer las maletas.

"Es verdad que cojea un poco", pensó Armand, mientras la seguía con la mirada.

De camino a París, la joven comenzó a dolerse del pie con más fuerza. Acostada en su compartimento, gemía en voz baja. Él la tranquilizaba como podía, en un viaje que sirvió para unirlos aún más. Aunque la verdad era que su galantería colmada de atenciones en realidad era dirigida inconscientemente a Angélica, o al menos así le parecía. Pero Briquet interpretaba aquella atención como centrada exclusivamente en ella, y eso le llegaba al alma.

—Es usted tan bueno... —le decía conmovida—. En el yate llegó a asustarme, pero ahora ya no le temo —declaró sonriendo tan dulcemente que él ya no pudo sino responder de igual forma. Y esta vez lo hizo pensando únicamente en ella, ya que la sonrisa se había originado en la cabeza. Sin darse cuenta, Briquet iba haciendo progresos.

Poco antes de llegar a París, tuvo lugar un pequeño suceso que alegró mucho a la joven, pero que a él lo dejó sorprendido. En un ataque agudo de dolor, ella extendió la mano y se lamentó:

—¡Si usted supiera cómo estoy sufriendo...!

Armand, instintivamente, le tomó la mano extendida y la besó. Ella se sonrojó y también él se sintió azorado.

"Vaya —pensó—, creo que la he besado. Aunque no era más que su mano; la mano de Angélica. Pero el dolor lo siente en la cabeza, de modo que, al besarle la mano, me estaba compadeciendo de su cabeza. Claro que su cabeza siente el dolor porque tiene dañado el pie de Angélica, pero al mismo tiempo el dolor de Angélica lo percibe ella en su cabeza..." Acabó por hacerse un lío tremendo y terminó más confundido aún que al principio.

—¿Cómo le explicó a su amiga lo de su repentino viaje? —Se apresuró a preguntar Armand para salir de esa embarazosa situación.

—No le dije nada. Ya está acostumbrada a mis acciones impulsivas. Además, también vendrá pronto a París con su marido… Me gustaría verla… Por favor, le ruego que le permita venir a verme —le dijo, entregándole la dirección de Martha la Pelirroja.

Los dos amigos decidieron albergar a Briquet en una casa no muy grande, deshabitada, que pertenecía al padre de Armand, al final de la avenida del Maine.

—¡Justo al lado del cementerio! Exclamó la supersticiosa Briquet cuando desde el coche vio el cementerio de Montparnasse, ya cerca de su destino.

—Eso significa que vivirá muchos años —la tranquilizó Armand.

—¿Es que puede haber un augurio así? —preguntó recelosa.

—Más cierto que ninguno.

Y con eso Briquet se tranquilizó. Instalaron a la enferma en una habitación bastante acogedora, acomodándola en una enorme y antigua cama con dosel.

Ella suspiró, mientras se recostaba en el montículo que formaba la almohada.

—Tendremos que llamar a un médico, y además necesitará una enfermera que la atienda —le dijo Armand. Pero ella se negaba tajantemente. Temía que algún desconocido pudiera denunciarla.

A duras penas, Armand consiguió que ella accediera a mostrarle el pie a un joven médico amigo suyo, y también aceptó que la hija del conserje hiciera de enfermera.

—Esta persona trabaja aquí desde hace veinte años. Tanto él como su hija son de plena confianza —argumentó con plena convicción.

El médico examinó el pie enrojecido e inflamado, recomendó aplicar compresas e intentó tranquilizar a la paciente. A continuación salió de la habitación para hablar con Armand.

—¿Cómo está? —preguntó este con cierta preocupación.

—De momento no es grave, pero hay que vigilar la evolución de esa afección —respondió el doctor—. Vendré a verla cada dos días. Debe guardar reposo absoluto.

Cada mañana, el joven pintor se acercaba a ver cómo estaba la convaleciente. Una vez, entró sigilosamente en la habitación, temiendo despertarla. La enfermera no estaba. Briquet dormía, o al menos tenía los ojos cerrados. Era curioso: su rostro parecía cada vez más joven. Ahora nadie pensaría que tenía más de veinte años. Sus rasgos se habían suavizado y la expresión de su rostro había adquirido un aspecto más relajado.

Se acercó de puntillas hasta la cama, estuvo un buen rato contemplándola, y, repentinamente, sintió el impulso de besarla en la frente. Esta vez no se detuvo a pensar si estaba besando una "reminiscencia" de Angélica, la cabeza de Briquet, o a esta completa.

Ella abrió lentamente los ojos y miró a su acompañante con una pálida sonrisa en los labios.

—¿Cómo se encuentra? —le dijo él con suavidad—. ¿La he despertado?

—No, no estaba dormida. Estoy bien, gracias. Si no fuera por este dolor…

—El médico dice que no es nada serio. Debe guardar cama y pronto estará bien.

Entró la enfermera y Armand, despidiéndose con un gesto, salió de la estancia. Ella acompañó su despedida con una graciosa mirada. En su vida se estaba despertando algo totalmente nuevo. Ansiaba curarse cuanto antes. El cabaret, el baile, los cuplés, los alegres y ebrios espectadores del Chat Noir… todo eso parecía ahora tan lejano que carecía del sentido y valor de otros tiempos. En su corazón afloraba el sueño de una felicidad distinta. Quizá fuera este el mayor milagro de su "metamorfosis", sin haberlo sospechado siquiera ella, ni tampoco el propio Armand. El cuerpo joven y puro de Angélica Guy no solo había tenido un efecto rejuvenecedor en la cabeza de Briquet, sino que además había modificado el curso de sus ideas. La libertina cantante de cabaret se había transformado en una discreta muchacha.

Las víctimas de Kern

Mientras Armand se encontraba totalmente absorto en el cuidado de la paciente, Arthur Dowell hacía sus indagaciones para localizar la casa del doctor Kern. De vez en cuando los dos amigos departían con Briquet, que les daba cuanta información podía sobre la casa del profesor y sus moradores.

Arthur había decidido actuar con la máxima prudencia. Desde la desaparición de Briquet, Kern debía estar alerta. Era imposible que lo cogieran desprevenido. Había que hacerlo de tal forma que Kern no sospechara, hasta el último momento, que se estaba preparando un ataque en su contra.

—Tenemos que valernos de la astucia —le dijo a Armand—. Lo primero es averiguar dónde vive *mademoiselle* Laurane. Si no es cómplice de Kern, entonces nos servirá de gran ayuda, incluso más que Briquet.

No fue muy difícil localizar el domicilio de Marie Laurane, pero cuando Arthur decidió ir a visitarla, quedó decepcionado. Solo encontró a su madre, una aseada y bondadosa anciana, aunque desconfiada y presa de una gran tristeza.

—¿Podría ver a *mademoiselle* Laurane? —preguntó cortésmente.

La anciana lo miró algo confusa.

—¿Mi hija? ¿Es que usted la conoce?... ¿Con quién tengo el honor de hablar, y para qué busca a mi hija?

—¿Me permite pasar? —pidió él.

—Por favor... —respondió ella, permitiendo que el visitante accediera a un pequeño recibidor, amueblado con un sofá con el respaldo cubierto con blancas carpetas de encaje. En la pared lucía un gran retrato. "Una chica interesante", pensó Arthur.

—Mi apellido es Rade —se presentó—, soy médico de provincia y ayer mismo llegué de Tolón. Hace tiempo conocí a una de las amigas que tenía la señorita Laurane en la universidad. Estando aquí, en París, me la encontré por casualidad y supe por ella que su amiga Marie trabajaba para el profesor Kern.

—¿Cómo se apellidaba esa amiga de mi hija?

—¿Su apellido?... Richie.

—Richie, Richie… no me suena para nada —dijo la señora Laurane, y con manifiesta desconfianza preguntó—: ¿Acaso viene usted de parte de Kern?

—No, no vengo de su parte —respondió sonriendo Arthur—. Pero me gustaría mucho conocerlo. El caso es que él está trabajando en un campo en el que yo tengo un gran interés. Me consta que una parte de sus experimentos, ciertamente los más interesantes, los lleva a cabo en su propia casa. Pero es una persona muy reservada y no le gusta mostrar a nadie su laboratorio, que es como un santuario para él.

La mujer decidió dar crédito a la historia. Cuando comenzó a trabajar con el profesor, su hija le había dicho que este era un hombre muy reservado y no admitía visitas de nadie. A su pregunta de "¿A qué se dedica el profesor?", su hija le había respondido con vaguedad: "A diversos experimentos científicos".

—Pues bien —continuó Arthur—, yo había pensado presentarme primero a *mademoiselle* Laurane, para que ella me aconsejara la mejor forma de conseguir mi objetivo. Podría preparar el terreno, hablar de antemano con el profesor, y después presentármelo para introducirme en su casa.

El aspecto del joven inspiraba confianza, pero todo lo que se relacionaba con el nombre de Kern despertaba en la señora Laurane tal alarma e inquietud que no sabía bien cómo continuar la conversación. Suspiró profundamente y, conteniéndose para no echarse a llorar, dijo:

—Mi hija no está en casa, está en el hospital.

—¿En el hospital? ¿En qué hospital?

La anciana no pudo soportarlo más; llevaba demasiado tiempo a solas con su pena, y ahora —dejando a un lado toda prudencia— se desahogó contándole todo a su invitado: la inesperada carta en la que Marie le decía que su trabajo era quedarse un tiempo alojada en la casa del profesor, con el fin de atender a sus pacientes más graves; los infructuosos intentos de verla en casa del profesor, su extrema preocupación; y cómo finalmente el profesor le había comunicado que su hija había enfermado de los nervios y la había enviado a un hospital psiquiátrico.

—¡Odio a ese hombre! —estalló la anciana, mientras se secaba las lágrimas—. Ha llevado a mi pequeña a la locura. No sé qué vio ella en casa del profesor, qué ocupación tenía —sobre eso ni siquiera me contaba nada—, pero una cosa sé: apenas comenzó con ese trabajo, se puso muy nerviosa. Yo no la reconocía, volvía a casa pálida y desencajada, perdió el apetito y el sueño. Por las noches tenía pesadillas. Se sobresaltaba y se le oía decir en sueños que la cabeza de un tal profesor Dowell y Kern la perseguían... El profesor me manda por correo el salario de mi hija.

La anciana no pudo continuar, con los ojos llenos de lágrimas.

"En esta casa no puede haber ningún cómplice de Kern", pensó Arthur. Y decidió no ocultar por más tiempo el verdadero objetivo de su visita.

—Señora —dijo—, ahora debo admitir que tengo tantos motivos como usted para odiar a Kern. Necesito precisamente a su hija para ajustar algunas cuentas con él... y poner al descubierto sus crímenes.

A *madame* Laurane se le escapó un grito.

—¡Oh, no se preocupe!, su hija no está involucrada en esos delitos.

—Mi hija antes moriría que cometer un delito —afirmó orgullosa.

—Yo quería valerme de su ayuda, pero veo que es ella la que necesita socorro. Tengo fundadas razones para suponer que su hija no se ha vuelto loca, sino que se encuentra secuestrada en ese manicomio del profesor Kern.

—Pero, ¿por qué? ¿Para qué la quiere?

—Precisamente porque ella prefiere morir antes que cometer un delito. Es evidente que se ha convertido en una amenaza para Kern.

—Pero, ¿de qué crímenes habla usted? —insistió alarmada la anciana.

Arthur no sabía lo suficiente sobre la señorita Laurane y prefería ser precavido ante la inagotable palabrería de su madre, por lo que prefirió no revelar detalles del asunto.

Kern ha practicado intervenciones quirúrgicas fuera de la ley. Por favor, dígame, ¿en qué hospital han recluido a su hija?

La acongojada señora apenas podía reunir fuerzas para seguir hablando con serenidad y, entre sollozos, respondió finalmente:

—Kern me lo ocultó durante mucho tiempo. No me permitía acercarme a su casa. Tuve que escribirle una carta. Me respondió con excusas, pidiéndome que me calmara y asegurándome que mi hija se estaba recuperando y pronto volvería a su casa. Cuando se me agotó la paciencia le escribí diciéndole que pensaba presentar una denuncia contra él, si no me decía de inmediato dónde se encontraba mi hija. Y solo entonces me dio la dirección del hospital. Está en las afueras de París, en Sceaux. Es una institución privada dirigida por el doctor Ravineau. ¡Oh, yo estuve ahí! Pero no me dejaron ni cruzar el patio. Es como una auténtica cárcel, rodeada de un muro de piedra… "Tenemos normas muy estrictas —me dijo el conserje—. No admitimos visitas de familiares, ni aunque sea la mismísima madre del paciente." Pedí hablar con el médico de guardia, pero me respondió lo mismo: "Señora, la visita de familiares a los pacientes no hace sino inquietarlos y empeora su estabilidad mental. Lo único que puedo decirle es que su hija está mejor". Y después me cerró la puerta en las narices.

—A pesar de todo intentaré verla. Quizá consiga que la dejen libre.

Arthur tomó cuidadosa nota de la dirección y se despidió.

—Haré todo lo que esté en mi mano. Créame que le digo que me va tanto en ello como si la señorita Laurane fuera mi propia hermana.

Finalmente se marchó, no sin antes expresar sus mejores deseos y consejos a la anciana mujer. Entonces decidió ir a ver inmediatamente a Armand, que se pasaba el día pegado a Briquet, y dirigió sus pasos a la avenida del Maine. Frente a la casa estaba aparcado el automóvil de su amigo.

Subió directo al segundo piso y entró en el recibidor.

—¡Arthur, qué desastre! —Con estas palabras lo recibió su amigo, extraordinariamente apenado; se paseaba desesperado por la habitación, cogiéndose con las manos sus oscuros y rizados cabellos.

—¿Qué ha ocurrido, Armand?

—¡Ohhh...! —se lamentó, casi sollozando—. Ha huido...

—¿Quién?

—¿Quién va a ser?... ¡Briquet!

—¿Qué ha huido? ¿Por qué? ¡Habla claro de una vez! Pero no era fácil hacerlo hablar. Seguía andando de un lado a otro, inquieto, resoplando, gimoteando y lanzando expresiones lastimeras. Tuvieron que pasar no menos de diez minutos para que se decidiera a hablar.

—Ayer la señorita Briquet se quejó de que sentía un dolor mucho más fuerte en el pie. Lo tenía muy hinchado y se le estaba poniendo amoratado. Avisé al médico y, cuando la examinó, dijo que había empeorado notablemente y que presentaba indicios de gangrena. Había que intervenir, pero no podía hacerlo en la casa e insistió en que se la debía trasladar inmediatamente a un hospital. Pero ella se negaba rotundamente; temía que en el hospital se fijaran en la cicatriz del cuello. Se echó a llorar y dijo que tendría que regresar a casa de Kern, que él ya le había advertido que debía quedarse hasta lograr una completa recuperación. Ahora estaba recibiendo su merecido castigo por no hacerle caso. Ella confiaba completamente en él como cirujano. "Si pudo sacarme de entre los muertos y darme un nuevo cuerpo, podrá curarme el pie. Para él eso es pan comido". Todos mis intentos de convencerla fueron en vano. Yo no quería dejarla volver con Kern, así que decidí obrar con perspicacia y decirle que yo mismo la llevaría a su casa, cuando en realidad pensaba dirigirme con ella al hospital. Pero antes debía tomar precauciones para no revelar el misterio de su "resurrección"; no me olvidaba de su situación. Me ausenté durante una hora, cuando mucho, para ponerme de acuerdo con algunos médicos que conozco en el hospital. Quería ser más astuto que ella; pero Briquet se nos adelantó, a mí y a su cuidadora. Cuando llegué, ya había desaparecido, lo único que quedaba de ella era una nota en la mesita de noche, al lado de la cama. Aquí está —le dijo a Arthur, entregándole una hoja de papel en la que ella había escrito apresuradamente algunas palabras:

Armand, perdóneme. No puedo actuar de otra manera. Vuelvo con Kern. No intente venir a verme. Kern me tendrá atada de pies y manos, como ya hizo antes. Hasta un próximo encuentro (esa idea es la única que me da consuelo).

—Ni siquiera tuvo tiempo de firmarla.

—Fíjate en la caligrafía —observó Armand—. Es la de Angélica, aunque con algunos cambios. Así habría escrito ella con poca luz o de haber tenido molestias en la mano: los caracteres son más grandes y se extienden más de lo normal.

—En cualquier caso, ¿cómo ha podido suceder? ¿De qué manera ha escapado?

—¡Diablos! Se escapó de Kern, para huir ahora de mí y volver con él. Cuando llegué y vi que el pájaro había dejado el nido, casi mato a la enfermera; pero me contó que ella también había sido engañada. Briquet se había levantado a duras penas y me había llamado por teléfono. Pero aquello era una argucia.

En realidad solo fingió la conversación. Cuando colgó, le dijo a la muchacha que yo ya lo tenía todo preparado y que tenía que irse al hospital cuanto antes. Le pidió a la enfermera que llamara un taxi, y cuando llegó, quiso acompañarla, pero no se lo permitió. "No está lejos, y ahí me ayudarán los enfermeros", le dijo, antes de partir velozmente. La enfermera no dudó un instante de que todo se hacía según mis instrucciones, y estando yo al corriente. ¡Arthur! —gritó desesperado—. Ahora mismo me voy a casa de Kern. No puedo dejarla allí. Ya he mandado al chofer que traiga el coche. ¡Vayamos juntos, Arthur!

Este se paseaba inquieto, cavilando. "¡Qué complicación tan inesperada! Aun suponiendo que Briquet ya nos haya contado todo lo que sabe sobre la casa del profesor Kern, todas sus indicaciones nos resultarían imprescindibles más adelante, por no hablar de que ella misma es una prueba contra el profesor. Y luego está Armand, que ha perdido la cabeza por ella y ahora no está en condiciones de ser de mucha utilidad".

—Escucha, amigo mío —dijo al fin, poniendo las manos sobre los hombros del joven pintor—. Ahora más que nunca necesitamos controlar la situación y evitar una acción imprudente. Ya está hecho; ella estará ya en casa de Kern. ¿Merece la pena asustar a la fiera, cuando se encuentra aún en su guarida? No sé qué pensarás tú, si Briquet le contará a Kern todo lo sucedido desde que salió huyendo de su casa, cómo entabló amistad con nosotros, y la forma en que supimos tantas cosas sobre él.

—Respondo plenamente por ella; no contará nada —dijo convencido a su amigo—. En el yate me dio su palabra de guardar el secreto y me lo había reiterado en más de una ocasión. Ahora lo mantendrá, no solo por miedo, sino… por otros motivos.

Arthur intuyó esos motivos. Hacía tiempo que notaba cómo el interés de su amigo por Briquet iba en aumento día con día.

"Pobre romántico —pensó—; pero solo tiene suerte con los amores trágicos. Esta vez perderá no solo a Angélica, sino también al nuevo amor que ha surgido en su vida. Aunque no todo está perdido".

—Ten paciencia, Armand. Nuestros objetivos son coincidentes. Uniremos nuestras fuerzas y jugaremos con prudencia. Tenemos dos opciones: asestar un golpe inmediato a Kern, o procurar primero averiguar por medio de subterfugios qué ha sido de la cabeza de mi padre y de Briquet. Desde que ella huyó de la casa, Kern debe estar prevenido; si aún no ha destruido la cabeza de mi padre, al menos la habrá ocultado lo mejor posible. Se puede eliminar una cabeza en apenas unos minutos si la policía llamara a su puerta, tendría tiempo suficiente para destruir todas las pruebas antes de permitirles la entrada. De esta forma, no encontraríamos nunca nada; y no olvides que Briquet es también "cuerpo del delito"; Kern ha realizado intervenciones quirúrgicas ilegales, pero además ha sustraído ilícitamente el cuerpo de Angélica. Es una persona que no se detiene ante nada, y capaz de resucitar la cabeza de mi padre sin que nadie se entere. Yo sé que mi padre había autorizado en su testamento la donación de su cuerpo con fines científicos, pero nunca le oí decir que accediera a que revivieran su cabeza. ¿Por qué el profesor Kern oculta su cabeza ante mí y ante todo el mundo? ¿Para qué la necesita? ¿Y para qué necesita a Briquet? Quizá se dedique a practicar vivisecciones en seres humanos y ella le sirva de conejillo de indias.

—¡Entonces es aún más urgente salvarla! —exclamó enardecido Armand.

—Así es; salvarla. Pero no acelerar su muerte. Y, si le hacemos una visita a Kern, eso puede forzar ese fatal desenlace.

—Pero, ¿qué podemos hacer entonces?

—Elegir la segunda opción, por un camino más lento. Intentaremos que esta vía sea lo más ágil posible. Marie Laurane podría ofrecernos un testimonio aún más valioso que Briquet. Conoce toda la disposición de la casa y ella era quien cuidaba las cabezas. Quizá llegara a hablar con mi padre… es decir, con su cabeza.

—Pues vamos ahora mismo a ver a *mademoiselle* Laurane.

—Ya, pero el caso es que primero tenemos que liberarla.

—¿Está en casa de Kern?

—Está en el hospital. Por lo visto es uno de esos que, por una buena suma, encierran de por vida a gente tan enferma como tú o como yo. Tenemos tarea por delante, Armand —concluyó Arthur, y le contó a su amigo su visita a la madre de Marie Laurane.

—¡Maldito Kern! Siembra el horror y la desgracia allá donde va… si pudiera echarle la mano…

—Intentaremos que pique el anzuelo. Y el primer paso es localizar a la señorita Laurane.

—Ahora mismo voy al hospital.

—Eso no sería prudente, no podemos dejarnos ver hasta que no haya más remedio. Por ahora recurriremos a los servicios de otras personas. Debemos actuar como si fuéramos una especie de comité en la sombra, al mando de las operaciones y al frente de un grupo de gente de confianza, pero invisibles al enemigo. Tenemos que encontrar a alguien de confianza que pueda llegar hasta Sceaux, entrar en contacto con los celadores, enfermeras, cocineros, conserjes… con todo el que pueda. Si consigue sobornar, aunque solo sea a uno de ellos, la mitad del trabajo estará hecho.

Armand no aguantaba más, estaba dispuesto a entrar en acción en ese mismo instante, pero cedió ante los razonables argumentos de su amigo, y se resignó a la política de acciones cautelosas.

—Pero, ¿a quién podemos recurrir?... ¡Ah; Schaub! Es un joven pintor que ha llegado hace poco tras una estancia en Australia. Es un buen amigo, un tipo estupendo y además un gran deportista. Se tomará esta misión como una peculiar competencia deportiva. Pero, ¿por qué diablos no puedo hacerlo yo mismo? —maldijo Armand.

—Es tan romántico, ¿verdad? —contestó Arthur con irónica sonrisa.

El sanatorio Ravineau

Schaub, un joven de veintitrés años, tez sonrosada, pelo claro y complexión atlética, aceptó encantado la propuesta de los "conspiradores". Aún no lo habían puesto al corriente de todos los detalles, pero le informaron del gran servicio que podría prestar a sus amigos. Asintió sonriente con la cabeza, sin preguntar siquiera si podía haber algo reprobable en toda esta historia; confiaba en la honradez de Armand y su amigo.

—¡Estupendo! —exclamó Schaub—. Partiré hacia Sceaux hoy mismo. Mi maletín de pintor servirá perfectamente de excusa para la aparición de un forastero en esta pequeña ciudad. Retrataré a las celadoras, y enfermeras de la clínica —si no son muy horribles— e intentaré flirtear con algunas de ellas.

—Si es necesario, empeña tu corazón y tu alma —le pidió Armand con énfasis.

—Para eso no soy tan guapo dijo con modestia el joven. Pero si tengo que emplear mis bíceps, con gusto lo haré.

Y así, el nuevo aliado se dispuso a emprender la marcha.

—Recuerda, actúa con la mayor rapidez posible, pero al mismo tiempo con cautela —le aconsejó Arthur Dowell.

Schaub prometió volver en tres días. Pero ya al día siguiente, por la tarde, se presentó ante Armand con aspecto desolado.

—Es imposible —dijo escuetamente—. Eso no es un hospital, es una auténtica cárcel, franqueada por su muro de piedra, y de ahí no sale ni uno de los empleados. Todos los productos se los traen los vendedores, a los que no dejan pasar ni siquiera al patio. El encargado del almacén se acerca hasta la puerta de entrada, y ahí recibe todo lo que necesitan... Anduve alrededor de ese muro como un lobo en torno a un rebaño. Pero no pude siquiera echar un vistazo a lo que había detrás.

Armand estaba tan furioso como decepcionado.

—Yo esperaba que mostrara algo más de inventiva e ingenio —dijo, conteniendo a duras penas su indignación.

—Quizá podría usted mismo hacer gala de ese ingenio —respondió con igual acritud Schaub—. No me rendí tan fácilmente. Conocí por casualidad a un pintor local, que me informó con detalle sobre la ciudad y las costumbres del hospital. Dijo que es una institución peculiar, que oculta tras sus muros numerosos crímenes y misterios. Los herederos envían allí a sus familiares más adinerados, que ya han vivido demasiado y no tienen intención de dejar este mundo; al final los declaran incapacitados y los ponen bajo tutela. Los que son tutores de menores de edad, mandan a sus tutelados cuando se acerca la mayoría de edad, para así poder disponer libremente de sus capitales. Es una cárcel para ricos; un encierro de por vida para esposas desgraciadas, maridos, padres ancianos y demás personas bajo tutela. El director de la clínica es el médico jefe y tiene unos ingresos astronómicos, que recibe de las personas interesadas. Todo el personal está bien remunerado. Aquí no tiene ningún efecto la ley, de cuya intromisión no solo protegen los muros sino el propio oro. En este lugar todo es objeto de compra. Como comprenderás, en tales condiciones podría haber esperado sentado un año entero en Sceaux, sin avanzar siquiera un centímetro en los terrenos del hospital.

—Lo que hay que hacer no es estar sentado precisamente, sino actuar —apuntó cortante Armand.

Schaub levantó una pierna elocuentemente, dejando ver los bajos rasgados de sus pantalones.

—Ya ves que sí actué —respondió con amarga ironía—. La pasada noche probé saltar el muro. Para mí eso no representaba dificultad alguna. Pero no había hecho más que poner el pie en el otro lado, cuando se me vinieron encima dos enormes dogos, y este es el resultado... Si no tuviera la agilidad y la rapidez de un mono, me habrían hecho pedazos. Al momento se oyó por todo el enorme jardín la voz de alarma de los vigilantes y empezaron a encenderse las farolas del recinto. Pero eso no es todo. Cuando conseguí volver sobre mis pasos, los carceleros dejaron salir a los perros abriendo la verja de la entrada. Los animales estaban bien entrenados, como los que tenían en las plantaciones de Sudamérica para perseguir a los esclavos negros que se escapaban... Armand, tú sabes cuántos premios he ganado en competencias de velocidad; pues si corriera como lo hice anoche para despistar a esos malditos canes, habría quedado campeón del mundo. Solo diré que sin dificultad pude saltar al guardabarros de un automóvil que circulaba por la carretera a no menos de treinta kilómetros por hora. ¡Fue mi salvación!

—¡Demonios! ¿Ahora qué vamos a hacer? —gritó Armand, tirándose de los cabellos—. Habrá que llamar a Arthur —dijo, precipitándose sobre el teléfono.

A los pocos minutos, Arthur ya se encontraba estrechando la mano de sus amigos.

—Era de esperar —comentó tras conocer el fracaso de la misión—. Kern sabe cómo poner en buen recaudo a sus víctimas. ¿Y ahora qué haremos? —repitió la pregunta de su amigo—. Nos andaremos sin rodeos y emplearemos sus mismas armas: sobornaremos al médico jefe y...

—¡Yo estoy dispuesto a entregar todo lo que tengo! —lo interrumpió Armand.

—Me temo que aun así no será suficiente. La empresa que ha organizado el venerable doctor Ravineau mueve enormes sumas de dinero, que obtiene de sus "clientes", otorgándoles la confianza necesaria, sabiendo que con su generoso "donativo" sus intereses jamás serán traicionados por el doctor. Ravineau no estará dispuesto a arruinar su reputación y mucho menos a socavar los cimientos de su negocio. Mejor dicho, únicamente haría algo así a cambio de una cantidad que le garantizara todos sus ingresos futuros para los próximos veinte años. Y, por desgracia, nosotros no podríamos reunir una suma de ese calibre ni juntando todos nuestros capitales. Ravineau se relaciona con auténticos millonarios, no lo olviden. Sería más fácil y barato comprar a alguno de sus empleados de menor categoría. Pero lo malo es que seguramente vigila a estos tanto como a sus prisioneros. Schaub tiene razón. Yo mismo hice mis averiguaciones sobre el sanatorio. Es más fácil para alguien de fuera colarse en un auténtico presidio y organizar una fuga que intentar algo parecido en el "sanatorio" Ravineau. Solo admite a los que van a trabajar para él, después de una meticulosa selección, la mayoría de las veces entre personas sin lazos familiares. Tampoco desdeña a los que han tenido problemas con la justicia y desean ocultarse de la vigilancia policial. Les paga bien, pero bajo palabra de que ninguno saldrá del recinto mientras presten sus servicios, o lo que es lo mismo, entre diez y veinte años como mínimo.

—Pero, ¿dónde puede encontrar gente así, dispuesta a estar privada de libertad casi de por vida? —manifestó Armand.

—La encuentra. A muchos les atrae la idea de tener su vejez asegurada económicamente. La mayoría están al borde de la miseria. Claro que no todos aguantan. En contadas ocasiones, cada varios años, se produce alguna fuga entre los contratados por Ravineau. Hace no mucho, uno de ellos, consumido por el ansia de libertad, consiguió escapar. Pero ese mismo día encontraron su cadáver en las afueras de la ciudad. La policía de Sceaux está comprada por Ravineau y, después de la investigación oficial, se concluyó que la causa de la muerte había sido el suicidio. El propio Ravineau se hizo con el cadáver y lo llevó a su centro. Lo demás lo pueden ustedes adivinar. Seguramente les mostró el cadáver a los trabajadores, acompañado del correspondiente discurso sobre el destino de todo aquel que pretenda no cumplir su contrato. Y ahí se acaba la historia.

—Armand estaba perplejo.

—¿Cómo has conseguido toda esa información?

Arthur Dowell sonrió con un aire de superioridad.

—Bueno, ya ves —intervino Schaub—, ya te decía yo que no tenía la culpa de nada.

—Me imagino lo que estará pasando en ese maldito lugar la pobre Marie Laurane. Pero, ¿cómo podemos intervenir, Arthur? ¿Volando los muros con dinamita? ¿Haciendo un túnel?

Arthur se instaló en su sillón, meditabundo. Sus amigos guardaban silencio, observándolo.

—¡Eureka! —exclamó de repente.

"Locos"

Una pequeña habitación con ventana al jardín. Paredes grises. Una cama igualmente gris, cubierta con una mullida manta en tono algo más claro. Una mesa blanca y dos sillas del mismo color.

Marie Laurane está sentada junto a la ventana y mira absorta al jardín. Un rayo de sol convierte en dorados sus cabellos castaños. Ha perdido mucho peso y su tez ha palidecido.

Desde la ventana se ve el camino por el que pasean en grupos los enfermos. Entre ellos, asoman de vez en cuando las batas blancas con cenefa negra de las enfermeras.

—Los locos... —susurró Marie, siguiendo con la mirada a los paseantes enfermos—. Y yo misma soy ahora uno de ellos... ¡Qué estúpida! Eso es lo único que he conseguido.

Se apretó las manos, nerviosa, haciendo crujir los dedos.

¿Cómo había sucedido aquello?

Kern la había llamado a su despacho con una clara intención.

—Tengo que hablar con usted, *mademoiselle* Laurane. ¿Recuerda nuestra primera conversación, cuando vino a solicitar trabajo?

Ella asintió.

—Usted prometió guardar silencio sobre todo lo que viera o escuchara en esta casa, ¿no es así?

—Sí.

—Entonces, vuelva a hacerme ahora la misma promesa, y podrá ir a visitar a su querida mamá. Como ve usted, creo ciegamente en su palabra.

Kern sabía perfectamente que estaba poniendo el dedo en la llaga. Marie estaba tremendamente ofuscada. Durante unos minutos, no dijo nada. No estaba acostumbrada a faltar a su palabra, pero después de todo lo que había presenciado...

El profesor conocía sus dudas, y esperaba con inquietud para ver cómo se resolvería finalmente su lucha interna.

—Sí, yo le prometí que callaría —dijo finalmente en voz baja—. Pero usted me engañó. Me ocultó muchas cosas. Si me hubiera contado toda la verdad desde el principio, no le habría prometido nada.

—Es decir, usted no se considera sujeta a compromiso alguno en este momento.

—Así es.

—Le agradezco su sinceridad. Es fácil tratar con usted, aunque solo sea porque no es amiga de artimañas. Tiene un elevado grado de civismo que le permite decir siempre la verdad.

Kern no decía esto solamente para halagarla. A pesar de que le parecía estúpido mostrar tal franqueza, en ese momento sentía cierto respeto por ella, por su carácter fuerte y sus sólidos principios. "Vaya, sería una pena tener que quitar de en medio a una muchacha así. Pero, ¿qué puedo hacer con ella?".

—De modo que, *mademoiselle* Laurane, a la menor ocasión estará dispuesta a delatarme; y sabe perfectamente las consecuencias que eso tendría para mí, me condenarían. Y, lo que es peor, mi nombre quedará manchado para siempre.

—Eso tendría que haberlo pensado antes —respondió ella con firmeza.

—Escúcheme *mademoiselle* —continuó, pasando por alto sus últimas palabras—. Renuncie a sus estrechos principios morales y entienda que, de no ser por mí, el profesor Dowell hace tiempo que estaría pudriéndose bajo tierra o habría sido carne de crematorio. Esto es una prolongación de su trabajo. De hecho, podría decirse que lo que hace ahora su cabeza es esencialmente una labor creadora *post mórtem*. Y eso lo he logrado yo. Estará de acuerdo conmigo en que la situación actual me otorga cierto derecho a la producción intelectual de la cabeza de Dowell (su cabeza) no podría llevar a la práctica sus descubrimientos. Usted sabe que el cerebro no es susceptible de ser intervenido y luego cosido. En cambio, el ensamblaje de la cabeza de Briquet en otro cuerpo ha sido todo un éxito. La médula espinal que transcurre por las vértebras cervicales se soldó entre ambas partes. La resolución de este problema fue fruto del trabajo conjunto entre la cabeza de Dowell y las manos de Kern. Y estas manos —dijo, extendiéndolas y contemplándolas— también tienen su valor. Han salvado varios cientos de vidas humanas y aún salvarán muchas más. Nuestras últimas investigaciones supondrán una revolución no solo para la medicina, sino para toda la humanidad. La ciencia actual puede restaurar la vida que haya escapado de un ser humano. ¡A cuántos grandes personajes se podrá resucitar, alargando su vida por el bien de la raza humana! Prolongaré la vida de los genios; devolveré el padre perdido a los niños huérfanos; el marido a la pobre viuda... Con el tiempo, tales operaciones podrán ser realizadas por un grupo de cirujanos. La suma de desgracias que soporta el hombre habitualmente se verá notablemente disminuida...

—A costa de otros desgraciados.

—Aun así, donde antes lloraban dos ahora llorará solo uno. Donde había dos fallecimientos ahora solo habrá uno. ¿Acaso no se abren ante nosotros formidables posibilidades? ¿Y tiene esto comparación con mi trabajo clandestino, aunque lo haga en forma ilegal? ¿Qué más le da al enfermo al que se está salvando la vida si el cirujano, en su fuero interno, sabe que está cometiendo un delito? Usted me matará no solo a mí, sino también a las miles de personas que podría salvar en el futuro. ¿Se ha parado a pensar en ello? Cometerá un delito mil veces mayor que el mío, si es que se le puede llamar delito. Piénselo detenidamente y deme entonces su respuesta. Ahora puede marcharse. No quiero apresurarla.

—Ya le ha dado una respuesta —dijo ella y salió de inmediato del despacho.

Se acercó a la sala donde estaba la cabeza del profesor Dowell y le contó la conversación que acababa de tener con Kern. Dowell se quedó pensativo.

—¿No sería mejor ocultar sus intenciones, o al menos no dar una respuesta tan clara? —susurró finalmente la cabeza.

—Yo no sé mentir —respondió ella.

—Eso la honra, pero de esa forma usted misma se ha condenado. Puede acabar con su vida y será una víctima que no sirva de provecho a nadie.

—Yo... no puedo actuar de otro modo —dijo Marie bajando la cabeza con tristeza y saliendo de la sala.

"La suerte está echada", se repetía sentada junto a la ventana en su habitación.

"Pobre mamá —pensó de repente—. Pero ella haría lo mismo que yo", se respondió a sí misma. Le hubiera gustado poder escribir una carta a su madre, contarle todo lo que le había ocurrido hasta entonces. Una última carta. Pero no había ninguna posibilidad de hacérsela llegar. No le cabía duda de que iba a morir, y estaba dispuesta a recibir la muerte con resignación. Lo único que la apenaba era no poder cuidar de su madre y la idea de que los crímenes de Kern quedarían impunes. Sin embargo, estaba segura de que tarde o temprano le llegaría su castigo.

Y lo que ella esperaba llegó antes de lo que suponía.

Apagó la luz y se acostó. Sus nervios la tenían en tensión. Empezó a oír una especie de ruido en el armario que estaba contra la pared. Era un sonido que más que asustarla, la sorprendió. La puerta de la habitación estaba cerrada con llave. No podía entrar nadie sin que ella lo percibiera... pero entonces, ¿qué era ese ruido? ¿Quizá ratones?

Lo siguiente pasó con extraordinaria rapidez:

Después del ruido, se oyó un crujido y unos pasos que se aproximaban rápidamente a la cama. Marie intentó incorporarse, asustada, pero en ese momento unos fuertes brazos la lanzaron contra la almohada y le pusieron en la cara un paño con cloroformo.

"¡Se acabó!" Fue lo único que pasó por su cabeza, cuando instintivamente se revolvió mientras todo su cuerpo temblaba.

—Tranquila —oyó decir a Kern, exactamente con el mismo tono que empleaba en sus intervenciones, justo antes de que perdiera el conocimiento.

Cuando volvió en sí, ya se encontraba en el sanatorio... El profesor había cumplido su amenaza sobre las "graves consecuencias que recaerían sobre ella" de no mantener el secreto. De él se podía esperar cualquier cosa, podía vengarse sin recibir por ello castigo alguno. Marie Laurane se sacrificó a sí misma, pero sería una víctima inútil. Tener conciencia de ese hecho perturbaba aún más su estado de ánimo.

Estaba al borde de la desesperación e incluso allí podía notar la influencia de Kern.

Las dos primeras semanas no le permitieron siquiera salir al jardín donde paseaban los "silenciosos" pacientes.

Los silenciosos eran aquellos que no protestaban por su reclusión, ni intentaban demostrar a los médicos que estaban completamente sanos; no amenazaban con rebelarse ni intentaban huir. En todo el sanatorio no había más que un diez por ciento de pacientes realmente aquejados de trastornos mentales, y muchos de ellos habían desarrollado los síntomas ya en el propio hospital. Para este fin, el doctor Ravineau había elaborado un complejo sistema de "contaminación psíquica".

Un caso difícil

Para el doctor Ravineau, Marie Laurane era "un caso difícil". Si bien la estancia con Kern había extenuado su sistema nervioso, su voluntad no flaqueaba. Y esa fue la tarea que se impuso Ravineau.

Por el momento no emprendió una "reprogramación psíquica" exhaustiva de la joven, sino que se limitó a observarla con la máxima atención. El profesor Kern aún no le había dado instrucciones concretas sobre el caso: enviarla directamente a la tumba o privarla del juicio. Esto último era algo que requería en mayor o menor medida el propio "método psiquiátrico" del sanatorio Ravineau.

Marie esperaba con angustia el momento en que decidieran su destino definitivamente. La muerte o la locura. Aquí no existía para ella, ni para los demás "enfermos", otro camino posible. Y pretendía resistir con todas sus fuerzas antes de que se impusiera la locura. Se mostraba en todo momento dócil, obediente y serena. Pero no era fácil engañar al doctor Ravineau, que contaba con una amplia experiencia y talento en cuanto a las posibilidades de la psiquiatría. La tranquilidad de la paciente despertaba en él aún más preocupación y recelo.

"Un caso difícil", pensaba, mientras hablaba con ella en su inspección rutinaria matutina.

—¿Cómo se encuentra hoy?

—Bien, gracias.

—Hacemos todo lo posible por nuestros pacientes, pero aun así las condiciones extraordinarias y la relativa privación de libertad influye en el ánimo de algunos de ellos. Se manifiestan sentimientos de soledad y angustia.

—Yo estoy acostumbrada a la soledad.

"No es fácil hacerla hablar abiertamente", pensó Ravineau antes de proseguir:

—Usted, hablando en general, no presenta ningún trastorno. Su sistema nervioso está algo debilitado, pero solo eso. El profesor Kern me comentó que se vio obligada a presenciar ciertos experimentos que sin duda causarían una profunda impresión en cualquier persona poco experta. Y usted es aún muy joven. Agotamiento y una ligera neurastenia... El profesor Kern, que tanto la aprecia, ha decidido concederle un descanso...

—Le estoy muy agradecida al profesor Kern.

"Es cerrada por naturaleza —pensó enojado Ravineau—. Hay que llevarla con los enfermos; puede que así se abra algo más y podamos estudiar mejor su carácter".

—Pasa mucho tiempo sentada —le dijo—. ¿No quiere salir al jardín? Tenemos un jardín precioso; más que jardín es un auténtico huerto de varias hectáreas.

—Hasta ahora no me permiten pasear.

—¿De verdad? —exclamó sorprendido Ravineau—. Esto debe ser culpa de mi asistente. Usted no es de los pacientes a los que pueda perjudicar un paseo. Por favor, pasee cuanto quiera. Conozca a otros pacientes... Hay gente muy interesante.

—Se lo agradezco, haré uso de su permiso.

Cuando el doctor Ravineau la dejó, Marie salió de su habitación y recorrió el largo pasillo, pintado lúgubremente, con un tono gris y una cenefa negra, hasta la salida. Al otro lado de las puertas cerradas de las celdas se oían aullidos, gritos desgarradores, risas histéricas, susurros...

—¡Oh... oh... oh!... —oía a su izquierda.

—Uhhh... uhh... ¡ja-ja-ja! —resonaba a su derecha.

"Como en una casa de fieras", pensó ella, intentando no dejarse influir por un cuadro tan deprimente. Apretó el paso y se apresuró a salir de su edificio. De ahí partía un camino recto que avanzaba adentrándose en el jardín, y decidió seguirlo.

El "sistema" del doctor Ravineau se podía sentir incluso ahí. Por todas partes prevalecían los tonos sombríos. Todos los árboles eran coníferas, de color verde oscuro. Los bancos de madera, sin respaldo, estaban pintados de color gris oscuro.

Pero lo que más le sorprendió fueron los parterres, que tenían forma de tumbas. Entre las flores predominaban los pensamientos, de un color azul profundo, casi negro, rodeados con una blanca orla fúnebre de margaritas. Los oscuros cipreses completaban la escena.

"Un auténtico cementerio. Aquí es imposible que no surjan ideas relacionadas con la muerte. Pero conmigo no podrá, señor Ravineau, he adivinado sus secretos y sus 'efectos varios' no me tomarán desprevenida", decía, dándose ánimos, mientras dejaba atrás los "parterres mortuorios" y salía a un paseo de abetos. Los elevados troncos, como columnas en un templo, se alargaban hacia arriba hasta fundirse en una cúpula verde oscura. Sus copas emitían un sonido uniforme, monótono y sordo.

Dispersas por el parque, se veían las batas grises de los enfermos.

"¿Quién de ellos está loco y quién cuerdo? Eso es algo que se puede determinar sin temor a equivocarse, basta con observarlos". Los que no parecían aún incurables miraban con atención a la "nueva", Marie. En cambio, los enfermos cuya conciencia había sido extinguida paseaban ensimismados, ajenos al mundo que los rodeaba y que miraban con ojos abstraídos.

Hacia ella se dirigía un anciano alto y enjuto, de largas y canosas barbas. Al pasar arqueó sus espesas cejas, y mirándola, dijo como si siguiera hablando consigo mismo:

—Once años conté... Después ya perdí la cuenta. Aquí no hay calendarios, el tiempo está detenido. No sé cuánto habré caminado por este parque... Puede que veinte años o puede que mil. A decir verdad, un día es como mil años. Es difícil medir el tiempo. Y usted, usted también paseará por este camino mil años hasta llegar al muro de piedra, y otros mil para volver hasta aquí. De aquí no se puede salir. Abandone cualquier esperanza de salir de aquí; como dijo el señor Dante... ¡Ja, ja, ja! ¿No lo esperaba? ¿Cree que estoy loco? Yo soy un viejo zorro. Aquí solo tienen derecho a vivir los locos. Pero usted no saldrá de aquí, igual que yo... —pero, viendo cómo se aproximaba uno de los celadores, cuya misión era prestar oídos a las conversaciones de los enfermos, el anciano, sin cambiar de tono y guiñando un ojo, prosiguió: Yo soy Napoleón Bonaparte y aún no han pasado mis cien días... ¿Me ha entendido usted? —añadió, tan pronto como se alejó el "espía".

"Pobre desgraciado —pensó ella—. ¿Se está haciendo pasar por loco para librarse de su sentencia de muerte? Por lo visto no soy la única que se ve obligada a ocultarse bajo una máscara salvadora".

A poco se le acercó otro enfermo: un joven con una corta y morena barba de chivo, que iba soltando una retahíla sobre la obtención de la raíz cuadrada de la cuadratura del círculo. Pero esta vez no vino ningún cuidador. Era evidente que el sujeto estaba fuera de toda sospecha para la administración del hospital. Al aproximarse a Marie, empezó a hablar más rápida e insistentemente, soltando salivazos:

—El círculo es algo infinito. La cuadratura del círculo es la cuadratura del infinito. Escuche atentamente. Obtener la raíz de la cuadratura del círculo supone obtener la raíz del infinito. Sería una parte del infinito elevada a la *n*, de modo que podría determinarse la cuadratura... Pero, ¡no me está escuchando! —se enojó repentinamente el joven, agarrándola del brazo.

Ella logró zafarse y prácticamente salió corriendo hacia el edificio en el que estaba su habitación. Cerca de la puerta de entrada vio al doctor Ravineau, reprimiendo su sonrisa de satisfacción.

Apenas había entrado a su habitación cuando tocaron a la puerta. Le habría gustado cerrarla con llave, pero las puertas no podían cerrarse por dentro. Decidió no contestar. Sin embargo, la puerta se abrió y en el umbral se perfiló la figura del doctor.

Acostumbraba mirar con la cabeza echada hacia atrás, observando a profundidad a través de los lentes con sus ojos saltones. Sus bigotes y su "perilla española" se movían al compás de los labios.

—Perdone que entre sin permiso. Mis obligaciones médicas me otorgan ciertas prerrogativas...

Ravineau decidió que era un buen momento para empezar a "minar la moral" de su paciente. Entre su arsenal contaba con los más variados recursos: desde su encantadora franqueza, cortesía y cautivadora atención, hasta la vulgaridad y el cinismo más absolutos. Decidió que debía intentar a toda costa desequilibrar mentalmente a Marie, y por eso adoptó sin dilación un tono desconsiderado y socarrón.

—Por qué no ha dicho: "Pase por favor, perdone que no lo haya invitado a entrar. Estaba ensimismada y no he oído cómo llamaba..." o algo parecido.

—En realidad he oído sus golpes, pero no contesté porque prefería estar sola.

—¡Qué sinceridad!, como siempre —dijo él con una sonrisa irónica.

—La sinceridad no debe ser objeto de ironía —replicó ella, no sin cierta susceptibilidad.

"Ha mordido el anzuelo", pensó satisfecho Ravineau.

Se sentó frente a ella desafiante, y le clavó sus ojos de sapo sin pestañear siquiera. Marie intentó sostenerle la mirada, pero finalmente se sintió intimidada, bajó los ojos y enrojeció al enfadarse consigo misma.

—Usted opina —continuó el doctor, sin abandonar la ironía— que la sinceridad no puede ser el blanco de la ironía. En cambio yo creo que es precisamente lo más adecuado. Si usted fuera tan franca me habría echado de inmediato de su habitación, ya que me odia; sin embargo, procura recibirme con la amable y hospitalaria sonrisa de la anfitriona.

—Eso..., no es más que cortesía, fruto de la educación recibida —contestó ella secamente.

—De modo que, si no fuera usted cortés, ¿me habría echado? —el doctor soltó una inesperada y sonora carcajada—

¡Magnífico! ¡Muy bien! Siendo así, la cortesía prevalece sobre la sinceridad. Eso en primer lugar, comenzando a contar con los dedos. Hoy le pregunté cómo se encuentra y recibí por respuesta un "estupendamente", aunque en sus ojos vi que estaba al borde de la desesperación. Por consiguiente, usted ya estaba mintiendo entonces, ¿por cortesía?

Marie no sabía qué contestar. O seguía mintiendo o reconocía que estaba ocultando sus sentimientos. Decidió callar.

—Estoy dispuesto a ayudarla *mademoiselle* Laurane —prosiguió Ravineau—. Podría decirse que es una especie de camuflaje de supervivencia, ¿no es así?

—Sí —respondió ella con aire provocativo.

—Bien, primero usted miente invocando la decencia; segundo, también miente en aras del instinto de conservación. "Si seguimos por este camino, me temo que me van a faltar dedos. También es capaz de mentir por compasión. ¿Acaso no le escribía cartas 'tranquilizadoras' a su madre?"

Marie estaba anonadada, ¿era posible que Ravineau lo supiera todo de ella?... Sí, realmente parecía estar al corriente de todo; eso también formaba parte de su sistema. Siempre exigía a los clientes que lo abastecían de ficticios enfermos toda la información posible, tanto sobre los motivos de su internamiento en el sanatorio como sobre cualquier detalle personal. Ellos sabían que era imprescindible para salvaguardar sus intereses, y no ocultaban ante Ravineau ni siquiera los más turbios secretos.

—Usted miró al profesor Kern en nombre de un supuesto ultraje a la justicia, dispuesta a castigar la perversión. Mentía en defensa de la verdad. ¡Amarga paradoja! Si sacamos conclusiones, resulta que su verdad siempre ha estado alimentada por mentiras.

Ravineau había dado justo en el blanco. Marie Laurane estaba hundida. Ella misma no había sido consciente del enorme papel que desempeñaban las mentiras en su vida.

—Y ahora que tiene mucho tiempo libre, mi justiciera, puede dedicarse a pensar cuánto ha pecado y qué es lo que ha conseguido defendiendo su verdad. Pues se lo diré yo: se ha ganado precisamente esto, su reclusión de por vida. Y no hay fuerza alguna que pueda sacarla de aquí, ni terrenal ni celestial. ¿Y qué decir de la mentira? Si pensamos en el profesor Kern como en un engendro de Satanás, y el mismísimo padre de la mentira, ahí lo tiene usted, viviendo estupendamente.

Ravineau, sin quitarle el ojo de encima, se calló de pronto. "Para la primera vez ya es suficiente, el bombardeo ha sido certero", pensó, dándose por satisfecho, y sin despedirse salió de la habitación.

Marie ni siquiera notó su ausencia; seguía sentada cubriéndose la cara con las manos.

Desde aquella tarde, Ravineau iba a visitarla cada día para continuar sus charlas jesuíticas. Quebrantar los cimientos morales y al mismo tiempo la psique de Marie Laurane se convirtió en un reto profesional para su amor propio.

La táctica empleada se le hacía cada vez más insufrible a la joven, y al cuarto día no aguantó más. Se levantó roja de ira y le gritó:

—¡Márchese de aquí! ¡Usted no es persona, es un demonio!

Este momento le procuró al doctor un genuino placer.

—Va haciendo progresos —le dijo sonriendo maliciosamente, sin moverse de su asiento. —Se va mostrando más sincera que antes.

—¡Váyase! —explotó ella, faltándole la respiración.

"Perfecto. Pronto opondrá resistencia física". Pensó el doctor, mientras se retiraba silbando alegremente.

Era cierto que ella no estaba luchando aún, y probablemente no lo haría hasta que alcanzara una obnubilación completa de su conciencia, pero su salud mental corría un grave peligro. Cuando se quedaba a solas, comprendía que no podría resistir mucho más.

Por otra parte, Ravineau no pasaba por alto nada que pudiera servirle para acelerar el desenlace.

Al caer la tarde, una lastimera melodía ejecutada por un instrumento que no alcanzaba a identificar se iba introduciendo en sus oídos. Como si de alguna parte viniera el gemido de un violonchelo, y se elevara a veces el registro hasta semejarse a un violín, para después, repentinamente y sin pausa, mudar en timbre y tono hasta producir un sonido como el de la voz humana, limpio y maravilloso, pero al mismo tiempo infinitamente triste. La doliente melodía se repetía sin fin, en una especie de círculo armónico.

Cuando Marie oyó por primera vez esta música, llegó incluso a gustarle. Además, era tan suave y lejana que empezó a dudar si realmente alguien la interpretaba, o acaso era ella la que sufría alucinaciones auditivas. Pasaban los minutos y la música seguía girando y girando en su círculo encantado. El violonchelo se transformaba en violín, y este en una hiriente voz humana... Como fondo se oía una melancólica nota. Al cabo de una hora, Marie había llegado a la conclusión de que esa música no existía realmente, sino que sonaba únicamente en su cabeza. Era imposible librarse de esa desconsolada melodía. Probó a taparse los oídos, pero le parecía seguir escuchándola: el violonchelo, el violín, la voz...

—Con esto se puede uno volver loco —susurró. Empezó a tararear, a hablar en voz alta para amortiguar el sonido de fondo, pero fue en vano. Incluso en sueños la perseguía la penetrante composición.

"Nadie puede tocar y cantar sin interrupción. Tiene que ser algo mecánico... Algún tipo de alucinación", pensaba insomne, con los ojos abiertos, escuchando una y otra vez lo mismo: violonchelo, violín, voz...

No pudo esperar al amanecer y decidió huir al parque, pero la música se había convertido en una idea obsesiva. Estaba empezando a oír un sonido que era inexistente, y solo los gemidos, los gritos y risas de los dementes que habitaban el parque conseguían amortiguar mínimamente esa sensación.

Poco a poco, Marie Laurane alcanzó tal grado de depresión que por primera vez en su vida consideró la idea del suicidio. En uno de los paseos le dio por imaginar las posibles opciones que tenía para acabar con su vida, y estaba tan ensimismada que no se dio cuenta de que uno de los locos se había acercado hasta ella, y cerrándole el paso, le dijo:

—Bienaventurados aquellos que desconocen lo oculto. Todo eso, por supuesto, no es más que cursilería.

Marie dio un respingo y se le quedó mirando. Como todos los demás, llevaba puesta su bata gris. Pelo castaño claro, alto, con un noble y atractivo rostro, atrajo su atención inmediatamente.

"De seguro es uno nuevo —pensó—. No lleva más de cinco días sin afeitar. Pero el caso es que su cara me recuerda a alguien..."

Y de pronto el joven le susurró atropelladamente algo al oído.

—Yo la conozco, *mademoiselle* Laurane. Vi su foto en la casa de su madre.

—¿De qué me conoce? ¿Quién es usted? —preguntó sorprendida.

—En el mundo hay muy pocos. Yo soy hermano de mi hermano. ¿O acaso soy mi propio hermano? —dijo el individuo, levantando la voz. Pasó por su lado uno de los cuidadores que de forma disimulada pero atenta, los estaba observando. Cuando se alejó, el joven continuó en voz baja, aceleradamente:

—Soy Arthur Dowell, el hijo del profesor Dowell. No estoy loco, me estoy haciendo pasar por enfermo con el único propósito de...

El cuidador se acercaba de nuevo a ellos, y Arthur se fue corriendo y gritando:

—¡Es mi difunto hermano! Tú eres yo y yo soy tú. Tú has entrado en mí, después de muerto. Éramos gemelos, pero fuiste tú el que tuvo que morir...

Y entonces abordó a un tipo melancólico, que se asustó por el inesperado asalto, y se alejó con él a paso rápido. El cuidador lo vio desde lejos y fue tras ellos, con el ánimo de defender al inofensivo melancólico del impetuoso demente. Cuando llegaron al final del parque, Arthur soltó a su víctima y siguió otro camino de vuelta hacia Marie, más veloz que su vigilante. Al tenerla a la vista redujo el paso y pudo por fin terminar la frase sin detenerse.

—He venido a salvarla, esté preparada esta misma noche para la fuga.

Y, echándose a un lado, empezó a bailar alrededor de una anciana totalmente ida, que no le prestaba la más mínima atención. Después se sentó en un banco, bajó la cabeza y se sumió en sus pensamientos.

Había interpretado tan bien su papel que Marie no acababa de entender si el desconocido realmente fingía su locura. Pero la esperanza ya había prendido en su corazón. No le cabía la menor duda de que este joven era hijo del profesor Dowell. Su parecido con el padre saltaba a la vista, aunque la bata gris de la clínica y la barba de varios días lo "despersonalizaban". Además, él la había reconocido por una fotografía. Era evidente que había estado en casa de su madre.

Todo eso hacía la historia más verosímil. En cualquier caso, Marie decidió no cambiarse esa noche y esperar a su inesperado salvador.

La posibilidad de escapar le dio alas y nuevas fuerzas. Era como si por fin despertara de una terrible pesadilla. Incluso la desconcertante melodía parecía oírse cada vez más bajo, como si se alejara, dispersándose en el aire. Suspiró profundamente aliviada, como alguien que sale al aire libre después de estar encerrado en un lúgubre sótano. El ansia de vivir despertó súbitamente en ella con inusitada fuerza. Quería reír de felicidad, pero ahora más que nunca debía comportarse con prudencia.

Cuando sonó el gong que llamaba al desayuno, se esforzó por adoptar el mismo gesto de hastío que mostraba últimamente y se dirigió al edificio.

En la puerta de entrada estaba, como siempre, apostado el doctor Ravineau. Observaba a los pacientes como el carcelero a los presos que regresan a su celda tras el paseo matutino. A sus ojos no escapaba ningún detalle: ya fuera una piedra escondida bajo la bata, rasgaduras en la ropa o arañazos en la cara y manos. Pero sobre todo prestaba especial atención a la expresión del rostro.

Marie, al pasar por su lado, evitó mirarlo y bajó la cabeza. Quería cruzar el umbral lo más rápido posible, pero él la retuvo un momento para observarla con mayor detenimiento.

—¿Cómo se encuentra? —le preguntó.

—Como siempre —respondió ella.

—Eso es una mentira premeditada, pero ¿con qué motivo? —preguntó irónicamente. Y, dejándola ir, añadió—: hablaremos con más calma por la tarde.

"Esperaba encontrarla más decaída. Es posible que esté en una fase de euforia. Desde luego, algo puedo entrever en el curso de sus pensamientos y en su estado de ánimo. Habrá que seguir rebuscando hasta sacarlo...", pensó.

Y por la tarde, en efecto, continuó con sus pesquisas. Marie tenía mucho miedo por esa visita. Si resistía podría ser la última. Pero si no, estaba muerta. Llamaba al doctor Ravineau "gran inquisidor", y en realidad, de haber vivido algunos siglos antes, habría hecho honor a ese nombre. La atemorizaban sus sofismas, sus interrogatorios exhaustivos, sus inesperadas "preguntas trampa", su extraordinario conocimiento de la sicología humana y su diabólica forma de analizarlo todo. No podía negarse que era un magnífico razonador, un Mefistófeles moderno, capaz de destruir todos los principios morales y proyectar una sombra de duda sobre las verdades más incuestionables.

Y para no rendirse, para sobrevivir, decidió hacer acopio de cuantas fuerzas le quedaban y callar, callar, dijera lo que dijera él. Era una decisión arriesgada puesto que supondría una abierta declaración de guerra. Sería juzgada como un motín, que desencadenaría un ataque de mayores proporciones aún. Pero no había elección.

Cuando apareció Ravineau, clavó sus ojos en ella como de costumbre y preguntó:

—Y bien, ¿en nombre de qué ha vuelto a mentir?

Marie no pronunció una sola palabra; sus labios estaban fuertemente sellados y la vista clavada en el suelo. Ravineau inició su interrogatorio inquisitorial. La joven a veces palidecía, a veces se ruborizaba, pero permanecía callada. Y el doctor —cosa rara en él— empezó a perder la paciencia y a ponerse furioso.

—El silencio es oro —dijo en tono burlón—. Después de haber perdido todas sus preciadas cualidades quiere conservar al menos esa virtud, propia de los silenciosos animales y de los tontos de remate, pero no lo conseguirá. Al silencio le sucederá la explosión. Reventará de cólera si no abre la válvula de seguridad de su discurso acusador. Además, ¿qué sentido tiene callar? ¡Como si no fuera capaz de leer sus pensamientos! "Quiere volverme loca, está pensando en este momento; pero no lo logrará". Seamos sinceros, creo que sí lo conseguiré, mi querida señorita. Destruir un alma humana no es para mí más difícil que estropear el mecanismo de un reloj. Conozco cada detalle de esta simple máquina como la palma de mi mano. Cuanto más se resista, más profunda e irreversible será su caída en el pozo de su locura.

"Dos mil cuatrocientos sesenta y uno, dos mil cuatrocientos sesenta y dos...", contaba Marie, para abstraerse de lo que le decía Ravineau.

Aquella tortura se habría prolongado mucho tiempo de no haber llamado a la puerta una enfermera.

—Adelante —respondió a disgusto el doctor.

—En la habitación número siete parece que una paciente está a punto de morir —anunció la cuidadora.

Ravineau se levantó de mala gana.

—Si se está muriendo, mejor —susurró para sí—. Mañana concluiremos nuestra interesante conversación —le dijo a Marie y, levantándole la cabeza por la barbilla, resopló de manera socarrona y se marchó.

Marie suspiró con dificultad y, apenas sin fuerzas, se derrumbó sobre la mesa.

Más allá de las paredes se oía la doliente y descorazonadora música. El poder encantador de esa melodía era tal que la joven cayó irremediablemente en ese estado de ánimo. Ya empezaba a pensar que su encuentro con Arthur Dowell había sido tan solo fruto de su enfermiza imaginación, y que cualquier forma de lucha sería inútil. La muerte, la muerte era lo único que podía liberarla de esa tortura. Miró a su alrededor... pero el suicidio de los pacientes no se contemplaba en el sistema clínico del doctor Ravineau. No había siquiera nada con qué colgarse. Marie se estremeció. De pronto se le apareció el rostro de su madre.

"No, no, no lo haré; no puedo hacerlo, aunque sea por ella... Si al menos fuera la última noche... Esperaré al hijo de Dowell. Y si no viene..." No llegó a formular la idea, pero sintió con todo su ser lo que ocurriría con ella si el joven no llegaba a cumplir lo prometido.

La huida

Fue la noche más angustiosa de todas las que había pasado en la clínica. Los minutos se alargaban de manera tediosa e infinita, al igual que la consabida música que oía desde su habitación.

Marie se paseaba nerviosamente entre la ventana y la puerta. En el corredor se oyeron unos pasos sigilosos y el corazón se le aceleró de inmediato. Después se quedó paralizada al reconocer por el sonido a la enfermera de guardia, que se acercaba a su puerta para echar un vistazo por la ventanilla. El foco fluorescente llevaba apagado toda la noche. "Eso ayudará a la insomne", había pensado el doctor. Marie se metió en la cama apresuradamente y sin desvestirse, se cubrió con la manta y se hizo la dormida. Entonces sucedió algo curioso: después de pasar en vela varias noches seguidas, se quedó dormida un instante, agotada hasta el límite de sus fuerzas por todo lo que había pasado. Durmió apenas unos minutos. Pero le pareció como si hubiera transcurrido toda una noche. Despertó bruscamente, se levantó de un salto y corrió instintivamente hacia la puerta, pero antes de llegar chocó con Arthur Dowell, que entraba en ese momento. No la había engañado. Tuvo que contener un grito de alegría.

—Vamos, deprisa —le dijo en voz baja—. La celadora está en la sala oeste.

La tomó de la mano y la condujo con cuidado. Sus pasos eran mitigados por los gritos y gemidos de los enfermos que padecían insomnio. El interminable pasillo llegó a su fin, dando finalmente paso a la puerta de salida del edificio.

—En el parque hacen guardia los vigilantes, pero nosotros nos escabulliremos entre ellos... —susurró atropelladamente Dowell, dirigiendo sus pasos hacia el interior del jardín.

—Pero, ¿y los perros?

He estado alimentándolos todo el tiempo con los restos de mi comida. Ya me conocen, llevo aquí varios días, pero evitaba acercarme a usted para no despertar sospechas.

El parque se hallaba sumido en tinieblas, pero junto al muro, a intervalos regulares, a modo de perímetro carcelario, había unos cuantos faroles encendidos.

—Ahí hay unos matorrales... vamos.

De repente, Arthur se tiró al suelo sobre la hierba, tirando de la mano de Marie, que hizo lo propio. Uno de los vigilantes pasó muy cerca de ellos. Cuando se hubo alejado, continuaron su aproximación a la pared exterior.

En alguna parte sonó el gruñido de un perro, que llegó corriendo hasta ellos, aunque al ver a Arthur se puso a mover el rabo alegremente. Este le arrojó un pedazo de pan.

—¿Lo ve? —le dijo al oído—. Lo principal ya está hecho. Solo nos falta saltar el muro. Yo le ayudaré.

—¿Y usted? —preguntó ella alarmada.

—No se preocupe. Iré detrás —respondió.

—¿Y qué tengo que hacer cuando haya salido al otro lado?

—Ahí nos esperan mis amigos. Todo está previsto. Bueno, ahora le voy a pedir que haga un poco de ejercicio.

Arthur se apostó contra la pared y con una mano ayudó a Marie a encaramarse a su espalda. Pero en ese momento uno de los vigilantes la vio y dio la voz de alarma. Al momento todo el parque se iluminó y los vigilantes, llamándose unos a otros y a los perros, se movilizaron para perseguir a los fugitivos.

—¡Salte! —le ordenó.

—Pero, ¿y usted?... —contestó ella, asustada.

—¡Salte de una vez!... —Gritó él, y ella saltó. Unos brazos amortiguaron su caída.

Arthur empezó a subir, agarrándose a la pared con las manos, hasta tocar el borde superior del muro, pero cuando intentaba saltar lo alcanzaron dos de los celadores sujetándolo por las piernas. Él tenía tal fuerza que prácticamente los levantó del suelo al darse impulso para subir. Sin embargo, finalmente resbaló y cayó a plomo, aplastando a los vigilantes. Al otro lado del muro se oía un automóvil con el motor en marcha. Era evidente que sus amigos lo estaban esperando.

—¡Váyanse rápido, no esperen! —les gritó, mientras se batía con los celadores.

Desde el vehículo se oyó la bocina como respuesta, y acto seguido se oyó cómo arrancaba a toda velocidad.

—Suéltenme, puedo ir solo —dijo Arthur, ya sin oponer resistencia.

Pero no solo no lo soltaron, sino que lo condujeron hasta el edificio, sujetándolo con fuerza por los brazos.

En la puerta esperaba el doctor Ravineau con su habitual bata blanca, echando bocanadas de humo.

—A la celda de aislamiento. ¡Con camisa de fuerza! —ordenó a los enfermeros.

Lo llevaron hasta la pequeña cámara sin ventanas, con el suelo y las paredes cubiertos de un material acolchado. Era el lugar destinado a los pacientes más agresivos cuando sufrían una crisis.

Lo arrojaron al suelo. Entró Ravineau, que ya no fumaba: llevaba las manos en los bolsillos de su bata. Se inclinó sobre su víctima y empezó a observarla, pegándose a ella, con sus grandes ojos magnificados por el efecto de los lentes. Arthur sostuvo su mirada y después el médico hizo un gesto a los enfermeros para que se retirasen.

—No es mal simulador —dijo—; pero a mí es difícil engañarme. Yo lo calé desde el primer día que estuvo aquí, y seguí sus movimientos, aunque confieso que no fui capaz de adivinar sus intenciones. Usted y la señorita Laurane pagarán muy caro este paseo.

—No más que usted —respondió.

Ravineau movió ligeramente sus bigotes de cucaracha.

—¿Es una amenaza?

—Sí, es una amenaza —afirmó lacónicamente.

—No puede luchar en mi contra —prosiguió el doctor—. He hecho picadillo a más de un mocoso como usted. ¿Acudir a las autoridades? Sería inútil, querido amigo. Además, tal vez desaparezca usted antes de que lleguen aquí. No quedará ni rastro. Por cierto, ¿cuál es su verdadero apellido? Dewbarry seguro es inventado.

—Yo soy Arthur Dowell, hijo del profesor Dowell.

Ravineau se quedó realmente sorprendido.

—Es un placer conocerlo —dijo, tratando de enmascarar con su escarnio la contrariedad de la situación—. Tuve el honor de tratar con su respetable papacito.

—Dé gracias a que tengo las manos atadas —respondió—. De lo contrario la iba a pasar muy mal. Y no se atreva a mencionar a mi padre... ¡alimaña!

—Sí doy gracias a Dios por verlo a usted tan fuertemente maniatado y así será por una larga temporada, mi querido invitado.

Ravineau se volvió bruscamente y salió por la puerta. Resonó el chasquido de la cerradura y Arthur se encontró de nuevo solo.

Estaba tranquilo. Sus amigos no lo abandonarían y pronto lo sacarían de esa mazmorra. Pero aún era consciente del peligro que corría. Ravineau debía de haberse dado cuenta de que su lucha personal contra él sería decisiva para el destino de toda su empresa. Por algo había concluido tan súbitamente su conversación y salido a toda prisa de su celda. Como buen psicólogo que era, de inmediato intuyó con quién estaba tratando y no intentó siquiera emplear sus dotes de inquisidor. Contra Arthur Dowell no podía enfrentarse con las armas de la psicología, sino únicamente con medidas más drásticas.

Entre la vida y la muerte

Arthur consiguió aflojar los nudos que lo tenían inmovilizado. Mientras le enfundaban la camisa de fuerza, había tensado intencionadamente todos sus músculos. Poco a poco fue liberándose de las ligaduras, pero lo estaban observando, y apenas hizo el intento de sacar uno de los brazos cuando se oyó correr el cerrojo de la puerta y entraron dos enfermeros. Lo ataron de nuevo, pero esta vez con varias correas más por encima de la camisa. Lo trataron con violencia y lo amenazaron con darle una paliza si volvía a intentar liberarse. Arthur no respondió y ellos, después de inmovilizarlo con mayor firmeza, abandonaron la celda. Ya que el habitáculo no tenía ventanas y la única iluminación procedía de la bombilla del techo, el recluso no podía saber si ya había amanecido.

Las horas se dilataban interminablemente. El doctor no parecía haber adoptado ninguna medida, ni se había dejado ver. Arthur tenía sed y no tardó en sentir también hambre, pero nadie venía a traerle comida ni bebida.

"¿Tendrá pensado dejarme morir de hambre?", se preguntaba. Su tortura iba en aumento, pero se negaba a pedir que le dieran de comer. Si eso era lo que había decidido Ravineau, no era necesario humillarse para pedir alimento.

Arthur no sabía que el doctor estaba midiendo su capacidad de aguante, y para su desazón había pasado este primer examen con éxito.

A pesar del hambre y la sed, después de tanto tiempo sin conciliar el sueño, se quedó dormido inevitablemente. Durmió profundo y sereno, sin sospechar que eso daría un nuevo disgusto a Ravineau. Ni la continua luz ni los experimentos musicales tenían el menor efecto sobre él. Fue entonces cuando el doctor decidió pasar a métodos más expeditivos, que solía emplear con los sujetos de férrea naturaleza.

En la celda contigua, los celadores se dedicaban a golpear láminas de hierro y a hacer sonar cacharros ruidosos. Con ese ruido infernal solían despertarse hasta los más recalcitrantes, que miraban alrededor asustados. Pero, al parecer, Arthur era el más fuerte entre los fuertes y seguía durmiendo como un recién nacido. Incluso Ravineau se sorprendió por su indolencia.

"Es increíble —pensó Ravineau—. Más aún en una persona que sabe que su vida pende de un hilo. No lo despertarían ni las trompetas de la corte celestial".

—¡Ya es suficiente! —gritó a los enfermeros, que interrumpieron el estruendo al instante.

El doctor no se percató de que el ruido sí había despertado al joven, el cual, haciendo gala de su enorme fuerza de voluntad y autocontrol, en su primera reacción consciente supo contener la respiración y evitar cualquier movimiento reflejo, para no revelar que ya no dormía.

"A este Dowell solo se le puede destruir físicamente", concluyó Ravineau.

Y el paciente, habiendo cesado el ruido, se durmió, esta vez de verdad hasta caer la tarde. Despertó fresco y reconfortado. Ya no sentía tanta hambre; tendido boca arriba, sonreía mirando la abertura de la puerta que hacía las veces de mirilla. Por ella se acertaba a ver el ojo perfectamente circular de alguien que lo observaba atento.

Para irritar aún más a su enemigo, se puso a tararear una cancioncilla. Eso ya fue demasiado incluso para Ravineau. Era la primera vez en su vida que no se veía capaz de dominar la voluntad de alguien. Inmovilizado e indefenso, ese hombre tendido en el suelo se estaba burlando de él.

Tras la puerta se oyó algo parecido a un gruñido y el ojo desapareció.

Arthur continuó cantando cada vez más alto, pero de repente se atragantó. Algo le estaba irritando la garganta. Arrugó la nariz y notó un olor. La parte posterior del paladar y la garganta empezaron a escocerle, y pronto sintió además un lacerante dolor de ojos. El olor se intensificó.

Se quedó helado, comprendiendo que había llegado su hora. Ravineau lo estaba gaseando con cloro y él ya no se veía capaz de librarse de la camisa de fuerza, con sus correas ajustadas al máximo. Pero en esta ocasión, el instinto de supervivencia fue más fuerte que la lógica y luchó con desesperación por liberarse. Retorcía todo su cuerpo como un gusano, se arqueaba y se encogía, arrastrándose entre las cuatro paredes. Pero no gritaba, no suplicaba ayuda, sino que aguantaba en silencio, apretando fuerte sus dientes. Su brillante intelecto ya no podía dominar su cuerpo, y este se defendía instintivamente.

Después se apagó la luz y tuvo la sensación de que empezaba a caer por alguna parte…

Lo despertó un fuerte viento que agitaba sus cabellos. Con enorme esfuerzo intentó abrir los ojos y entonces apareció ante él un rostro conocido, parecido al de Armand, pero con uniforme de policía. Hasta sus oídos llegaba el ronroneo del motor de un coche. La cabeza le retumbaba de dolor.

"Tengo alucinaciones… Eso es que estoy vivo", pensó. Cerró de nuevo los ojos, pero los abrió al instante, viéndose cegado por la luz del día. Entornó los ojos y de pronto oyó la voz de una mujer:

¿Cómo se encuentra?

Alguien le estaba aplicando con suavidad un algodón humedecido en los párpados, lo que aliviaba su inflamación. Abrió definitivamente los ojos y vio a Marie inclinada sobre él. Le sonrió y mirando a su alrededor se percató de que estaba en la misma cama que ocupó en su día Briquet.

—¿Entonces no he muerto? —preguntó con voz apagada.

—Afortunadamente no, pero estuvo a punto —le dijo Marie.

En la habitación de al lado se oyeron unos pasos rápidos y Arthur vio aparecer a su amigo Armand. Entró gesticulando y hablando en alta voz.

—Oigo hablar y me digo: ¡eso es que se ha despertado! Hola, mi viejo amigo, ¿cómo estás?

—Bien, gracias… —respondió Arthur débil y con dificultad—. Me duele la cabeza…, y el pecho.

—No intentes hablar mucho —le advirtió su amigo—, es peor. Ese condenado Ravineau ha estado a punto de acabar con tu vida, gaseándote como a una rata en el calabozo de un barco. Pero, ¡no imaginas cómo se la hemos dado!

Y Armand comenzó a reírse tan fuerte que Marie le recriminó con la mirada que molestara con tan ruidosa alegría al convaleciente.

—De acuerdo, de acuerdo —admitió él, contestando a su mirada—. Ahora te lo contaré todo desde el principio. Después de raptar a *mademoiselle* Laurane y esperar un poco, comprendimos que no habías conseguido escapar…

—Pero… ¿oyeron cómo les grité? —interrumpió Arthur.

—Sí, lo oímos. ¡No hables! Salimos a toda prisa, antes de que Ravineau ordenara una persecución. Tu resistencia los retuvo, de modo que gracias a ti pudimos ocultarnos sin despertar sospechas. Sabíamos que en ese momento ya no podíamos ayudarte; nos delataríamos. Nosotros, es decir Schaub y yo, queríamos acudir en tu ayuda lo antes posible, pero debíamos poner a salvo a la señorita Laurane y después idear un plan factible para salvarte. Tu reclusión no estaba prevista… Y ahora nos tocaba a nosotros entrar como si fuera en el recinto amurallado, lo cual —como bien sabes tú— no es nada fácil. Así que decidimos hacer lo siguiente:

Schaub y yo nos hicimos con unos uniformes de policía, llegamos en un coche y nos anunciamos como inspectores del centro sanitario. Mi amigo llegó incluso a falsificar una orden con todos sus sellos oficiales.

Afortunadamente, en la puerta no estaba el vigilante habitual sino un simple enfermero, que por lo visto desconocía las instrucciones de Ravineau. Este exige que le avisen por teléfono antes de dejar pasar a alguien, sea quien sea. Nosotros hicimos valer nuestra ficticia posición y…

—Así que no era una alucinación… —intervino Arthur—, cuando te vi con uniforme de policía y oí el ruido del motor.

—Sí, en efecto. En el coche, el aire fresco te despejó de forma momentánea, pero después perdiste de nuevo el conocimiento. Escucha lo que sigue. El enfermero acabó por franquearnos el paso y entramos en el recinto. El resto ya no sería tan difícil, aunque tampoco tan sencillo como suponíamos. Exigimos que nos llevaran hasta el despacho de Ravineau, pero el segundo enfermero con que nos topamos debía ser más experimentado que el anterior. Nos miró con recelo, dijo que se lo comunicaría y se retiró por el pasillo. Al cabo de unos minutos nos recibió un tipo con nariz aguileña, la consabida bata blanca y gafas con montura de carey: "Soy el asistente del doctor Ravineau, el doctor Bouche, nos dijo. —Armand hizo un gesto con la cabeza y prosiguió su relato—: nos explicó que el doctor Ravineau estaba ocupado y podíamos tratar directamente con él, su asistente.

Insistí en que debíamos ver al propio Ravineau, y él nos repitió que era imposible, ya que en esos momentos se encontraba con un paciente en estado grave. Entonces, sin pensárselo dos veces, Schaub lo cogió por el brazo de esta forma —Armand reprodujo el gesto— y se lo retorció a la espalda. Bouche lanzó un grito de dolor y nosotros nos metimos en el edificio dejándolo a un lado. Pero, ¡demonios!, no teníamos idea de dónde estaba Ravineau y nos vimos de nuevo en apuros.

Por fortuna, el propio doctor venía por el pasillo. Lo reconocí de inmediato, porque ya lo había visto cuando te traje aquí en calidad de amigo necesitado de tratamiento.

—¿Qué se les ofrece? —preguntó bruscamente Ravineau.

Comprendimos que no podíamos seguir interpretando nuestros papeles y, acercándonos a él, desenfundamos los revólveres y le apuntamos directo a la cabeza. Pero justo en ese momento intervino el narizotas de Bouche —¡Quién podía esperar una salida así de torpe!—: golpeó a Schaub en la mano, de manera tan acertada e inesperada que lo obligó a soltar el revólver al tiempo que Ravineau me sujetaba a mí por el brazo. Y ahora viene lo bueno, solo que es casi imposible contarlo de manera ordenada. En auxilio de Bouche y Ravineau acudieron numerosos celadores: podrían habernos reducido en poco tiempo, pero por suerte retrocedieron al ver nuestros uniformes. Conocían las penas por resistencia a la autoridad, y más aún si iba acompañada de agresión a un agente del orden. Como Ravineau no les dijo que nuestra indumentaria era una engañifa, la mayoría se abstuvo de intervenir y solo algunos osaron ponerle la mano encima a la sagrada e intocable autoridad. Nuestra segunda ventaja era que contábamos con armas de fuego, a diferencia de los enfermeros. Y no menos útil era nuestra fuerza, agilidad y desesperación, que igualaba la contienda.

Uno de los celadores se arrojó sobre Schaub, que se había agachado para recoger su arma, pero mi amigo se reveló todo un experto en la lucha cuerpo a cuerpo. Se quitó de encima a su agresor y, tras unos cuantos golpes certeros, consiguió apartar la pistola de otra mano que ya se disponía a cogerla. Hay que reconocer que luchó con admirable sangre fría y un gran dominio de sí mismo. Sobre mis hombros también se lanzaron dos de los enfermeros, y no sé cómo habría acabado todo de no ser por Schaub. Estuvo magnífico. Consiguió por fin coger el arma y sin vacilar se decidió a utilizarla. Bastó con unos cuantos disparos para frenar el ímpetu de los atacantes. Cuando uno de ellos empezó a gritar tocándose el hombro ensangrentado, los demás se apartaron en un abrir y cerrar de ojos. Pero Ravineau no se daba por vencido y, a pesar de que le apuntábamos en la sien con el revólver, tuvo valor para gritarnos: ¡Yo también tengo armas, y si no se van de aquí de inmediato ordenaré a mis hombres que les disparen!". Entonces Schaub sin decir palabra, lo cogió del brazo y se lo retorció. Este método produce un dolor tan insoportable que hasta el más robusto bandido se pone a dar alaridos como un hipopótamo y se transforma en un manso y dulce corderito. Los huesos del doctor empezaron a crujir y sus ojos se llenaron de lágrimas, pero aún no se rendía.

—¿Qué están mirando? —gritó con rabia a los celadores que se habían apartado—. ¡Cojan las armas!

Algunos salieron corriendo, al parecer en busca de armamento, mientras los demás se disponían a atacarnos. Por un momento dejé de apuntar a la cabeza al doctor y disparé dos veces, con lo que los enfermeros se quedaron paralizados de nuevo, excepto uno, que cayó al suelo gimiendo de dolor... —Armand hizo una pausa para tomar aliento y prosiguió—: Sí, la cosa estaba que ardía. El dolor insufrible debilitaba cada vez más a Ravineau, cuyo brazo seguía en manos de Schaub. Finalmente, retorciéndose de dolor, balbuceó: "¿Qué es lo que quieren?" "Que nos entregue de inmediato a Arthur Dowell", respondí... "Lo suponía —dijo, haciendo rechinar sus dientes—, ya lo he reconocido. ¡Suélteme el brazo de una maldita vez! Los llevaré hasta él... "Schaub aflojó lo mínimo para permitir que el doctor pudiera recuperarse, pues ya empezaba a desvanecerse. Nos condujo a la celda en la que estabas encerrado, y con un gesto nos señaló la llave. Abrí la pesada puerta y entré, seguido por Schaub y el doctor. El espectáculo que nos esperaba no era muy agradable: envuelto como un recién nacido, sin poder moverte, te contraías dando los últimos coletazos como un gusano pisoteado. En la habitación había un sofocante olor a cloro. Schaub, para no forcejear más con Ravineau, le asestó un preciso golpe en la base del cráneo, y el doctor cayó al suelo como un saco de papas. Sin aliento, te sacamos de allí a toda prisa y cerramos la puerta.

—¿Y Ravineau? Él...

—Si se ahoga, no se perderá mucho; en eso estábamos de acuerdo, aunque lo más probable es que lo liberaran y que volviera en sí tras nuestra fuga... Pudimos salir de ese nido de avispas con bastante fortuna, aunque tuvimos que gastar lo que nos quedaba de munición con los perros... ¡Y aquí estamos!

—¿Llevo mucho tiempo sin conocimiento?

—Unas diez horas. El médico acababa de irse cuando se normalizaron tu pulso y tu respiración; nos aseguró que ya no corrías peligro. Sí, querido amigo —continuó Armand frotándose las manos—. Ahora queda por delante todo un proceso judicial, que va a ser sonado. Ravineau tendrá que sentarse en el banquillo de los acusados junto con Kern. No pienso dejar esto así.

—Pero, antes de nada, debemos encontrar, viva o muerta, la cabeza de mi padre —dijo Arthur, aún sin fuerzas.

De nuevo sin cuerpo

El profesor Kern estaba tan contento con el inesperado regreso de Briquet que hasta se olvidó de reprenderla. Además, no era el momento. John tuvo que coger en brazos a Briquet, mientras esta gemía de dolor.

—Doctor, perdóneme —dijo, al momento de encontrarse con Kern—. No le hice caso y…

—Usted misma se castigó —apuntó el profesor, mientras ayudaba a John a acostar en la cama a la prófuga.

—Dios, ni siquiera me he quitado el abrigo.

—Permítame que la ayude a hacerlo.

Kern le quitó con cuidado el abrigo, sin dejar de observarla con su ojo clínico. El rostro de Briquet había rejuvenecido y presentaba una frescura espectacular. No quedaba ni rastro de las arrugas. "Es el efecto de las glándulas secretoras internas —dedujo Kern—. La juventud del cuerpo de Angélica Guy ha revitalizado la cabeza de Briquet".

El profesor Kern sabía desde hacía tiempo a quién pertenecía el cuerpo sustraído de la morgue. Seguía con atención la prensa, y sonreía malévolamente al leer las noticias sobre la búsqueda de la cantante Angélica Guy a la que "se había tragado la tierra".

—Con más cuidado… Me duele la pierna —dijo Briquet con gesto dolorido, cuando Kern la movió para ponerla de lado.

—¡Usted se lo ha buscado! Yo se lo advertí.

Entró la cuidadora, una anciana con una expresión no muy despierta.

—Cámbiele la ropa —le dijo Kern, señalando a Briquet.

—¿Y dónde está *mademoiselle* Laurane? —preguntó sorprendida Briquet.

—Ya no está aquí, está enferma.

Kern se volvió, repiqueteó con los dedos en la cabecera de la cama y salió de la habitación.

—¿Hace mucho tiempo que trabaja usted con el profesor Kern? —preguntó Briquet a la nueva enfermera.

Ella gruñó algo incomprensible, señalándose la boca.

"Es muda —adivinó—. Así que no voy a tener con quien hablar".

La mujer recogió el abrigo en silencio y salió. Acto seguido se presentó de nuevo el doctor.

—Enséñeme el pie.

—He bailado demasiado —dijo ella con su confesión de penitente—. Enseguida se me abrió la herida en la planta del pie. No le presté atención.

—¿Y continuó bailando?

—No, me dolía si bailaba. Pero jugué tenis varios días. ¡Es un deporte tan divertido!

Mientras Kern prestaba oídos a esta verborrea, le examinó con cuidado la pierna y fue frunciendo el ceño cada vez más. Estaba inflamada hasta la rodilla y ennegrecida. La fue palpando en diferentes partes.

—¡Oh, me duele! —gritó ella.

—¿Ha tenido escalofríos de fiebre?

—Sí, ayer por la tarde.

—Bien... —Kern sacó un cigarro y lo encendió—. La situación es muy grave. Ya ve a qué extremo lleva la desobediencia. ¿Y con quién se le ocurrió ponerse a jugar tenis?

Briquet se azoró:

—Con un... joven conocido.

—¿Y podría contarme a grandes rasgos qué fue de usted desde que salió huyendo de aquí?

—Estuve en casa de una amiga. Se sorprendió muchísimo al verme viva. Le conté que mis heridas no fueron mortales y que consiguieron curarme en el hospital.

—De mí y... la cabeza, ¿no habrá contado nada?

—Por supuesto que no —respondió categórica—. Habría sonado muy raro, me habrían tomado por loca.

Kern suspiró aliviado. "Todo se ha resuelto mejor de lo que esperaba", se dijo.

—Bueno… y ¿qué pasa con mi pierna, doctor?

—Me temo… que habrá que amputarla.

Los ojos de Briquet relampaguearon de pánico.

—¡Amputarla! ¿Mi pierna?... ¿Convertirme en una lisiada?

Al propio Kern le resultaba desagradable tener que mutilar un cuerpo obtenido y reanimado con tanto trabajo. Además, exhibiendo a una tullida, se perdería gran parte del efecto. Ojalá pudiera eludirse la amputación, pero la verdad es que era inevitable.

—¡Quizá pueda ponerme una pierna nueva!

—No se preocupe. Esperaremos hasta mañana. Aún me pasaré otra vez a verla —dijo Kern mientras abandonaba la habitación.

Reapareció la silenciosa cuidadora. Le trajo una taza de caldo con picatostes, pero ella no tenía apetito. Sentía escalofríos por la fiebre y, a pesar de los gestos insistentes de la mujer, no pudo tomarse más de dos cucharadas.

—Llévueselo, no puedo.

—La asistente se retiró.

—Tendría que haberle puesto primero el termómetro —oyó decir a Kern en la otra habitación—. ¿Es que no es capaz de hacer algo tan sencillo? Y eso que se lo dije.

Entró de nuevo y le tendió el termómetro a Briquet.

La enferma se lo puso con resignación, cuando se lo quitó al cabo de unos minutos, marcaba 39°C.

La empleada lo anotó y se sentó al lado de la cama.

Briquet decidió darse la vuelta de cara a la pared, para no tener que ver la inexpresiva y estúpida cara de su acompañante. Pero simplemente con hacer ese movimiento sintió dolores en la pierna y el bajo vientre. Cerró los ojos y se puso a gemir en voz baja. Pensaba en Armand. "Mi querido… ¿cuándo volveré a verte?".

Hacia las nueve de la noche, le subió la temperatura y empezó a tener alucinaciones febriles. Le parecía estar en el camarote del yate. El oleaje aumentaba y la embarcación se balanceaba cada vez más, un nudo provocado por las náuseas le subía desde el pecho hasta la garganta... Armand entonces se abalanzaba sobre ella y la estrangulaba. Ella lanzaba un grito, agitándose entre las sábanas... Notaba algo húmedo y frío sobre la frente y el pecho. Y las pesadillas se alejaban... Entonces se veía a Armand en la cancha de tenis. A través de la fina malla que rodeaba el perímetro del campo, se adivinaba el azul oscuro del mar. El sol abrasaba sin compasión y ella sentía un fuerte dolor de cabeza y mareos. "Si no fuera por este horrible dolor de cabeza... ¡este sol insoportable!... No puedo fallar esa pelota..." Y, tensa, seguía los movimientos de Armand, que levantaba su raqueta para sacar. "*Play*", gritaba el joven, mostrando su reluciente dentadura al sol, y golpeando la pelota antes de dar opción a una respuesta. *Out*, replicaba ella, alegrándose por el error de su contrincante...

—¿Todavía sigue jugando al tenis? —oyó decir a alguien con un tono desagradable. Al abrir los ojos vio a Kern, inclinado junto a ella, cogiéndole la mano para tomarle el pulso; después pasó a examinarle la pierna y movió disgustado la cabeza.

—¿Qué hora es? —alcanzó a decir Briquet, moviendo la lengua con dificultad.

—Cerca de las dos de la madrugada. Bien, mi querida saltarina, no hay más remedio que amputarle la pierna.

—¿Qué quiere decir?

—Cortarla.

—¿Cuándo?

—Ahora mismo. No puede retrasarse ni una hora más, o se extenderá la infección al resto del cuerpo.

Briquet, confusa, escuchaba al profesor como en sueños, sin acabar de entender lo que le decía.

—¿Y hay que cortar muy arriba? —preguntó casi con indiferencia.

—Hasta aquí —indicó Kern diligentemente con un gesto del borde de su mano. Con ligereza más debajo de su vientre. Bastó ese gesto para que Briquet sintiera un escalofrío en el estómago, al tiempo que su conciencia comenzaba a aclararse.

—No, no, no —dijo aterrorizada—. No se lo permitiré, no quiero.

—¿Prefiere morir? —preguntó el profesor con total tranquilidad.

—No.

—Entonces debe elegir la amputación.

—Pero... ¿y Armand? Él me ama de verdad... —dijo en un susurro—. Quiero vivir y estar sana. Y usted quiere quitármelo todo... ¡Es usted horrible y le tengo miedo! ¡Sálveme! ¡Sálveme!...

De nuevo estaba delirando, gritando y pugnando por levantarse, la cuidadora apenas podía hacerse con ella y tuvieron que llamar a John. Mientras tanto, Kern se ocupaba en la habitación contigua de los preparativos para la operación.

A las dos en punto la colocaron en la mesa de operaciones. Se había calmado y estaba mirando en silencio al profesor como un condenado a muerte a su verdugo.

—Apiádese —dijo en un susurro—. Sálveme...

Le pusieron la mascarilla en la cara y la enfermera le tomó el pulso. John oprimió con firmeza la mascarilla, hasta que ella perdió el conocimiento...

Cuando volvió en sí, se encontraba en la cama. Se sentía mareada y con ganas de vomitar. Recordaba vagamente la operación y, a pesar de su extraordinaria debilidad tuvo fuerzas para levantar la cabeza y mirar hacia la pierna. Entonces no pudo evitar echarse a llorar, en silencio. La pierna había sido seccionada por encima de la rodilla y estaba envuelta en vendajes fuertemente apretados. Kern había cumplido su palabra y se había esmerado en afear lo menos posible el cuerpo de Briquet. Prefirió correr el riesgo y amputó de tal manera que fuera posible después adaptarle una prótesis.

Al día siguiente de la operación, el estado de la paciente era satisfactorio, aunque seguía teniendo fiebre, por lo cual el profesor seguía con atención su evolución e iba a verla cada hora para evaluar el estado del miembro.

—Pero, ¿qué voy a hacer ahora sin pierna? —no dejaba de preguntar Briquet.

—No se preocupe, yo le pondré una pierna nueva, mejor que la anterior —la tranquilizaba el profesor—. Incluso podrá bailar —le dijo, al tiempo que fruncía el ceño, pues la pierna estaba enrojecida e inflamada por encima del corte.

Al caer la tarde subió la fiebre, Briquet no paraba de agitarse y deliraba. A las once de la noche alcanzó los 40.6°C.

Kern se puso a maldecir, enojado: era evidente que la infección se había extendido a través de la sangre. Entonces, pensando en salvar al menos una parte de su trofeo, más que la propia vida de Briquet, decidió presentar batalla a la muerte. "Si consigo limpiarle los vasos sanguíneos con un antiséptico y luego le hago otro preparado fisiológico, y después una transfusión con sangre fresca y sana, la cabeza podrá vivir".

Así que ordenó llevar de nuevo a Briquet a la mesa del quirófano.

Briquet seguía sin conocimiento y no pudo sentir cómo el agudo escalpelo le practicaba un corte en el cuello, por encima de las cicatrices aún enrojecidas de la anterior operación. Esta incisión suponía no solo la separación de la cabeza de su joven y hermoso cuerpo, sino que cercenaba todo su mundo, toda la alegría y la esperanza con que ella vivía ese momento.

Thomas muere por segunda vez

La cabeza de Thomas iba languideciendo cada día que pasaba. Tom no estaba capacitado para vivir en una esfera puramente intelectual. Para sentirse bien necesitaba trabajar, moverse, levantar pesos, extenuar su cuerpo musculoso, comer copiosamente y dormir a placer. A menudo cerraba los ojos y se imaginaba tensando toda la espalda para cargar con los sacos más pesados. Llegaba a sentir la tirantez de cada uno de sus músculos. La ilusión era tan real que lo obligaba a abrir los ojos con la esperanza de ver su forzudo cuerpo. Pero por debajo de la cabeza nada había cambiado y solo se veían las patas que soportaban el tablero de cristal.

Entonces apretaba los dientes y volvía a cerrar los ojos. Para distraerse comenzaba a pensar en su aldea, pero entonces inevitablemente se acordaba de su novia, a la que había perdido para siempre. En más de una ocasión le había insistido a Kern para que le consiguiera lo antes posible un nuevo cuerpo, pero este seguía respondiendo con maliciosas evasivas.

—Todavía no aparece nada que nos pueda servir, tenga un poco de paciencia.

—Aunque sea un cuerpo algo maltrecho —le suplicaba Tom, pues sentía una gran necesidad de volver a su vida de antes.

—Con un cuerpo así no tendría nada que hacer. Usted necesita un cuerpo sano —respondió Kern.

A Thomas no le quedaba más remedio que seguir esperando, mientras los días se iban sucediendo y su cabeza seguía ahí, plantada sobre la elevada plataforma. Las peores horas eran las de las noches de insomnio, cuando experimentaba alucinaciones. La habitación le empezaba a dar vueltas y se iba cubriendo de una espesa niebla en la que se veía la cabeza de un caballo. Luego salía el sol y en el patio se veía correr al perro y a las gallinas armando alboroto... Y de repente, no se sabe cómo, aparecía un boquete atronador que se le venía encima. Esta escena se le repetía de forma indefinida, y así se le veía morir un número interminable de veces.

Para liberarse de las pesadillas, decidió tararear canciones en voz baja —para él eso era cantar—, o ponerse a contar.

En otra ocasión probó otro entretenimiento: retenía el aire cerrando la boca y después la abría de repente, con lo que el aire salía de golpe haciendo un curioso ruido.

Le gustó tanto el juego que lo intentó de nuevo. Aguantaba el aire. Aguantaba el aire todo lo posible hasta que salía a presión entre sus labios apretados, y al mismo tiempo movía la lengua de tal forma que se producían ruidos de lo más gracioso. ¿Y cuántos segundos podía aguantar? Empezó a contarlos: cinco, seis, siete, ocho... y después resoplaba y el aire escapaba de golpe. "Un poco más... Hay que llegar a la docena: uno, dos, tres... seis, siete... nueve... once... doc..."

El aire a presión le golpeó con tal fuerza el paladar que la cabeza le dio un respingo sobre el tablero.

"A este paso, saldré volando de mi pedestal", pensó.

Miró hacia abajo y comprobó que había sangre derramada en la superficie del cristal, llegaba al borde y goteaba hasta el suelo. Al parecer, la fuerte estampida de aire que estremeció su cabeza, había aflojado los tubos insertados en las vías sanguíneas del cuello. La cabeza fue presa de pánico... ¿era su final? Ciertamente, su conciencia empezaba a nublarse. Experimentaba una sensación como si le faltara el aire; la sangre que nutría su cabeza no podía llegar al cerebro en cantidad suficiente para transportar el oxígeno vital. Observaba su propia sangre, mientras se iba consumiendo... ¡No quería morir! Su conciencia se aferraba a la vida. ¡Vivir, fuera como fuera!, mientras esperaba el nuevo cuerpo prometido por el profesor Kern.

Tom intentaba asentar su cabeza contra el tablero, contrayendo los músculos del cuello; trataba de balancearse, pero lo único que consiguió fue empeorar su situación; los extremos de los tubos se desajustaron aún más de las venas. En un último atisbo de conciencia empezó a gritar; gritó como nunca lo había hecho en su vida. Pero ya no era un grito, sino más bien los últimos estertores de la muerte.

Cuando el sueño ligero de John se vio interrumpido por esos extraños ruidos y salió corriendo hasta la habitación, la cabeza de Thomas apenas movía ya los labios. John intentó como pudo enderezarla, insertó los tubos con mayor profundidad y limpió toda la sangre para que el profesor Kern no encontrara evidencia de lo sucedido.

Esa mañana, la cabeza de Briquet, separada nuevamente de su cuerpo, se hallaba en su antigua posición, sobre el soporte de cristal que se apoyaba en la elevada mesa metálica; Kern hizo lo necesario para que volviera en sí.

Cuando limpió los restos de sangre seca y le administró en sustitución otra fresca y saludable, calentada hasta una temperatura de 37°C., minutos después el rostro de Briquet recuperó el color, y aún no del todo consciente, su mirada se detuvo en el profesor. A continuación, con evidente esfuerzo consiguió mirar hacia abajo, y sus ojos se dilataron al máximo.

—Otra vez sin cuerpo... —pudo balbucear, mientras los ojos se le inundaban de lágrimas. De momento solo podía susurrar, ya que las cuerdas vocales habían sido seccionadas por encima del corte anterior.

Magnífico —pensó Kern—. Los vasos sanguíneos se están rellenando rápidamente con líquido, a no ser que se trate de restos producidos por las glándulas lacrimales. En cualquier caso, no hay que desperdiciar con lágrimas ese preciado fluido".

—No llore y no se apene, *mademoiselle* Briquet. Usted misma se ha castigado cruelmente por haber desobedecido. Pero yo le proporcionaré un nuevo cuerpo, mejor aún que el anterior. Tiene que aguantar unos cuantos días.

Y, apartándose de ella, se acercó a la cabeza de Thomas.

—Bueno, ¿cómo le va a nuestro granjero?

Kern frunció el ceño y se aproximó para examinar detenidamente la cabeza. Tenía muy mal aspecto. La piel se había oscurecido y la boca estaba entreabierta. El profesor comprobó los tubos y se volvió maldiciendo hacia John.

—Pensaba que estaba dormido... —se justificó el criado.

—¡Tú eres el que estaba dormido, imbécil!

Kern, desconcertado, seguía dando vueltas en torno a la cabeza de Tom.

—¡Ah... qué terrible! —susurró la cabeza de Briquet—. Está muerto. ¡Me imponen tanto los muertos!... A mí me da miedo morir... ¿De qué ha muerto?

—¡Ciérrale el cilindro de aire! —ordenó furioso Kern.

Briquet se quedó a media palabra, pero no paraba de mirar asustada e implorante a los ojos de su cuidadora, mientras movía inútilmente los labios.

—Si en veinte minutos no he conseguido reanimar la cabeza, lo único que podré hacer será tirarla a la basura —sentenció Kern.

A los 15 minutos la cabeza mostró los primeros signos de vida. Los párpados y los labios temblaban ligeramente, pero la mirada era vacía e inexpresiva. Al cabo de unos minutos más, articuló una serie de palabras inconexas. Kern estaba dispuesto a cantar victoria, pero de repente la cabeza quedó inmóvil, ni un solo nervio vibraba en su rostro.

Kern consultó el termómetro.

—La temperatura es la de un cadáver. ¡Se acabó!

Y, sin importarle la presencia de Briquet, cogió con rabia la cabeza por su espesa mata de pelo, la arrancó de la mesa y la arrojó a una gran palangana metálica.

—Hay que llevarla a la cámara frigorífica... Habrá que practicarle una autopsia.

John se apresuró a recoger la palangana y salió. La cabeza de Briquet lo seguía con la mirada, con los ojos desorbitados de pánico.

Se oyó el teléfono en el despacho de Kern. Este tiró el cigarro al suelo de mala manera, antes de llegar a encenderlo, y salió de la habitación dando un portazo.

El que llamaba era Ravineau. Le comunicó que le había enviado una carta urgente que debía haber recibido ya.

El propio Kern fue a mirar en el buzón de la puerta y sacó la carta. Mientras subía por la escalera, rasgó el sobre nerviosamente y comenzó a leerla. Ravineau le contaba cómo Arthur Dowell había ingresado en su clínica haciéndose pasar por enfermero, para después secuestrar a la señorita Laurane y huir con ella.

Kern se tropezó y a punto estuvo de caer por la escalera.

—¡Arthur Dowell!... ¡El hijo del profesor!... Está aquí, y por supuesto lo sabe todo.

Aparecía en escena un nuevo enemigo, que no le daría cuartel. Quemó la carta en su despacho y comenzó a pasearse por la alfombra, tramando un plan de acción. ¿Destruir la cabeza del profesor Dowell? Eso siempre podría hacerlo en un minuto. Pero la cabeza todavía le era necesaria. Lo único que cabía hacer era tomar las medidas precisas para que esa prueba no fuera a pasar a manos ajenas. Probablemente entrarían en su casa para registrarla. Después... Después sería imprescindible adelantar la demostración pública de la cabeza de Briquet. A los triunfadores no los juzgan. Dijeran lo que dijeran Arthur Dowell y Marie Laurane, siempre sería más fácil luchar contra ellos cuando su nombre estuviera rodeado por la aureola del reconocimiento y respeto públicos.

Kern descolgó el teléfono y llamó al secretario del Instituto de Investigaciones Científicas para concertar una cita y considerar la celebración de un congreso en el que él, el doctor Kern, presentaría los resultados de sus últimos ensayos científicos. Después se puso en contacto con los principales periódicos para convocar a sus reporteros e informarles.

"Hay que organizar todo un revuelo en la prensa en torno al sensacional descubrimiento del profesor Kern... La demostración pública podría tener lugar en unos tres días, cuando la cabeza de Briquet se haya recuperado de su conmoción y vaya aceptando la idea de la pérdida de su cuerpo. Bueno... pues ahora..."

Kern se metió en su laboratorio, rebuscó en sus armarios, y sacó una jeringa, un mechero de Bunsen, un poco de algodón y una caja con la inscripción "Parafina"; con ello se dirigió al lugar donde reposaba la cabeza del profesor Dowell.

Los conspiradores

La casa de Laret servía de cuartel general a los "conspiradores": Arthur Dowell, Schaub, la señorita Laurane y el propio Armand. De común acuerdo decidieron que sería peligroso para Marie regresar a su domicilio. Pero era tal el deseo que tenía de ver a su madre que Armand fue a visitar a *madame* Laurent para traerla hasta el lugar donde estaban refugiados.

Al ver a su hija sana y salva, la anciana estuvo a punto de desmayarse por la emoción. Armand tuvo que sujetarla y llevarla hasta el sillón. Las dos se alojaron en habitaciones del tercer piso. La alegría de la señora Laurane solo la empañaba la visión del joven Arthur, el "salvador de su hija", postrado en cama. Afortunadamente, no se había expuesto al gas asfixiante durante demasiado tiempo. También había influido su organismo excepcionalmente fuerte.

Madre e hija se turnaban cuidando al convaleciente junto a su lecho. En ese tiempo, Arthur trabó amistad con ellas y Marie se desvelaba especialmente por él; al no estar ya en su mano cuidar del profesor Dowell, lo compensaba traspasando sus atenciones al hijo de aquel. O al menos así lo creía ella. Pero había otro motivo añadido, por el cual no cedía gustosamente a su madre el puesto de cuidadora. Arthur Dowell había sido el primer hombre que había turbado su virginal imaginación. Se habían conocido en un contexto del todo romántico: él, como un auténtico caballero, la había raptado para liberarla de su terrible encierro en el sanatorio de Ravineau; y el trágico destino de su padre añadía a la historia una impronta dramática. Además, sus cualidades personales —varonil, fuerte y joven— completaban un encanto del que le era muy difícil sustraerse.

Arthur Dowell no veía con distintos ojos a Marie. Sus sentimientos estaban más claros y sabía a la perfección que su actitud cariñosa no respondía solo al efecto que alberga el enfermo por la persona que lo cuida.

Las tiernas miradas que se cruzaban los jóvenes no pasaban inadvertidas a los que los rodeaban. La madre de Marie hacía como que no se daba cuenta de nada, aunque al parecer aprobaba sin reparos la elección de su hija. Schaub, que vivía solo para el deporte, no sentía gran aprecio por las mujeres y, sonriendo burlonamente, en el fondo se compadecía de Arthur. En cambio, Armand suspiraba melancólico, viendo el albor de la felicidad ajena y recordando sin querer la maravillosa figura de Angélica Guy. Ahora cada vez con más frecuencia se imaginaba la cabeza de Briquet en ese cuerpo. Él mismo se reprochaba esa "traición", si bien lo justificaba por un afecto asociativo: la cabeza de Briquet siempre se veía prolongada por el cuerpo de Angélica.

Arthur no veía la hora de que le permitieran por fin levantarse. Por el momento solo le estaba permitido hablar y el doctor había dado órdenes expresas de vigilar con atención sus pulmones a todos los que lo asistían.

Quisiera o no, se vio obligado a aceptar el papel de líder, escuchando las opiniones de los demás y presentando brevemente sus objeciones, o resumiendo las "deliberaciones". Los debates solían ser bastante acalorados, en especial por parte de Armand y Schaub.

¿Qué hacer con Ravineau y el profesor Kern? Schaub, que por algún motivo se sentía involucrado personalmente como víctima, planeaba organizar una guerra de guerrillas contra Ravineau.

—No nos dio tiempo para darle su merecido a ese perro, pero ahora tenemos que acabar con él. ¡Con cada respiración de ese malvado se envenena el planeta! No estaré tranquilo hasta que lo estrangule con mis propias manos. Y tú dices —dijo exasperado, dirigiéndose a Dowell— que es mejor dejar todo el asunto en manos de los tribunales. Pero hasta el mismo Ravineau nos confesó que tenía sobornadas a las autoridades.

—Las locales —apuntó lacónicamente Arthur.

—Aguarda, Arthur —intervino Armand—. Para ti es mejor no hablar aún, Y tú, Schaub, estás pasando por alto lo más importante. A Ravineau siempre tendremos tiempo de ajustarle las cuentas. Nuestro objetivo primordial debe ser poner al descubierto la actividad criminal de Kern y descubrir el paradero de la cabeza del profesor Dowell. Tenemos que introducirnos, como sea, en la guarida de Kern.

—¿Y cómo lo haremos? —preguntó Arthur.

—¿Cómo? Pues igual que hacen los asaltantes de casas o los ladrones.

—Pero tú no eres ladrón. Eso, en cierto modo, es también un arte.

Armand se quedó pensativo y de repente se dio una palmada en la frente.

—¡Claro! Podemos reclutar a Jean para el espectáculo. Briquet me contó en confianza cuál era su verdadera profesión. Se sentirá halagado. Será la primera vez que viole una cerradura con un buen objetivo.

—¿Y si resulta no ser tan altruista?

—Le pagaremos, lo único que tiene que hacer es allanarnos el camino y luego podrá abandonar el escenario antes de que avisemos a la policía, cosa que por supuesto haremos.

Pero, en este punto, Arthur se encargó de apagar su fervor. A media voz y con lentitud le dijo:

—En mi opinión, dado el caso, toda esta aventura es innecesaria. De seguro Kern ya se habrá enterado por Ravineau de mi presencia en París y de mi participación en el rapto de Marie, lo que significa que no tengo motivos para seguir de incógnito. Eso en primer lugar, después, como hijo... del difunto profesor Dowell, tengo pleno derecho... como dicen los juristas, a denunciarlo, exigiendo la apertura de una investigación, una orden de registro.

—Otra vez con los tribunales —dijo Armand, haciendo un gesto de impotencia con la mano—. Mientras tú te enfangas entre tablas judiciales, Kern se nos escabullirá.

Arthur empezó a toser, torciendo el gesto en un acto reflejo por el dolor que el espasmo le causaba en el pecho.

—Está hablando demasiado —le dijo con delicadeza *madame* Laurane, sentada a su lado.

—No es nada... —replicó Arthur, frotándose el pecho—; enseguida pasará.

En ese momento entró en la habitación Marie, visiblemente alterada.

—Tenga y lea —le dijo a Arthur, mientras le tendía un periódico.

En la portada aparecía el siguiente titular en grandes letras:

¡EL SENSACIONAL DESCUBRIMIENTO DEL PROFESOR KERN!

Más abajo, como subtítulo y en letra más pequeña:

Demostración de la reanimación de una cabeza humana

En el texto del artículo se informaba de la presentación que haría el profesor Kern al día siguiente por la tarde. La exposición incluiría la exhibición de una cabeza revivida.

Después se resumía el historial de ensayos científicos de Kern, se enumeraban sus múltiples éxitos y se hablaba de las brillantes operaciones quirúrgicas que había llevado a cabo. A este párrafo le seguía un artículo firmado por el propio Kern. En él se describía a grandes rasgos el proceso que le había permitido reanimar las cabezas y luego seres humanos completos.

Marie seguía con tensa atención tanto la expresión de Arthur como sus ojos mientras leían el texto. Exteriormente su aspecto parecía sereno y solo al final de la lectura esbozó una amarga sonrisa que desapareció al momento.

—¿No es indignante? —exclamó ella, cuando Arthur le devolvió el periódico en silencio—. Ese miserable no dice una palabra del papel de su padre en todo este "sensacional descubrimiento". ¡No, esto no puede quedar así! —sus mejillas ardían de rabia—, después de todo lo que ha hecho Kern conmigo, con su padre, con ustedes y con todos esos pobres desgraciados cuyas cabezas resucitó, entregándolos a una infernal existencia sin cuerpo; tiene que recibir su merecido castigo. Debería responder no solo ante un tribunal, sino ante la opinión pública. Sería la mayor de las injusticias permitirle celebrar su éxito, aunque solo sea por una hora.

—¿Y qué se propone usted? —preguntó Arthur en voz baja.

—¡Aguarle la fiesta! —respondió ella con fogosidad—. Presentarme en su demostración ante la comunidad científica y echarle en cara delante de todo el mundo su culpabilidad, que es un asesino, un criminal y un ladrón.

Madame Laurent se asustó de verdad. Ahora empezaba a comprender hasta qué punto tenía los nervios deshechos su hija. Era la primera vez que veía a su dulce y comedida Marie en tal estado de excitación. Intentó tranquilizarla, pero ella no parecía darse cuenta de nada. Ardía en deseos de venganza y estaba fuera de sí de pura rabia. Armand y Schaub la miraban sorprendidos. En su exaltación e ira irrefrenables, los superaba incluso a ellos. La señora Laurane miró suplicante a Arthur. Este captó su mirada y se dispuso a hablar:

—Su actitud, *mademoiselle* Laurane, por muy nobles que sean sus intenciones, es irra…

Pero ella no lo dejó acabar.

—A veces la irracionalidad puede estar al servicio de la sabiduría. No piensen que quiero hacer el papel de la heroína delatora. Simplemente no puedo actuar de otro modo; me lo exige mi sentido de la justicia.

—Pero, ¿qué conseguirá con eso? ¿Es que no puede contárselo todo a un agente del orden?

—¡No, quiero que el profesor Kern sea humillado en público! Está labrando su fama a costa de la desgracia de otros, cometiendo delitos, ¡incluso asesinatos! Mañana lo coronarán con los laureles de la fama, cuando debería obtener solo la gloria que de verdad se merece.

—Yo no puedo aprobar esa actitud —la contravino Arthur, a sabiendas de que, si Marie continuaba exaltándose de ese modo, su estabilidad emocional saldría gravemente perjudicada.

—Lo siento —dijo ella—. Pero no me echaré atrás, aunque tenga que luchar contra el mundo entero. ¡Usted aún no me conoce!

Arthur sonrió. Le gustaba ese ardor juvenil, y más aún la propia Marie con sus mejillas encendidas.

—Piense que será una acción totalmente improvisada —prosiguió—. Correrá usted un gran riesgo...

—¡Nosotros la defenderemos! —exclamó Armand, alzando la mano de tal forma que parecía blandir la espada en posición de ataque.

—Sí, nosotros la ayudaremos —se unió la voz de Schaub, asestando un golpe imaginario con su puño al aire.

Marie, viendo el apoyo que recibía, se quedó mirando a Arthur con un gesto de reproche.

—En ese caso, yo también la acompañaré —dijo el joven, rindiéndose a la evidencia.

En los ojos de Marie brilló una chispa de alegría, aunque de inmediato frunció el ceño.

—Usted no puede, aún no se ha recuperado.

—Aún así, iré.

—Pero...

—Y no me echaré atrás, aunque tenga que luchar contra el mundo entero. Usted aún no me conoce —dijo, repitiendo las palabras de ella mientras sonreía.

Un triunfo malogrado

El día de la exhibición, Kern observó con especial meticulosidad la cabeza de Briquet.

—Bien... —le dijo, tras concluir su examen—, esto será lo que haremos. Hoy, a las ocho de la noche la llevarán a una reunión multitudinaria. No hable de más, ¿estamos?... Kern abrió la llave del aire, y Briquet pudo susurrar:

—Entiendo, pero le pediría... permítame...

Pero el profesor salió, sin darle tiempo a acabar la frase.

Su preocupación iba en aumento. Tenía por delante una difícil tarea: transportar la cabeza hasta el salón de actos de la sociedad científica. El más pequeño golpe podría ser fatal para la vida de la cabeza.

Se había preparado un vehículo especial. La mesa con el tablero en que se asentaba la cabeza, junto con todos sus aparatos, fue colocada en una peculiar plataforma dotada de ruedas, para poder desplazarla sobre la superficie llana, y de asideros para conseguir moverla por las escaleras. Finalmente, a las siete todo estaba dispuesto para emprender el camino.

La enorme sala estaba iluminada magníficamente. Entre las butacas predominaban las canas y las calvas lustrosas de los hombres de ciencia, ataviados con frac o levita. Por diversos lados brillaban los reflejos producidos por las gafas del público asistente. Los palcos y el anfiteatro estaban reservados para las personalidades relacionadas de uno u otro modo con el mundo de la ciencia.

Los lujosos adornos de las damas, con sus llamativos brillantes, recordaban más al ambiente de una sala de conciertos en la que actuara algún artista de fama mundial. Un rumor nervioso, a la espera del ansiado comienzo se extendía por toda la sala.

Junto al escenario, en pequeñas mesas, se afanaban como en un hormiguero los corresponsales de prensa, afinando sus lapiceros para tomar sus apuntes taquigráficos.

A la derecha se habían instalado las cámaras, que grabarían cada momento de la intervención de Kern y su cabeza resucitada. Y en el escenario se había preparado un espacio para presidencia de honor, compuesta por las personalidades más destacadas de la comunidad científica. En el centro sobresalía un estrado al que se había equipado con un micrófono, a través del cual se retransmitiría el acto por radio a todo el mundo. Un segundo micrófono se había colocado delante de la cabeza de Briquet, situada en la parte derecha del escenario. Maquillada con destreza a la vez que con mesura, ofrecía un aspecto atractivo, que atenuaba la inevitable conmoción que sin duda produciría en el público menos predispuesto. Su cuidadora y John estaban al lado de la mesa que la sostenía.

Marie Laurane, Arthur Dowell, Armand Laret y Schaub se habían sentado en primera fila, a dos pasos de la tarima de donde estaba la tribuna. Únicamente Schaub, que no podía ser reconocido por nadie tenía su aspecto habitual. Marie vestía un traje de noche y tocado. Tenía la cabeza baja, ocultándose bajo el ala del sombrero, para que el profesor Kern no pudiera identificarla en un cruce de miradas casual. Arthur Dowell y Armand acudieron disfrazados con bigotes y barbas postizos, cla borados con gran sentido artístico. En aras de la conspiración, se decidió que se comportaran como "desconocidos" el uno para el otro. Cada uno ocupaba su asiento en silencio, y solo miraba con disimulo a sus vecinos.

Armand se había venido totalmente abajo; estuvo a punto de perder el conocimiento al ver la cabeza sin cuerpo de Briquet.

A las ocho en punto subió al estrado el doctor Kern. Parecía algo más pálido de lo habitual, pero no cabía en sí de orgullo.

Los asistentes lo recibieron con sonoros y prolongados aplausos. Las cámaras comenzaron a chirriar. El hormiguero de periodistas enmudeció. Y el profesor comenzó su exposición hablando de sus supuestos descubrimientos.

Era un discurso brillante en su forma y cuidadosamente estructurado. No se olvidó de mencionar los trabajos previos y valiosísimos del prematuro fallecido profesor Dowell. Pero, tras rendir ese breve homenaje al difunto, no pasó por alto su propia "modesta contribución". A los espectadores y radioescuchas no debía quedarles la menor duda de que todo el mérito del descubrimiento pertenecía en exclusiva al profesor Kern.

Su discurso fue interrumpido en más de una ocasión por los aplausos del público. Cientos de damas dirigían hacia él anteojos y gemelos. Y no menos atención dedicaban los caballeros a la cabeza de Briquet, que se veía obligada a sonreír ante ellos.

A una señal del profesor, la asistente abrió la llave del aire, dando así a la cabeza la posibilidad de hablar.

—¿Cómo se encuentra usted? —le preguntó uno de los científicos de avanzada edad.

—Bien, gracias.

Su voz sonaba velada y ronca. La fuerte corriente de aire creaba un silbido y la voz prácticamente carecía de modulación. A pesar de todo, su intervención impresionó de manera extraordinaria a la concurrencia. Una explosión tal de aplausos a menudo no se oía ni con artistas de talla internacional. Pero Briquet, que en sus mejores momentos había probado las mieles del éxito con sus actuaciones en pequeñas tabernas, esta vez se limitó a bajar la mirada con actitud de agotamiento.

La inquietud de Marie aumentaba por momentos. Empezaba a ser presa de una crisis nerviosa y tenía que apretar con fuerza los dientes para que no le castañetearan. "Ahora", se repitió más de una vez, pero al final le faltaba valor. El ambiente del lugar la imponía sobremanera. Después de dejar pasar una tras otra las ocasiones, trataba de tranquilizarse con la idea de que, cuanto más fuera encumbrado el trabajo del profesor, más dura sería su caída.

Siguieron otras intervenciones.

Subió a la tribuna un anciano de pelo cano, uno de los científicos más reputados. Con voz débil y temblorosa habló de los geniales descubrimientos del profesor Kern, de la ciencia todopoderosa, de la victoria sobre la muerte y del placer de poder contar con mentes tan privilegiadas, capaces de regalar al mundo las mayores proezas científicas imaginables.

Y en ese momento, cuando menos lo esperaba Marie, el torbellino de la ira y el odio reprimidos durante tanto tiempo se apoderó de ella. Ya no era dueña de sí misma.

Se abalanzó sobre la tribuna y poco faltó para que derribara al anciano; lo apartó sin miramientos, ocupó su lugar, y con el rostro pálido como el de un muerto y los ojos echando chispas contra el asesino, dio comienzo con voz jadeante a su incendiado y desordenado discurso.

Toda la sala se vio sacudida por su aparición.

En un primer momento, el profesor Kern vio lo delicado de la situación e hizo un movimiento reflejo hacia Marie, como intentando detenerla. Después se volvió rápidamente hacia John y le susurró al oído algunas palabras, a lo que este reaccionó escabulléndose de inmediato en dirección de la puerta. En medio de la confusión reinante, nadie prestó atención a este hecho.

—¡No le crean! —gritaba la joven señalando a Kern—. ¡Es un ladrón y un asesino! ¡Se apropió de los ensayos del profesor Dowell! ¡Y aún sigue trabajando con la ayuda de su cabeza! Lo está torturando y lo obliga a proseguir su actividad científica, y después le roba sus hallazgos… El mismo profesor Dowell me contó cómo Kern lo envenenó…

En el público, la confusión inicial fue transformándose en pánico. Muchos saltaron de sus asientos; e incluso a algunos corresponsales se les cayeron los lapiceros de las manos, paralizados ante lo que estaban escuchando. Solo el operador que filmaba seguía dando vueltas a la manivela de su cámara con mayor ímpetu, regocijado con el inesperado giro que daba aún más sensacionalismo a la película.

El profesor Kern supo guardar las formas. Permanecía en pie y sereno, con una sonrisa de conmiseración en su rostro.

Aguardó hasta que, en cierto momento, un espasmo nervioso bloqueó la garganta de la señorita Laurane, y entonces él aprovechó la circunstancia para volverse a los acomodadores del local que estaban en la puerta y decirles con autoridad:

—¡Llévensela de aquí! ¿No se dan cuenta de que sufre un acceso de locura?

Los empleados se lanzaron en pos de la joven, pero, antes de que pudieran llegar a ella a través de la multitud, Armand, Schaub y Arthur se acercaron velozmente y la condujeron hasta el corredor. Kern vio pasar a todo el grupo bajo su resentida mirada. En el pasillo trataron de retenerla agentes de policía, pero sus amigos consiguieron sacarla a la calle e introducirla en un automóvil en el que se alejaron.

Cuando el alboroto se apaciguó, el profesor Kern subió de nuevo al estrado y se disculpó ante los asistentes por el "penoso incidente".

—La señorita Laurane es una joven nerviosa e histérica. No pudo soportar las fuertes impresiones recibidas, después de pasar un día tras otro en compañía de la cabeza seccionada del cadáver de Briquet, que yo devolví a la vida, como ya saben. Su equilibrio emocional se quebrantó sin remedio, y literalmente perdió el juicio…

Esta explicación fue seguida por los asistentes en el más absoluto silencio. Se oyeron algunos aplausos aislados, se extinguieron rápidamente entre los susurros y comentarios del público. Era como si un hálito de muerte hubiera sobrevolado fugazmente la sala. Ahora esos cientos de ojos contemplaban a Briquet con horror y al mismo tiempo con compasión, como si estuvieran viendo a alguien recién salido de la tumba… El ambiente se había enrarecido de forma irreversible y muchas personas empezaron a marcharse, sin esperar siquiera la clausura del acto. Se leyeron con premura los discursos con anterioridad preparados y los telegramas de apoyo recibidos. Se celebró brevemente el acto de nombramiento del profesor Kern como miembro honorífico y doctor *honoris causa* de diversos institutos, así como de la Academia de Ciencias, y luego se dio por concluida la demostración.

Tras la figura del profesor apareció su criado que, comprendiendo el sutil gesto de su señor, se dispuso a preparar la cabeza de Briquet para el camino de vuelta. Esta tenía un semblante macilento, cansado y temeroso.

Una vez a solas en el automóvil, el doctor Kern dio rienda suelta a su cólera. Apretaba los puños, hacía rechinar sus dientes y blasfemaba de tal forma que el conductor aminoró la marcha en más de una ocasión para dirigirse a él por el interfono:

—¿Señor?...

El último encuentro

La mañana siguiente a la desventurada intervención de Kern ante la comunidad científica, Arthur Dowell hizo una visita al jefe de la policía. Después de presentarse debidamente y explicar la situación, le solicitó que emitiera una orden de registro del domicilio del profesor Kern.

—El registro de la residencia del profesor Kern se efectuó la pasada noche —respondió secamente el comisario—, y no dio ningún resultado. Las declaraciones de *mademoiselle* Laurane, como era de esperar, fueron fruto de su destemplada imaginación. ¿Acaso no ha leído los periódicos de la mañana?

—¿Y cómo ha llegado usted tan fácilmente a esa conclusión?

—Porque, como usted mismo comprenderá —prosiguió—, es una idea totalmente absurda, y además el registro practicado la ha confirmado.

—¿Ha interrogado a la cabeza de la señorita Briquet?

—No, por supuesto que no hemos interrogado a ninguna cabeza.

—Pues deberían hacerlo. Ella podría confirmar que allí fue donde vio la cabeza sin cuerpo de mi padre. Ella personalmente me lo contó. Insisto en la necesidad de un nuevo registro.

—No tengo base alguna para hacerlo —replicó el comisario.

"¿Habrá sido también sobornado por Kern?", pensó Arthur.

—Además —añadió el jefe de policía—, un segundo registro solo serviría para suscitar la indignación popular; la gente ya está lo suficientemente soliviantada después de la intervención de esa loca. El nombre del profesor Kern está en boca de todos. Está recibiendo cientos de cartas y telegramas de apoyo, que reprueban la conducta de la señorita Laurane.

—Aun así me ratifico en lo dicho: el doctor Kern es responsable de diversos delitos.

—No se pueden lanzar de forma infundada acusaciones de tal calibre —advirtió con tono doctrinario el superior de la policía.

—Entonces deme la ocasión para que dejen de ser infundadas —le replicó el hijo del profesor Dowell.

—Usted ya ha tenido esa posibilidad. Las autoridades competentes ya hicieron su trabajo anoche.

—Si se niega categóricamente a mi petición, me veré obligado a acudir a la fiscalía —dijo Arthur, poniéndose de pie.

—No puedo hacer nada por usted —respondió el jefe al levantarse a su vez.

Sin embargo, la mención del fiscal tuvo su efecto. Después de considerarlo un momento, el comisario añadió:

—Quizá... pueda ordenar un segundo registro, siempre y cuando se haga de forma "oficiosa". Si obtenemos nuevos datos, entonces se lo comunicaré personalmente a la fiscalía.

—Solo si la inspección se hace en mi presencia, la de la señorita Laurane y la de mi amigo Armand Laret.

—¿No pide demasiado?

—No, todas estas personas podrían ser de una utilidad primordial para el caso.

El comisario se encogió de hombros, suspiró y dijo:

—¡Está bien! Usted gana. Pondré a varios agentes a su disposición y enviaré también a un inspector.

A las once en punto, Arthur ya estaba llamando a la puerta de Kern.

El criado, John, entreabrió la enorme puerta de roble, sin quitar la cadena.

—El profesor Kern no recibe a nadie.

El agente de policía, que se puso al frente, obligó a John a permitir la entrada de los inesperados invitados.

El cirujano los recibió en su despacho, adoptando un aspecto de ofendida honorabilidad.

—Por favor, adelante —les dijo con voz gélida, abriendo las puertas del laboratorio de par en par y lanzando una fugaz y destructiva mirada a Marie.

El inspector, Marie, Arthur, el profesor Kern y Armand, seguidos de sus agentes de policía, pasaron al interior de la sala.

A Marie le abrumaba el reencuentro con un ambiente que le resultaba tan familiar y en el que había sufrido tan amargas vivencias. Su corazón latía de forma acelerada.

En el laboratorio únicamente vieron la cabeza de Briquet. Sus mejillas, sin maquillaje alguno, tenían el color apergaminado de una momia. Al ver a Armand y a Marie, sonrió y empezó a pestañear. El joven se estremeció horrorizado y tuvo que volverse. A continuación pasaron a la sala contigua al laboratorio.

Allí pudieron ver la cabeza de un anciano, rapada al cero y con una enorme nariz rematada por un gran lunar lleno de pelos canos. Los ojos se ocultaban tras unas gafas de cristales por completo negros. Sus labios se hallaban ligeramente contraídos.

—Tiene molestias en los ojos... —aclaró Kern—. Bueno, pues esto es cuanto puedo ofrecerles —añadió con una sardónica sonrisa.

Y lo cierto es que, una vez inspeccionada la casa desde el sótano hasta la buhardilla, no se encontró una sola cabeza más.

Al rehacer el camino hacia la salida, tuvieron que pasar de nuevo por la sala en donde se encontraba la cabeza del hombre narizudo. Arthur, decepcionado, se dirigía ya hacia la puerta, seguido por el inspector y el propio Kern.

—¡Esperen! —los detuvo Marie.

Acercándose a la cabeza, abrió un momento la llave de aire y se atrevió a preguntar:

—¿Quién es usted?

La cabeza movió los labios, pero no emitió ningún sonido. La muchacha abrió un poco más la llave.

Se oyó un silbante murmullo.

—¿Quién está ahí? ¿Es usted, Kern? ¡Ábrame de una vez los oídos!, no puedo escucharlo…

Marie echó un vistazo a la cabeza y extrajo unos trozos de algodón bien apretados del interior de sus oídos.

—¿Quién es usted? —repitió entonces.

—Yo fui el profesor Dowell.

—Pero su cara… —dijo ella, con la respiración agitada por la emoción.

—¿Mi cara?... —respondió con dificultad la cabeza—. Sí, me han arrebatado hasta mi propio rostro… Una pequeña operación… introdujeron parafina bajo la piel de mi nariz… Y ya está, de mí solo queda mi cerebro encerrado en este deformado cráneo… pero él se niega a continuar… Me muero… Nuestros experimentos no han concluido… aunque mi cabeza ha sobrevivido más de lo que teóricamente se suponía.

—¿Para qué son las gafas? —preguntó el inspector tras acercarse.

—Últimamente mi colega no se fía de mí —dijo en un intento de sonreír—. Me priva de la visión y del oído… Las gafas son opacas… para que no pueda ver visitantes no deseados…. ¡Quítenmelas!

Marie, con manos temblorosas, le quitó las gafas.

—¡*Mademoiselle* Laurane!... ¿Es usted? ¡Hola, mi querida amiga!... Pero Kern me dijo que se había usted marchado… Me encuentro mal... No puedo seguir trabajando... Hasta ayer mi colega tuvo la compasión de anunciar mi inminente liberación... Si no muero hoy, ha prometido dejarme marchar para siempre mañana mismo... —Y de repente, viendo a Arthur que estaba de pie a su lado, como absorto y con una palidez marmórea, la cabeza exclamó con alegría—: ¡Arthur!... ¡Hijo!

En un instante sus apagados ojos cobraron vida.

—¡Padre... mi querido padre! —reaccionó Arthur, dando un paso hacia la cabeza—. ¿Qué es lo que te han hecho?...

Estuvo a punto de derrumbarse, pero Armand lo sostuvo oportunamente.

—¿Ves?... qué bien... Al final hemos podido vernos de nuevo... después incluso de mi muerte... —susurró emocionada la cabeza del profesor Dowell.

Sus cuerdas vocales apenas lo obedecían y tenía la lengua entumecida. En las pausas el aire seguía saliendo por la garganta con un silbido.

—Arthur, dame un beso en la frente... si para ti no es... desagradable.

Su hijo se inclinó y lo besó suavemente en la frente.

—Bien... ahora todo está bien...

—Profesor Dowell —intervino el inspector— ¿podría usted relatarnos las circunstancias que rodearon su muerte?

La cabeza desvió la agonizante mirada hacia el inspector, sin acabar de comprender a qué se refería. Después pareció entender, volvió lentamente los ojos hacia Marie y dijo en un susurro:

—A ella... se lo conté... Ella lo sabe todo...

Sus labios dejaron de moverse y sus ojos se empañaron.

—¡Es el fin!... —dijo Marie.

Durante un tiempo todos callaron, abatidos por todo lo vivido.

—Bueno —dijo el inspector, interrumpiendo el solemne silencio; y volviéndose hacia Kern, añadió—: ¡Le ruego que me acompañe a su despacho! ¡Quisiera tomarle su declaración!

Cuando la puerta se cerró tras ellos, Arthur se dejó caer sin fuerzas sobre la silla que estaba más cerca de la cabeza de su padre, y se cubrió el rostro con las manos.

—¡Mi pobre padre...!

Marie le tocó suavemente el hombro. Arthur se levantó impetuosamente y la cogió de las manos con fuerza.

En ese instante, en el despacho de Kern se oyó un disparo.

* * *

El día del juicio final

1
Bajo el viejo tilo

No es fácil en nuestros días ser "corresponsal independiente". En estos momentos yo estoy, como a veces se dice, "fuera de combate", por lo que ahora no sé muy bien de qué escribir. ¿Recuerdan mi artículo humorístico sobre la Navidad? Hice un curioso cálculo, especulado sobre cuántos millones de botellas de vino y champán habían consumido los berlineses durante las fiestas, y cuántos kilos de cerdo y ganso. Los alemanes se ofendieron seriamente. "Claro que se quiere hacer ver lo bien que vivimos y cómo podríamos ser mucho más puntuales a la hora de pagar nuestras deudas de guerra", me reprocharon. El asunto llegó a afectar las relaciones diplomáticas. Tuve que dar explicaciones y disculparme.

—Con artículos así, un periodista se hace un nombre —dijo Lyle, mientras bebía su café.

—Hay nombres de muchos tipos. A mí por poco no me envía la redacción de vuelta a París. —apuntó Maramballe—. Y ahora me encuentro en una situación del todo complicada. ¡No se puede estar siempre escribiendo sobre estrenos teatrales o exposiciones de pintura!

Sus compañeros no hablaban, mientras seguían dando cuenta del desayuno. Cada mañana se reunían allí, en el Tiergarten, ocupaban una mesa bajo la sombra de un tilo centenario y compartían las novedades del día.

Maramballe, corresponsal independiente del diario *Le Temps*, era un joven de unos veinticinco años, de oscuro bigote y con unos ojos alegres y vivaces; era persona muy inquieta, despreocupada y jovial. Lyle —corresponsal del *Daily Telegraph*— era, en cambio, más cerrado y frío; bien afeitado y siempre con su inseparable pipa en la boca.

A pesar de tener caracteres tan distintos, eran grandes amigos, y ni siquiera la competencia en su medio de trabajo había podido estropear sus relaciones.

Lyle apuró el café, exhaló una bocanada de humo, y dijo:

—Bueno, pues tienes que dar con algún *Charing Cross*• en Berlín, y después escribir sobre la pobreza.

—Muchas gracias. No veo nada bueno en hacerme sospechoso de bolchevismo y en que la redacción decida repatriarme definitivamente después de un artículo así.

—Todo depende de cómo construyas la historia.

—¡Está bien, dejémoslo ya!... ¿Han oído hablar de esa nueva cantante negra, *miss* Glow? Actúa en el circo Bush. ¡Hay que verla...! Sus canciones evocan todo el calor del desierto africano. ¡Oh, es magnífica! Ustedes tienen que escucharla. ¡Es increíble la voz tan encantadora que encierra su cuerpo moreno! ¡Eh, tú, nueva estrella, podrías venirte con nosotros!

Un joven griego de traje blanco y sombrero de paja se acercó a la tertulia. En su rostro destacaban una nariz aguileña y unos ojos negros tan grandes como tristes. Hizo una reverencia levantando ceremonialmente su sombrero y se unió a los presentes, sentándose a un extremo de la mesa.

—Hace calor —dijo Metaxa, pues así se llamaba el griego, mientras se enjugaba la húmeda frente con su pañuelo de seda.

—¿Cómo se llama el periódico en el que trabaja usted? —preguntó Maramballe, guiñándole un ojo a Lyle.

—*Imera*.

—¿Quimera?

—*Imera*, que significa "día". Es un buen periódico en Atenas, tiene un tiraje de sesenta mil ejemplares.

• Lugar en Londres donde se reunían los indigentes.

—¡Vaya! ¿Así que allí envía usted sus efemérides? Aquí, Lyle y yo —dijo guiñando el ojo de nuevo —discutíamos sobre el origen de la palabra "comedia".

—*Komos* significa "desfile festivo" —comenzó a explicar con seriedad Metaxa—, y *oide* significa "canto"; así que *Komodoia* eran los festejos con cantos y danzas que se celebraban en honor de Dionisio. De ahí viene la palabra "comedia". —Y con una mirada amistosa preguntó a sus colegas—: ¿Están al tanto de las últimas noticias? Dicen que se ha firmado un acuerdo secreto entre Alemania y la Rusia soviética. ¡Oh, ahí está Deliani! —exclamó de repente— y, despidiéndose apresuradamente, alcanzó en el camino a una compatriota suya, que iba cargada con una enorme cesta de paños de seda.

—Nunca llegará a ser un buen periodista —dijo Maramballe, siguiendo con la mirada al griego mientras se alejaba.

—¿Por qué dices eso? —farfulló entre dientes Lyle, sin soltar su pipa.

—¿Acaso un auténtico periodista se irá de la lengua con una noticia de ese calibre, como la firma de un acuerdo secreto entre potencias, si es el primero que se ha olido el asunto? ¿Es eso periodismo?

—Él vino a Berlín como estudiante, y para sacarse algún dinero trabaja como corresponsal para ese periódico griego —y soltando una bocanada con el último tabaco de su pipa, continuó—: Pero te equivocas al considerarlo estúpido. Es más inteligente de lo que parece y más astuto que tú y yo juntos. Si nos habla, como presupones, de un asunto diplomático secreto, es evidente que lo hace por algún motivo.

Maramballe se quedó pensativo. ¡Si pidiera ser el primero en obtener pruebas de un acuerdo secreto! Eso lo levantaría automáticamente. Hasta entonces siempre había estado en un segundo plano; el representante "acreditado" y corresponsal oficial del diario *Le Temps* era un tal Ermet, un viejo periodista y activista político. Él cubría las principales noticias políticas, dejando a Maramballe las migajas: teatro, arte, deporte, procesos judiciales... Pero Maramballe era un hombre ambicioso y además le gustaba vivir sin estrecheces. Es fácil suponer que, en sueños, se viera publicando alguna primicia de gran calibre, causando sensación mundial. La frase que dejó caer Metaxa sobre aquel pacto encubierto lo dejó intrigado. Algo así era lo que estaba buscando. ¡Si consiguiera arrebatarle al ministerio ese gran secreto!

Por primera vez desde que tenía amistad con Lyle lo veía como un adversario peligroso. "¡Ojalá no se le ocurra a él cómo conseguir ese maldito documento!"

Lyle captó la expresión de Maramballe y, sonriendo con los ojos, le preguntó:

—Qué, ¿Metaxa ha puesto el dedo en la llaga?

—¡Tonterías! —respondió él, queriendo mostrar indiferencia.

En el fondo estaba molesto con su amigo, por haberle leído el pensamiento. Se dio vuelta sin levantarse, mirando hacia el camino, y de pronto pareció estremecerse. Una amplia sonrisa dejó al descubierto su perfecta y nívea dentadura. Por delante de ellos pasaba una muchacha con ligero traje gris, la cabeza al descubierto y un corte de pelo parecido al de un muchacho.

—Buenos días, señor Maramballe —dijo la joven, respondiendo a su inclinación—. Mi padre sale hoy de viaje para asistir a una reunión con el ministro —añadió mientras se alejaba sonriendo y saludando con su fusta.

Lyle, con una sonrisa casi imperceptible, observaba atentamente a su colega, que no apartaba los ojos de la joven mientras se perdía de vista. Al final, Maramballe tuvo su premio: la chica se volvió una vez más y le dedicó un último saludo con la cabeza.

—Tiene mucho encanto para ser alemana, ¿verdad? —dijo Maramballe radiante, volviéndose hacia Lyle—. Es la hija del primer secretario del ministro de Asuntos Exteriores, Ruprecht Leier.

—¡Vaya!

—Es el tipo de nueva mujer alemana, formada después de la guerra. El traje, el peinado, las maneras. ¿Se ha fijado? Campeona de natación, tenis, polo. ¡Con cuerpo de valquiria y voz de Lore-Ley•! Canta admirablemente, su único defecto es su forma ruda de moverse, ¿lo ha notado? Es berlinesa pura, no se puede hacer nada. Si juntas cien muchachas berlinesas y las haces desfilar por ese camino, no harán menos ruido que una compañía de soldados.

—Pero a eso puede uno acostumbrarse, si en *Fräulein* Leier se encuentra el camino a los secretos que encierra el despacho de su padre —dijo con agudeza Lyle.

"¡Cómo puede haber gente tan perspicaz en el mundo!", pensó enojado Maramballe.

—Para un francés, la mujer es un objetivo en sí mismo —respondió enfáticamente—. A nosotros nos ha unido el amor...

Lyle soltó una espesa bocanada de humo de su pipa recién rellenada.

—El amor a la música y al deporte —prosiguió Maramballe—. Imagínate, a ella le apasionará Ravel, Métner, Stravinski... y sobre todo la canción francesa, género frívolo del que yo puedo abastecerla cuanto quiera. —En ese momento miró su reloj y dijo—: Bien, debo marcharme, las musas me llaman. Me voy a escribir mis notas de sociedad. ¡No olvides pasarte por el circo Bush! ¡Glow! Calor ardiente, llamas, canícula, y una piel como el cuero brillante de unas botas que acabara de limpiar nuestro colega Metaxa.

2
El doble de Maramballe

Maramballe escribía de forma tan ligera y despreocupada como vivía, no profundizaba ni pensaba demasiado en cómo sal-

• En la mitología germánica, Lore-Ley era una ninfa que atraía con su canto a los navegantes y los destruía cuando se acercaban al risco donde vivía.

dría el artículo. A veces se sorprendía a sí mismo y al redactor con un brillante artículo, y otras metía la pata, como con esa ridícula historia de los excesos de los berlineses en las navidades. De su profesión, lo que más odiaba era tenerse que sentar a la mesa de trabajo. Su naturaleza, demasiado inquieta y expansiva se rebelaba contra el hecho de quedar atado a un espacio, de la misma forma que un caballo salvaje no tolera que lo enganchen a un carro.

Este día no era diferente a los demás. Con un enorme esfuerzo de voluntad, se obligaba a acercarse a la mesa, pero por el camino se distraía, se asomaba a la ventana tarareando algún estribillo y se ponía a tamborilear con los dedos en el cristal. Después abría el ventanal, porque hacía bochorno. Pero lo cerraba de inmediato porque le molestaba el ruido de la calle; y mientras tanto encendía un cigarrillo con otro.

Después de medir la habitación a lo largo y ancho un número incontable de veces, por fin fue capaz de superar su testaruda naturaleza y dando un brusco giro en medio de la estancia, se lanzó a la mesa como un torbellino y se sentó en el sillón con la mayor firmeza.

Se llevó otro cigarrillo a la boca y encendió un cerillo. Pero entonces sucedió algo que lo hizo olvidarse de todo: en un segundo pasó de la confusión inicial al pánico.

El cerillo prendió con su peculiar chasquido, pero Maramballe no pudo ver la llama, aunque por el ruido característico no podía dudar de que se había encendido. Mientras reflexionaba sobre este extraño fenómeno seguía sosteniendo el cerillo entre los dedos, hasta que de repente se quemó y dio un grito. Arrojó el cerillo sacudiendo la mano en el aire, y se frotó el dedo quemado, al mismo tiempo que seguía viendo esa mano sobre la mesa sujetando el fósforo. Aterrorizado se sentó en el respaldo de su sillón observando esa "tercera mano", mientras las suyas, temblorosas, descansaban sobre las rodillas. Estuvo sin moverse unos cinco minutos, hasta que le sorprendió otro hecho: finalmente pudo ver cómo se encendía el cerillo en su mano fantasmal, cómo se consumía y cómo daba una sacudida al quemarse el dedo. Es decir, había visto todo lo que tenía que ver después de encender el cerillo, solo que con un retraso de cinco minutos. Alargó entonces el brazo y pulsó el interruptor de la lámpara del escritorio. Se oyó el familiar "clic", pero no hubo luz, ni podía ver su mano junto a la lámpara. Sintió cómo se le erizaba hasta el último cabello.

"Pero, ¿es que me estoy volviendo loco, así, de repente?" —pensó, quedándose helado.

Saltó del sillón y se puso a pasear frenéticamente por la habitación. Pero entonces le llamó la atención otra cosa: por la ventana entraba una extraña luminosidad anaranjada. Se acercó y observó el cielo. Apenas unos minutos antes había contemplado ese mismo cielo veraniego, azul y sin una nube. Ahora, a pesar de haberse frotado los ojos, comprobaba que el azul había desaparecido, y el firmamento tenía un color extrañamente anaranjado que infundía temor.

La calle se hallaba sumergida en una especie de penumbra grisácea, como cuando hay un eclipse solar total. Las hojas de los árboles se veían casi negras, y la blancura de las casas se había convertido en un espeso y oscuro tono azulado. Los edificios habían cobrado un aspecto terrorífico, como el de un cadáver. Se alejó de la ventana volviéndose hacia la mesa, y en ese momento se quedó petrificado, con una mezcla de asombro y pavor al mismo tiempo.

Se vio a sí mismo sentado en la mesa. Su doble alargó la mano y accionó el interruptor de la lámpara. Se encendió con una luz más bien azulada, bajo la pantalla negra, aunque era de cristal verde. Después su fantasma se levantó del sillón y empezó a pasear por la habitación, repitiendo uno a uno los movimientos que había hecho el primer Maramballe minutos antes. Maramballe había clavado su mirada en el rostro verdoso y confuso de su doble, y se apartó instintivamente, cuando este dirigió sus pasos hacia él.

"¡Alucinaciones!... Realmente he perdido el juicio. Pero ¿acaso los locos pueden razonar sobre su locura y pensar con tanta claridad como yo?", se dijo Maramballe, sin quitarle el ojo a su doble, que en ese momento se había detenido pensativo en medio de la habitación. "¡Es increíble! Este fantasma parece tan real… Y si no fuera por ese matiz verdoso azulado de su rostro, no se diferenciaría en nada de una persona normal. Quizá debería intentar hablar con él —pensó—. Pero eso sería una completa locura." Decidió actuar de otro modo. Se fue con paso firme directamente hacia él y… lo atravesó. Ahora ya no cabía duda: tenía alucinaciones. El joven procuraba dominarse. El terror inicial fue dejando paso a la curiosidad. Rodeó al fantasma y decidió impulsivamente introducir su cabeza en el interior de la imagen. Pero allí todo estaba sumido en la oscuridad.

"Si aún no me he vuelto loco, después de esto seguro que me faltará poco", pensó, mientras sacaba su cabeza de las tinieblas y volvía a la penumbra crepuscular de la habitación.

En el pasillo se oyó de repente el grito desesperado de *Fräu* Neikirch, la dueña del hotel, una señora viuda de algo más de cincuenta años. Chillaba como si la estuvieran despedazando. Maramballe, olvidándose de su triste destino, salió corriendo al corredor y a los pocos pasos tropezó con algo blando que no podía ver. Alargó las manos y entonces alguien invisible la sujetó por los hombros, mientras la voz de *Fräu* Neikirch sonaba con toda su fuerza en sus oídos.

—¡Ooooh…! —exclamó, sintiendo cómo el voluminoso cuerpo de la patrona caía sobre él. Maramballe pudo sujetar la invisible, pero bastante perceptible, figura de la viuda por la cintura y se quedó sin resuello por la pesada carga; consiguió arrastrar hasta su habitación a la desvanecida *Fräu*. La sentó en la silla, pero resultó que esta no estaba donde él la había visto antes, así que el cuerpo de Neikirch cayó suavemente al suelo. La pobre ni siquiera se enteró y no articuló palabra. Maramballe encontró a tientas un sillón, consiguió dar con el cuerpo de la mujer, y por fin acomodó a su invitada invisible en un invisible sillón. Después del esfuerzo, corrió hasta la mesa para llenar un vaso de agua de la jarra. A pesar de lo extraño de la situación, pudo apreciar que los objetos que no se habían movido de su sitio, eran visibles y no parecían irreales. Pero bastaba con cambiar el vaso de posición para que desapareciera del campo visual y el ojo seguía viéndolo allí donde se encontraba hacía un minuto.

"Al menos dentro de la sinrazón, como le sucedía a Hamlet, hay cierta regularidad", se dijo con cierto humor, mientras intentaba acercar el vaso de agua en la boca de la inconsciente viuda. Poco a poco volvía a ser el optimista de siempre.

Después de verter la mitad del vaso en el rizado y pelirrojo cabello de Neikirch y también en su voluminoso pecho, se dejó de protocolos y pasó la mano por toda la cara de la casera hasta encontrarle la boca y echarle en ella lo que quedaba del vaso. Tan enérgico tratamiento, por fuera y por dentro, tuvo su efecto. La señora empezó a emitir un hipo, lo cual ya era un signo de vida, y continuó así hasta que volvió en sí. Pero entonces se puso a gritar de nuevo histéricamente.

—¡Ah, ah, ah! ¡Ahí está, ahí está...! ¡Me llevan! ¡Me atrapan!... ¡Oh, oh, oh...!

Maramballe se volvió y pudo ver a su doble arrastrando a la segunda Neikirch hasta su habitación. Su rostro azulado estaba vuelto hacia atrás, su pelirrojo cabello se hallaba arremolinado en las sienes, enmarañado y ya no parecía rojizo, sino más bien azulado; sus rollizas piernas resbalaban inertes por la alfombra y Maramballe dos tiraba de su pesado cuerpo, como una hormiga que llevara una carga imposible.

"¡Qué mal lo debe estar pasando el pobre!", se compadeció Maramballe uno de su segundo.

Pero ya no estaba sorprendido. Él era una de esas personas que saben extraer sus propias conclusiones y adaptarse a las circunstancias. Lo más importante es que llegó a la conclusión de que esa desgracia no lo afectaba solo a él, pues *Fräu* Neikirch padecía la misma locura, pero en un grado más agresivo aún. Y, a juzgar por el ruido que venía de los pasillos y de la propia calle, debía tratarse de un delirio colectivo. Como si el mundo entero se hubiera transformado en un hospital psiquiátrico. Por todas partes se oían gritos, gemidos, e incluso ese tipo de risas que nadie dudaría en atribuir a un desequilibrado. De cuando en cuando, por la ventana abierta se oía en la calle una especie de crujido sordo y una especie de estallido de gritos y lamentos. Maramballe echó un rápido vistazo desde la ventana y presenció una escena aterradora: tranvías volcados, restos de automóviles destrozados, el asfalto salpicado de oscuras manchas de sangre y montones de cuerpos muertos o mutilados; además reparó en que los gritos se oían no solo en el lugar de los accidentes, sino también allí donde el ojo aún no podía ver nada.

"Aún no se ha manifestado", dedujo.

Entretanto, *Fräu* Neikirch seguía dando gritos y sollozando.

"No, no se trata de una histeria colectiva —razonó Maramballe—. De seguro se trata de algún tipo de catástrofe. A no ser que todo esto sea una pesadilla, un enloquecido delirio de mi destemplada imaginación."

—¡Dios mío! ¡Dios mío! —se lamentaba *Fräu* Neikirch—. ¿Qué me está pasando? ¿Qué está ocurriendo?...

—Tranquilícese, señora —intentaba consolarla Maramballe—. Créame, todo esto pasará. No es posible que todo el mundo haya perdido el juicio a la vez. No es una forma de locura, es simplemente... alguna diablura incomprensible. Sencillamente estamos viendo no lo que hay, sino lo que había cinco o diez minutos antes. ¡Sí, justo eso! —se alegró al poder cuadrar todo lo sucedido bajo una causa común—. Quizá algún nuevo gas en la atmósfera ha modificado nuestra capacidad de visión —intentaba darse a sí mismo y a la señora Neikirch una explicación plausible, ante los extraños cambios que habían presenciado.

—No, no —replicaba ella con obstinación— esto es el fin... El fin del mundo... ¡El día del juicio final!... Sí, eso es. ¡Qué horror!... ¡Es horrible! Salí de mi cuarto y de repente me vi yendo por el pasillo hacia mi habitación. Pensé que me estallaba el corazón del susto. ¡Eso es un augurio de muerte! En nuestra familia todos han visto a su doble justo antes de morir...

—Pero usted ha visto también a mi doble. Lo ve, fíjese: ahora estamos viendo cómo le estoy echando agua por la cabeza, mientras intento encontrar su boca. Ahora compruebe usted mis manos y verá que no sostengo ningún vaso.

—Entonces usted también va a morir. Todos morirán... Es el día del juicio. Yo no puedo seguir viviendo en este mundo, entre fantasmas, viendo a mi doble por todas partes a mis espaldas —y la desdichada viuda estalló en una risa histérica.

Maramballe hizo un gesto con la mano, sin esperanza de hacerse comprender.

—¿Oye usted esos gritos? —le dijo—. Ahí fuera está muriendo gente y mi ayuda es más necesaria allí; procure dominarse.

—¡No se vaya! —le suplicó ella, mientras sus manos traspasaban el aire donde lo había visto dejar el vaso de agua, intentando en vano retenerlo.

3
Un mundo de fantasmas

Escuchando con atención la ruidosa respiración de la patrona, Maramballe pudo sortear el lugar donde debía estar, según sus cálculos. Tomó el sombrero del perchero y salió con cuidado al corredor; poco después estaba en la calle. Nada más salir, fue "atropellado" por alguna criatura invisible.

—Podría tener mejores modales —le recriminó al "fantasma" mientras se levantaba de la acera.

—Modales de fantasma en un mundo de fantasmas —se oyó decir a alguien, con una histérica carcajada.

—¡Que voy, que voy, que voy!... —advirtió la voz de otro a "alguien" invisible.

Maramballe se echó a un lado. "La gente sabe adaptarse rápidamente", pensó. Siguió andando por la acera, haciendo ruido con las suelas de sus zapatos y sin dejar de repetir como si fuera una bocina:

—¡Voy, voy, voy...!

Por todas partes se oían esas voces de advertencia, y el fragor desatado recordaba a un enjambre de abejas alborotadas. A pesar de todo, los transeúntes no podían evitar tropezarse unos con otros cada instante.

Muy cerca de Maramballe, sin el más mínimo ruido, se acababa de estrellar un tranvía cargado de pasajeros. Él ya sabía que era el "fantasma" del tranvía que habían visto pasar cinco minutos antes. A continuación se oyó un estallido de sirenas y voces de la gente avisando:

—¡Cuidado! ¡Se acerca la ambulancia!

A juzgar por el sonido, debía desplazarse muy lentamente. Maramballe ya no volvió a sentir el traqueteo de los tranvías. Era obvio que se había paralizado todo el tráfico al poco tiempo de sobrevenir este "fin del mundo". Pero todo había ocurrido tan inesperadamente que no pudieron evitarse los trágicos accidentes.

Maramballe vio otro tranvía que había chocado contra un autobús. El primero había descarrilado, se había estrellado contra una farola, mientras que el autobús había volcado y yacía de costado. Maramballe cruzó la calle con cuidado y se acercó al lugar del accidente para intentar ayudar a los heridos, lo cual no resultaba tarea fácil. Al inclinarse con lástima sobre algunos de ellos, encontraba un vacío, pues ya se habían apartado arrastrándose desde su posición inicial. Tenía que contar no con su vista, sino con su oído y su tacto. Por los gemidos, consiguió localizar a varias víctimas y llevarlas hasta la ambulancia, que era aún visible y "real", ya que no se había movido de su sitio en varios minutos.

Maramballe notó la cálida sangre corriendo por sus manos, pero no podía verla, ni tampoco a la persona que sangraba, lo único que pudo ver fue su "fantasma" cruzando la calle hacia el lugar de la tragedia. Oyendo los lamentos del hombre que llevaba en brazos, pensó: "¡Pobre hombre!, necesitaría que lo intervinieran de inmediato. Se desangrará antes de que pueda 'revelarse' ante la mesa de operaciones".

Esta palabra "revelarse", usada entre fotógrafos, le gustó mucho a Maramballe, ya que definía con bastante precisión el fenómeno: todos los objetos se hacían visibles al cabo de unos minutos, exactamente igual que las imágenes de una película fotográfica al ser reveladas.

En ese momento se dio cuenta de que empezaba a sentir hambre. Vivía en la Doroteenstrasse, a unos minutos a pie del Tiergarten. Pero esta vez se vio obligado a caminar mucho más tiempo, yendo como "a tientas"; se disculpaba cada vez que topaba con alguno de los objetos "fantasma", o se abalanzaba sin querer sobre alguna de las personas que seguían siendo para él invisibles.

"Y por cierto, ¿qué hora puede ser?", se dijo, al mirar un enturbiado sol que ya caía hacia el poniente, en medio del purpúreo firmamento. En un gesto habitual, sacó el reloj para ver la hora.

"¡Vaya, maldita sea, es imposible acostumbrarse a esta locura!", exclamó al ver el vacío donde debía aparecer el reloj. Miró a su alrededor y distinguió un gran reloj en el extremo de la calle. Las agujas señalaban las cinco en punto. Dio algunos pasos adelante, se fijó de nuevo en el reloj y se quedó boquiabierto, por lo que vio: habían pasado cinco minutos de las cinco. Unos pasos más, y en el reloj eran ya las cinco y diez, como si el tiempo transcurriera con increíble velocidad. Le intrigó tanto el extraño comportamiento del aparato que decidió hacer una comprobación alejándose hacia atrás... ¿y qué sucedió? Pues que la hora también fue hacia atrás: de nuevo eran las cinco y cinco; después la cinco en punto. Retrocedió un metro más, y observó cómo marcaba ya las cinco menos cinco.

Maramballe soltó un silbido.

"¡Perfecto! Caminando hacia adelante y hacia atrás, puedo dominar el tiempo a voluntad: visitar el pasado, echar un vistazo al futuro y regresar al presente. Pero, ¿por qué no puedo ver mi reloj de bolsillo? ¿Acaso porque en el bolsillo no hay luz?" Pensando en esto, sacó de nuevo su reloj y se lo pegó literalmente a los ojos. Habían transcurrido dos o tres segundos cuando pudo ver la esfera y sus agujas, que indicaban las cinco y veinte. Entonces se acercó al gran reloj que había visto antes y se fijó en la hora: las cinco y cuarto.

Aprovechando que nadie podía verlo, trepó por la columna en que se encontraba el reloj de la calle, para ver más cerca del cristal la hora que marcaba realmente. Quedó así convencido de que en ese momento eran las cinco y veinte.

—Ahora se han aclarado muchos puntos —se dijo en voz alta: había decidido que era mejor hablar así consigo mismo que vocear continuamente "¡voy, voy!"—. Mis ojos están viendo lo que sucedía hace aproximadamente cinco minutos, a la distancia de un metro; hace diez minutos, a la distancia de dos metros, y así sucesivamente. Esto parece demasiado complejo para pensar que estoy loco. Es evidente que algo va mal en la propia naturaleza.

Cuando Maramballe llegó por fin al restaurante, se llevó una decepción. Estaba cerrado. Como era un cliente asiduo al menos consiguió que el dueño le sacara un pedazo reseco de pastel del día anterior.

—De seguir así, acabaremos muriendo de hambre —dijo, mientras daba cuenta del pastel.

—¡Qué desastre! —comentó el dueño suspirando—. Esto parece el día del Juicio Final.

"Otro con lo mismo", pensó Maramballe, recordando a *Fräu* Neikirch, y acto seguido preguntó:

—¿Ha venido hoy por aquí el señor Lyle?

—Sí, como siempre, pero hoy no se encontraba bien. Casi lo aplastan en el autobús, y tenía un aspecto totalmente enfermizo.

—Pero no pudo usted verlo —dijo intencionadamente.

—Sí, claro. Lo vi solo después de que se hubo marchado. Quién podría imaginar, señor Maramballe, que íbamos a vivir esto…

Pero él ya no lo escuchaba. Todo estaba bien, al dueño del restaurante le pasaba lo mismo que a él y a todo el mundo.

—¿Cuánto le debo?

Maramballe tuvo que esperar lo menos cinco minutos para ver el gesto desolado del dueño. Pero no hacía falta ver su expresión, para notar en el tono de su voz un profundo abatimiento, más evidente aún por sus palabras:

—¡Qué cuentas podemos tener, señor Maramballe! —dijo afligido—. A la tumba no puede uno llevarse los pastelillos, así que para qué pagar por ellos. Cómalos con gusto. Y perdone que no pueda ofrecerle nada más. Ni siquiera he podido cocinar algo para mí, la mitad de asado me salió cruda y la otra mitad quemada. —Y de nuevo suspiró ruidosamente.

—¿El teléfono funciona? Tengo que hablar con Lyle.

—Nada funciona. Todo se desmorona. Los empleados bebieron más de la cuenta y la bodega está arrasada. Todo se está yendo al diablo. Y yo… seguramente también acabaré emborrachándome, si es que estos canallas me han dejado algo de vino.

4
El enigma de la luz

Maramballe regresó a su hotel en la Doroteenstrasse, sin la menor duda sobre su sano juicio. "No es que yo esté enfermo, sino que lo está el mundo entero"; aunque llegó a esta conclusión sin saber qué era peor. Se alegraba por su estado mental, pero todas las conjeturas sobre lo sucedido eran simplemente catastróficas.

"¿No sería mejor que el loco fuera yo? Los médicos podrían tratarme de alguna forma, pero, ¿cómo van a curar a toda una población que padece al mismo tiempo esa extraña enfermedad? Eso son palabras mayores."

Al entrar en su habitación, lo primero que hizo fue encender la radio, con la esperanza de que al menos por este medio se pudiera informar sobre los motivos de un cataclismo tan insólito como el que se cernía sobre el mundo en ese momento. Y no se equivocaba.

Sintonizaba la emisora de Königs Wusterhausen:

–Únicamente el más severo autocontrol y la disciplina pueden evitar que cunda el pánico en la ciudad, algo que traería consecuencias realmente graves. Los ciudadanos deben observar escrupulosamente las nuevas normas de tráfico, teniendo presente que su incumplimiento puede acarrear un peligro mortal. Se ha declarado el estado de sitio en toda la ciudad. Todo intento de alterar el orden público será castigado implacablemente en el mismo lugar de los hechos.

"Me gustaría saber cómo piensan detener a los infractores", pensó Maramballe.

–En cuanto a los motivos que han ocasionado esta catástrofe a escala mundial, los científicos más eminentes de Berlín se han pronunciado. Han detectado una disminución en la velocidad de la luz. En lugar de recorrer 300 000 kilómetros por segundo, ha empezado a desplazarse a un tiempo de 6 minutos y 58 segundos para cubrir tan solo un metro. Como es sabido, somos capaces de percibir los objetos que nos rodean porque estos reflejan la luz, ya sea natural o artificial. Este reflejo tarda ahora en llegar a un metro de distancia aproximadamente 7 minutos. Hay que recordar que los científicos, físicos y astrónomos, advirtieron hace tiempo que la velocidad de la luz no es constante. Se reduce a un ritmo de casi cuatro kilómetros al año. Sin embargo, incluso manteniendo ese ritmo, su celeridad solo llegaría a cero al cabo de 70 000 años, un futuro demasiado lejano para alarmarnos. Una reducción de cuatro kilómetros anuales es prácticamente inapreciable y se reflejaría únicamente en los cálculos astronómicos, dentro del campo de medición en años luz de las enormes distancias interestelares. De ahí que los científicos no consideraran necesario divulgar sus observaciones.

"En lo referente a las causas de la brusca y repentina disminución en la velocidad de la luz, los científicos no han conseguido encontrar por el momento una explicación convincente. En opinión de algunos, la disminución de la velocidad es solo aparente: no se ha reducido la velocidad de la luz, sino que ha aumentado la unidad de medida —el segundo—, debido a la ralentización del movimiento rotatorio de la Tierra. Sin embargo, esta hipótesis tuvo desde el principio sus detractores: la menor velocidad de rotación es algo que se observa periódicamente, pero después vuelve a acelerarse a sus parámetros normales, de modo que la velocidad de la luz disminuye proporcionalmente, para normalizarse después. Lo que estamos observando en este momento confirma esta última hipótesis: si el retraso en la velocidad de la luz fuera aparente y se debiera en la misma proporción a una menor velocidad de la rotación terrestre, necesariamente una disminución de este calibre implicaría un notable aumento en la fuerza de la gravedad (por pérdida de fuerza centrífuga), que no hemos apreciado.

"Por otra parte, cabe suponer que el Sol, en su movimiento espacial ligado a nuestro sistema planetario, haya penetrado en una región del espacio donde la velocidad de la luz sea más lenta. Esto puede haberse producido por las peculiaridades del éter en ese medio, o por una curvatura del espacio cósmico: en suma, por la heterogeneidad e inestabilidad de las profundidades interestelares.

"Finalmente, cabe señalar que los cambios observados en los colores se deben a que la mayor lentitud de la luz ha propiciado una desviación de todo el espectro lumínico de derecha a izquierda: el azul se transformó en naranja oscuro, el verde en casi negro, y así sucesivamente. Incluso han aparecido nuevos colores, como los ultravioletas y otros incluso más allá de ellos. Para el ojo inexperto, adquieren tonalidades oscuras, o simplemente pasan inadvertidos.

"La ciencia aún no está preparada para alterar fenómenos del orden cósmico, como la desaceleración de la luz. Pero seremos capaces de adaptarnos a las nuevas condiciones de vida. Afortunadamente, parece que la disminución de la velocidad no muestra una tendencia a agravarse, sino que mantiene una magnitud constante. Lo único que podemos hacer ahora es amoldarnos a la nueva situación para subsistir, y esperar que se trate de un fenómeno transitorio".

Alguien llamó a la puerta en ese momento.

—¡Adelante!

Se oyó chirriar la puerta, que se veía "cerrada", y en la habitación se notó la fatigada respiración de la corpulenta *Fräu* Neikirch.

—Buenas tardes, señor Maramballe —dijo con una voz tan lastimera como si acabara de enterrar a su marido.

—Buenas tardes, *Fräu* Neikirch. Bueno, ya ve, todo va de maravilla. Ahora estaban diciendo por la radio que no pasa nada, una pequeña interferencia con el tiempo. El Sol ha entrado en una curvatura del espacio y sus rayos no pueden avanzar con normalidad por el firmamento. Siéntese, por favor. Procuraremos acertar esta vez; aquí está el sillón, me parece.

—Gracias. Yo también he escuchado la radio, pero no entendí nada; usted lo ha explicado mucho mejor. De todas formas, hay tantas cosas incomprensibles en este mundo... Quería preguntarle una cosa, señor Maramballe. Por ejemplo, el gas: herví el agua y apagué de inmediato el gas en la cocina, pero la llama se sigue viendo, aunque no se oye el borboteo. Dígame, ¿ese tiempo se reflejará en el contador? Porque yo no tengo la culpa de que el gas siga saliendo después de cerrar la llave.

5
El expediente número 174

Pasaron unos días y las aguas volvieron —al menos en parte— a su cauce. *Fräu* Neikirch se acostumbró a su doble; en los restaurantes, los cocineros se las ingeniaron para cocinar "con el oído, el gusto y el olfato" y servir a los clientes. Se reanudó el tráfico en las calles, aunque a una velocidad extraordinariamente lenta; y con ese mismo ritmo funcionaban el correo, el telégrafo y la telefonía.

Maramballe y Lyle volvían a sentarse a desayunar en su lugar habitual, bajo el tupido tilo del Tiergarten.

—A decir verdad, hay que descubrirse ante los alemanes: su asombrosa capacidad de organización se ha puesto de manifiesto desde el inicio de la catástrofe. Berlín ha sido la primera ciudad del mundo en volver a la normalidad —comentaba Maramballe, dirigiéndose a la imagen que mostraba a Lyle de hacía cinco minutos. Por otra parte, no había gran diferencia entre el Lyle auténtico y el "fantasmal", ya que este era muy pausado al hablar, al contrario que su amigo, por lo que se apreciaba una falta total de sincronización entre sus gestos y sus palabras. Mientras Maramballe uno dejaba escapar su risa contagiosa, el otro Maramballe degustaba su desayuno o se encendía un cigarrillo—. Tengo curiosidad por saber cómo acabará todo esto —añadió.

—Sea como sea, hay que vivir —le respondió su colega—. Cuando se acercaba el año mil, la gente esperaba el fin del mundo y muchas personas acaudaladas legaron sus riquezas a la Iglesia. Pero he aquí que el final de los tiempos no llegó, y hubo que recurrir a los tribunales para exigir la devolución de los bienes. Dicen que en Italia sigue aún abierto uno de los procesos iniciados entonces.

—Sí, en Francia tuvimos un caso similar, si la memoria no me engaña, en 1499. Ese año, un astrólogo llamado Stifler predijo un segundo diluvio universal y el gobernador de Toulouse, Orialle, decidió construirse preventivamente un "arca de Noé". Sin embargo, no solo no hubo diluvio, sino ni siquiera inundación alguna. Por desgracia —dijo Maramballe, mientras su doble se reía a carcajadas en ese momento silenciosamente—, nosotros sí estamos viviendo algo parecido al fin del mundo.

—Un hombre inteligente debe saber cómo sacar provecho de cualquier situación —se oyó decir de repente a un tercer interlocutor.

—¡Eh! ¿Quién está ahí escuchando? ¡Desde luego, ahora hay que andarse con cuidado!

—Y ¿qué quieren que haga? ¿Dar bocinazos como un automóvil cuando me acerque? Yo no tengo la culpa de que ustedes no puedan verme.

—¡Ah, *Efemérides*! Hola... Siéntese en esta silla, que no se ha movido de su sitio desde hace más de 10 minutos.

Metaxa, por si acaso, se aseguró palpando bien la silla antes de sentarse. Esta prudencia ya se había convertido en costumbre.

—Hace calor... —comentó.

—Es sorprendente que, siendo usted griego, siempre esté quejándose del calor —le reprochó Maramballe.

—En Grecia... Allí hace aún más calor. —Y tras una pausa, continuó—: El expediente número 174 se encuentra en el despacho del primer secretario del ministro Leier.

—¿Qué expediente es ese? —preguntó el francés.

—El del pacto secreto germano-ruso —respondió con calma Metaxa.

Maramballe pudo sentir en su rostro la ráfaga de humo procedente de la pipa de Lyle.

—¿Y qué más? —inquirió Maramballe.

—Nada. Solo los pongo al corriente de la noticia. Creí que quizá les interesaría. Y aún hay otra novedad: el teniente barón von Blittersdorf le ha hecho una proposición a *Fräulein* Wilhelmina Leier.

—¡Pero si ella no está en la ciudad! ¿Cómo sabe todo eso? —exclamó acaloradamente Maramballe. Esta noticia lo había dejado petrificado. Enrojeció por completo y se alegró de que en ese momento ni Lyle ni Metaxa pudieran verlo. Pero, cayendo en la cuenta de que minutos más tarde sí lo verían, intentó adoptar un gesto de indiferencia.

—La gente puede casarse incluso el día del Juicio Final —dijo maliciosamente Lyle—. ¿Eso le contaría, Maramballe?

—En absoluto —se apresuró a responder—. Yo no tenía intención de casarme con *Fräulein* Wilhelmina. Aunque debo admitir que no doy mucho crédito a la información. Wilhelmina... *Fräulein* Leier, me dijo hoy mismo por teléfono que se encontraba fuera de la ciudad en el momento de la catástrofe, y hasta ahora no había podido regresar por la interrupción del transporte. Llegará esta tarde, hacia las seis. ¿Cuándo entonces le hubiera podido hacer la proposición Blittersdorf? Al menos eso es lo que ella me contó.

—Blittersdorf le pidió la mano directamente a su padre, Ruprecht Leier.

—Pues entonces que se case con él —se burló Maramballe, aunque en el fondo lo inquietaba el movimiento decisivo que había hecho su contrincante.

—El teniente Blittersdorf es el aspirante más antiguo a la mano de la señorita Leier, aunque de momento tiene más éxito con su padre que con ella. Wilhelmina no lo ha rechazado definitivamente, sino que ha declinado su proposición arguyendo que aún no piensa en el matrimonio.

Maramballe no faltaba a la verdad cuando afirmaba que no tenía intención de casarse con Wilhelmina, aunque ella le gustaba; sus planes no llegaban tan lejos. Teniendo ocasión de visitar su casa, y valiéndose de su disposición amigable, podía obtener antes que otros colegas alguna información sobre cierto asunto diplomático. Claro que no podía hacerse con ningún documento importante, ya que el despacho de su padre estaba siempre bien cerrado con llave. En cualquier caso, le parecía una relación agradable y útil al mismo tiempo, que podía tocar a su fin ahora. El tosco y celoso barón, educado en el ambiente militar del imperio, por supuesto que no admitiría a Maramballe entre su círculo de amistades. Además, si ella aceptara casarse, se trasladaría a casa de su marido, con lo cual perdería buena parte del valor que representaba para él.

"¡Diablos! Hay que tomar alguna decisión que sea drástica —se planteó Maramballe—. Sí, Metaxa, parece querer empujarme a ello. ¡El expediente número 174!... Es verdad que ahora el público está pendiente de otros asuntos, pero ¿y si este *fin del mundo* concluyera de forma tan inesperada como se inició? No se puede elegir mejor momento; hay que aprovecharlo para conseguir un documento tan sensacional. Y entonces, si le apetece, que Wilhelmina se case con su barón..."

—Todos estos acuerdos carecen ahora de sentido y valor —dijo él, fingiendo despreocupación. Sacando el reloj de bolsillo, se acercó la esfera a los ojos, esperó a que apareciera la imagen y se levantó—. Tengo que marcharme. ¿Cuánto le debo? —dijo, dirigiéndose al camarero que había traído el café a Metaxa.

Este hizo la cuenta y respondió:

—Cuatro marcos. Y un marco más por el pastelillo que se comió el otro día, cuando el restaurante estaba cerrado. El amo me pidió que se lo recordara...

Maramballe sacó la suma indicada de su monedero, la contó comprobándola bien delante de los ojos y la puso en la mano del camarero.

—Tenga. Parece que su patrón ha pensado mejor aquello de morirse.

A continuación se despidió y se fue, haciendo sonar a cada paso, con gesto automático, la carraca que llevaba y que producía un sonido suave característico. Los transeúntes que aún no habían podido hacerse con un ingenio así seguían advirtiendo de su presencia con el consabido "voy, voy".

En todos los cruces se habían instalado altavoces que recordaban las normas del tráfico.

La multitud avanzaba por las aceras lentamente, en estricto orden y guardando su lado derecho. Por lo regular, los policías tocaban sus cornetines y detenían el movimiento de tranvías y carruajes, para permitir a los peatones cruzar la calle.

Automóviles y tranvías circulaban con extrema lentitud, tocando continuamente sus bocinas y timbres. Para no molestarse unos a otros, todos estos sonidos habían sido amortiguados, y en la calle se notaba incluso menos ruido que antes. A todos los habitantes de la ciudad se les había agudizado el oído.

Ya nadie se dejaba engañar por la imagen de un silencioso tranvía fantasma, si lo veían en su parada, porque todos sabían que se había ido hacía no poco. Pero, cuando oían acercarse a su tranvía invisible, los pasajeros se guiaban por el repique de la campana, encontraban a tientas la plataforma de entrada y por estricto orden según la cola entraban en el vehículo. Por fortuna, las señales que indicaban las paradas, las calles y las casas, como todos los objetos inmóviles, eran perfectamente visibles, aunque reflejaban una imagen "caduca" de las cosas.

6
El juego de la gallina ciega

A pesar del estado de sitio y de todas las medidas adoptadas, en la ciudad seguían produciéndose algunos robos. En todas las casas se habían adoptado medidas de seguridad para que los delincuentes no aprovecharan su invisibilidad temporal para colarse cuando entraban los propietarios.

Cuando Maramballe llamó a la casa de Leier, el mayordomo entreabrió la puerta con cuidado, sin quitar la cadena, y solo lo dejó pasar cuando lo reconoció por la voz. Apenas se hubo introducido por la estrecha abertura, el joven pudo notar cómo el mayordomo le pasaba ligeramente la mano por la espalda, para comprobar que no había nadie detrás de él, e inmediatamente cerraba la puerta.

—¿Ha llegado ya *Fräulein* Wilhelmina? —preguntó, mientras se quitaba el abrigo.

—Sí, acaba de llegar —respondió el mayordomo.

El joven subió la escalera, cubierta con una alfombra negra —que antes de la catástrofe era roja— y llegó hasta un gran salón en el que esperó curioseando. La hija de Leier aún no se había cambiado después del viaje y estaba hablando con su padre en la puerta abierta de su despacho. Mejor dicho, solo se le veía mover los labios en silencio. Su padre le dijo algo —de la misma forma insonora—, le acarició la mejilla y se metió en el despacho, cerrando la puerta tras él. Wilhelmina se dirigió rápidamente hacia su habitación, cuya puerta estaba a la derecha.

Maramballe se encontraba en un apuro. Sabía que lo que acababa de ver ya era pasado. Pero ignoraba si ella había salido de su habitación y regresado al salón. La voz de la joven pudo oírse entonces en la sala y lo sacó de dudas. Empezó a cantar, pero después de escuchar un ruido y unos pasos que se aproximaban, se detuvo y preguntó:

—¿Quién está allí?

—Buenos días *Fräulein* —dijo Maramballe, dirigiéndose hacia el comedor—. ¡Bienvenida!

—¡Ah, es usted Maramballe! ¡Hola!

—¿Verdad que este asunto es muy interesante? Todo el mundo está jugando a la vez al escondite. Pero, ¿dónde está usted?

Ella, riéndose, daba vueltas a su alrededor, como si no pudiera encontrarlo. Maramballe extendía las manos impotente, asiendo solo el aire.

—Dentro de cinco minutos, cuando se le pueda ver, me voy a reír viéndolo hacer el tonto —seguía entreteniéndose ella—. Aquí está mi mano, tómela —se compadeció finalmente.

Los dos jóvenes se sentaron a la mesa.

—¡Cuánto hacía que no nos veíamos! —dijo él—. Fue todavía en el otro mundo, cuando podíamos ver el presente y no el pasado. ¿Qué tal lo ha pasado en la casa de *Fräulein* Alisa?

—¡Oh, estupendamente! Al principio nos asustamos mucho, pero luego supimos verle el lado interesante. Aun así, esto ya empieza a fastidiarme. ¡Adiós al tenis sobre la hierba! ¡No podremos jugar más a mi deporte favorito!...

—Ahora hay otros juegos más importantes. En todas las fábricas se ha parado la producción. Si esto se prolonga más tiempo nos esperan tiempos difíciles.

—Ya se les ocurrirá algo —dijo ella optimista—. Aprenderán a trabajar "a ciegas". Todos los ciegos trabajan. Además, no tengo ganas de que me estropeen el día con penas. Imagínese, estuve jugando todo el día con mi amiga al *pushball*. ¡Fue algo increíblemente divertido!

—Sí, la gente se adapta a todo, es verdad. Hoy, por primera vez, vuelven a abrir los teatros, y en la ópera se representa *Fausto*.

—Ya me lo estoy imaginando. Nosotros tenemos un abono. Pase a recogerme e iremos juntos a verla desde nuestro palco.

—Yo pensaba ofrecerle sentarnos en el patio de butacas, que está más cerca del escenario, si está usted dispuesta a "rebajarse" hasta esa posición.

—Me rebajaré. Lo veremos desde el patio de butacas. Pero dígame, ¿cómo leerán los músicos las partituras?

—Tanto ellos como los músicos actuarán de memoria. Cada uno tiene aprendida su parte a la perfección. El espectáculo visual, por supuesto, no coincidirá con la audición, pero habrá que resignarse.

—¿Y cómo podremos usted y yo volver a tocar juntos?

—Vamos a examinar las notas como si fuéramos miopes, y las intentaremos aprender de memoria.

—¿Ha traído nuevas romanzas?

—Claro que sí —respondió él, mientras veía al "fantasma" de Wilhelmina entrando en el comedor, después de ponerse más cómoda con una bata rosa. Solo entonces supo cómo iba vestida la Wilhelmina que estaba sentada junto a él.

—Deme su brazo —le dijo ella tendiéndole la mano.

—Permítame —respondió—, mientras salía al recibidor sin que ella lo notara.

—Pero, ¿dónde está usted?

—Aquí… ¿Cómo es posible que no me vea? —se rio Maramballe, repitiendo el juego del escondite.

Hay que decir que le tomó el gusto al juego, corriendo por el salón mientras lo perseguía Wilhelmina. Cada vez se entusiasmaba más, y cuando por fin ella lo atrapó en medio de la sala, Maramballe la sujetó y la besó con pasión.

Ella se escabulló de sus brazos.

—¡Está loco!

En ese momento oyeron los inconfundibles pasos del renqueante teniente Blittersdorf. Una herida de guerra le había dejado como secuela esa cojera.

Toda la diversión del momento se esfumó de pronto. El teniente apareció cual estatua de comendador, y los dos jóvenes se quedaron inmóviles y turbados, como don Juan y doña Inés. Cierto es que aquel no podía verlos aún, pero sí podía percibir un ruido sospechoso. Con el paso de los minutos, toda la escena se "revelaría"… La única salvación era sacar al militar de la sala antes de que el pasado se convirtiera en visible presente.

Tanto Wilhelmina como Maramballe sabían que, cuanto más cerca estuviera un objeto, antes se manifestaría visualmente.

La joven salió valientemente al encuentro del barón, cuyos pasos se opinaban cada vez más cerca. Acertó a tomarlo del brazo e intentó sacarlo del salón dando un rodeo, dirigiéndose al despacho de su padre.

—¡Es usted, teniente! Llega en el momento más oportuno. Mi padre estará encantado de verlo… Vamos a su despacho.

—Tengo la impresión de haber interrumpido algo —replicó con hosquedad el militar—. Buenos días *Fräulein* Wilhelmina —dijo, inclinándose para besar su mano.

La muchacha abrevió la ceremonia y arrastró al barón hacia la puerta salvadora.

—Pero ¿por qué me lleva así, y dando esta vuelta? —preguntó el teniente sorprendido y haciendo un alto de nuevo.

—Es que acabo de llegar de viaje y he dejado por todas partes mis maletas; podríamos caernos. Sí, ya sé que a usted no le gusta andarse con rodeos... —le dijo ella, entre broma y reproche.

—Pero a lo mejor su padre está ocupado...

—¡Qué va...! Venga, vamos a verlo.

Ahí estaba, pues, su "salida de emergencia"... Wilhelmina llamó nerviosa a la puerta y la abrió sin esperar respuesta de su padre. Prácticamente metió a su pretendiente de un empujón en su despacho y, con algunas frases atropelladas, se despidió con la excusa de "deshacer las maletas", y cerró de un portazo.

—¿Dónde está usted? —preguntó en voz baja al volver al recibidor.

—Estoy aquí, contestó el reconocido don Juan.

—Váyase rápido... ¡Es usted imposible!

Pero Maramballe no tenía prisa. Le invadía el irrefrenable deseo de ver toda la escena anterior, cuando jugaban a la gallinita ciega, y ya estaba empezando a manifestarse. Mientras la contemplaba, se iba acercando o alejando: cuando estaba más próximo a las imágenes, estas se aceleraban como en las películas proyectadas en cámara rápida; por el contrario, si se apartaba de la escena, los movimientos se ralentizaban. Finalmente, haciendo un brusco movimiento hacia atrás más rápido que la velocidad de la luz, pudo ver los acontecimientos en el orden inverso. La propia Wilhelmina estaba fascinada con esta "película", y de repente, haciendo memoria, preguntó:

—¿Sigue usted ahí?

—Sí, aquí estoy... —respondió Maramballe con un pequeño suspiro.

—Pero debe irse cuanto antes... ¿Está usted loco de remate?

—Me iré pronto, pero déjeme acabar de ver lo más interesante.

Con los movimientos oportunos, consiguió localizar en las imágenes el momento del beso y entonces se dirigió lentamente —con la velocidad de la luz— hacia la puerta. La joven pareja "fantasmagórica" pareció quedar congelada en un beso.

—¡Es asombroso...! Dijo ya en el umbral—. En cuanto a la ópera, ¡por supuesto que iremos!

Maramballe notó los impacientes golpecitos que Wilhelmina daba en el suelo con su pie.

—¡Ya voy, ya voy! —se apresuró a decir mientras salía, dejando la puerta entornada.

Al llegar a la escalera, vio cómo subía la "sombra" del terrible comendador: el teniente Blittersdorf. Su bigote rojizo y erizado apuntaba hacia arriba, como la de Guillermo II.

—¡Demonio! ¡Qué aparición tan horrible! —exclamó airadamente Maramballe; y desafiante se abalanzó sobre la imagen de su contrincante, haciendo ademán de empujarlo por el hombro.

Cuando Maramballe ya se hubo marchado, una nueva inquietud embargó a Wilhelmina. Sabía la cantidad de sorpresas desagradables que traía consigo el nuevo orden de cosas. Se acercó con cuidado a la puerta cerrada del despacho y la tocó con la mano. Sin duda había sido una jugada de su pretendiente, que había podido abrir la puerta después de que ella saliera del despacho.

Ahora la cuestión era si la escena del juego había llegado a ser presenciada por el barón, mientras estaba sentado delante de la mesa de su padre... La joven se acercó por un lado y entornó la puerta. A los pocos minutos volvió a asomarse y encontró la puerta abierta, como antes. ¿Qué hacer ahora?

¿Quedarse ahí en el umbral e interferir con su cuerpo la visión de su propia imagen? Pero no, por mucho que quisiera, no podía ocultar la representación que ya iba "por delante de ella". Desesperada por la situación, huyó a su cuarto y se encerró en él.

Realmente su inquietud no era trivial...

El teniente, sospechando que algo no iba bien, había tomado sus precauciones. Después de saludar a Leier, abrió la puerta y puso el sillón enfrente de ella. De esta forma, pronto pudo ser testigo de toda la escena en la que los dos jóvenes jugaban a la gallinita ciega. Lo que acababa de ver lo impulsó a hablar con el padre del Wilhelmina acerca de su rival.

—Nada más lejos de mi intención que el darle consejos, señor Leier. Pero en mi opinión la presencia en su casa de un corresponsal extranjero, y más aún francés, no me parece una situación muy cómoda, teniendo en cuenta su cargo oficial. Además, la relación de este sujeto con *Fräulein* Wilhelmina puede desatar todo tipo de rumores malintencionados que dañen la reputación de su hija.

—A mí tampoco me agradan estas visitas; pero, ¿qué puedo hacer? Mi hija es una cabecita loca. Si estuviera su madre —añadió con un profundo suspiro—, todo sería distinto. Pero no me cabe duda de que la relación que hay entre ambos tiene un carácter totalmente inocente; deporte...

—¿Totalmente inocente? —dijo el teniente con la respiración entrecortada—. ¡Quizá debiera echar un vistazo a lo que se cuece en el salón!

Leier se levantó de la mesa, se acercó a la puerta y se quedó boquiabierto ante lo que vio. Se acercaba ya el final del juego, cuando en mitad del silencioso salón, la imagen de Maramballe se disponía a besar al "fantasma" de Wilhelmina. A la celosa mirada del teniente no se le escapó que la joven no se apresuraba demasiado en apartarse de los labios del periodista, y que su aparente indignación no era muy sincera.

El encolerizado semblante del militar se fue cubriendo lentamente de un vivo tono encarnado.

—¡Yo... lo mataré! —farfulló entre dientes con firmeza—. Lo retaré a duelo y lo mataré.

Leier volvió aturdido a su mesa y apenas pudo acertar a sentarse.

—Sí, es algo ignominioso... Mi propia hija ha traicionado mi confianza... Pero, ¿cómo piensa usted batirse a duelo con él?

—De forma abierta o "a ciegas", eso es lo de menos. Con pistolas, hasta que acabemos definitivamente.

—¿Y si él se niega?

—Lo mataré igual. Ahora ya no es tan complicado como antes.

Seguir charlando ya no tenía sentido; el barón hizo una breve inclinación y se encaminó a la puerta.

Wilhelmina pudo ver cómo se marchaba y pensó: "Ni siquiera se ha despedido de mí" ¡Debe estar muy ofendido! Seguramente, lo ha visto todo, pero, ¿lo habrá visto también mi padre?"

En ese momento sonó precisamente su voz:

—¡Wilhelmina! ¡Ven aquí ahora mismo!

La conversación que tuvieron fue tan extensa como desagradable.

7
La última cita

No sin cierta inquietud, esa misma tarde Maramballe fue a casa de Wilhelmina. ¿Habría conseguido ocultar las "pruebas del delito"?

Llamó a la puerta y preguntó al mayordomo si estaba en casa.

—Han salido, no lo pueden recibir —respondió este secamente y cerró dando un portazo.

Maramballe lanzó un largo silbido.

"¡Mal asunto!... 'Han salido y no lo pueden recibir'. Eso parece una invitación a no volver por aquí..."

Sin embargo él aún tenía la esperanza de encontrarla en la ópera, por lo que decidió ir a la representación.

Avanzando cautelosamente hasta la segunda fila, se acomodó en su butaca y se puso a observar el movimiento en los palcos. Por el momento el de Leier estaba vacío. "¿Será que todavía no se ha 'revelado' su imagen?", se dijo, aún con las expectativas puestas en Wilhelmina.

La persona que se sentaba a su izquierda lo golpeó ligeramente en el hombro y murmuró una disculpa.

—Por favor, no tiene importancia. Ahora todos somos ciegos y es difícil moverse sin topar con nadie —respondió Maramballe con su locuacidad francesa habitual. Y en ese momento oyó cómo alguien le susurraba al oído:

—Perdone, solo quería asegurarme de que era usted. Hoy el primer secretario Leier tiene una cita con el ministro; saldrá de su casa a las diez en punto. El expediente número 174 estará sobre su mesa.

—¡Metaxa! ¿Cómo ha llegado hasta aquí?

—De la misma forma que usted —contestó el griego.

Realmente no era algo tan extraño; todos los corresponsales se acomodaban en la misma fila; solo se encargó de conseguir un puesto que estuviera junto a Maramballe.

—Dígame una cosa —le preguntó Maramballe—. ¿Por qué anda todo el tiempo hipnotizándome con este asunto del expediente? ¿Qué quiere de mí?

—¡Shhh...! —exclamó, y acercándose hasta pegarse al oído de su colega, le dijo—: Usted sabe que con esto puede ganar un buen dinero. Yo tengo mis contactos en casa de Leier, y estoy informado de todo lo que sucede allí. Pero para mí sería más difícil ingeniármelas que para usted, que es ya como de la familia. —Bajo la suave y majestuosa melodía de la obertura, Metaxa continuó con la exposición de su plan—. Yo le puse a usted en conocimiento de este caso, yo lo encaminé hacia él, y usted podría sacar con ello una buena suma. Entonces... lo menos que puede hacer por todo eso es darme unos simbólicos mil marcos.

La cabeza de Maramballe comenzó a hacer conjeturas. Metaxa tenía razón. Con este asunto se podía ganar dinero. Sí, Wilhelmina no había sido muy oportuna al ponerse a jugar a la gallina ciega... ¡Si no hubiera sido por ese beso fatal!... La situación se había complicado sobremanera. Pero, ¿debía permitir que el griego se llevara una comisión de todo eso? Por supuesto que intentaría obtener los documentos secretos, pero no tenía la menor intención de compartirlo con Metaxa.

—En primer lugar, se esfuerza en vano, señor Metaxa —le susurró al oído—. Conozco tan bien como usted todo lo que sucede en casa del señor Leier. En cuanto al expediente número 174, tenía conocimiento de él mucho antes que usted me contara la "noticia". Y, en segundo lugar, no tengo intención de volver a visitar esa casa.

—¿El teniente se lo impide? —preguntó mordazmente el griego, comprendiendo que Maramballe quería evitar la comisión.

—Eso es asunto mío —replicó cortante su colega.

"¡Qué falta de educación!", pensó indignado ante la pregunta sin el menor tacto del griego, olvidando que él tampoco estaba jugando limpio.

La obertura había concluido. En el escenario ya se oía la voz de Fausto —"¡Aquí estoy!"—, la representación se hizo por fin visible en las primeras filas. No había sincronización entre la voz, la actuación de los artistas y la orquesta. Las últimas filas no vieron abrirse el telón hasta la pausa del primer acto. "Y el gallinero verá la última escena, como en una película muda, después de haber acabado la obra... ¡La ópera está desahuciada!", pensó Maramballe.

Antes de concluir el segundo acto, el joven abandonó su fila y se dirigió con cuidado a la salida. Volviendo la vista al escenario, pudo ver cómo se repetía la acción en sentido inverso, porque este fenómeno ya carecía de interés para él.

Volvió al hotel y llamó por teléfono a Wilhelmina. Esta vez estaba en casa, pero su conversación con ella no fue muy satisfactoria.

—El teniente y mi padre lo vieron todo —le contó ella—, y después tuve que aguantar una charla de lo más desagradable con mi padre. Sería mejor, señor Maramballe —dijo con voz temblorosa—, que no volviera a aparecer por esta casa, al menos durante un tiempo, hasta que todo se calme.

Era patente que se veía incapaz de rechazarlo definitivamente.

Maramballe estaba profundamente angustiado, después de oír de su boca una sentencia semejante. La negativa se producía justo en el momento que más necesitaba frecuentar la casa. Mañana ya sería tarde; el expediente volvería a la caja fuerte o caería en manos de un Metaxa cualquiera. Había que actuar. Pero en el alma del joven bullían además otros sentimientos. Aquel beso, como un dardo envenenado, había calado en su corazón, y, al oír la voz de Wilhelmina por teléfono, le había parecido que su tono era realmente triste... ¿Era posible que ella lo amara de verdad? En ese momento, incluso él parecía sentir que la quería con locura. Y, ante la inesperada presión que veía crecer en su interior, tuvo el impulso de suplicarle que lo dejara verla por última vez, y así poder despedirse "para siempre".

En el corazón de la joven deportista aún no se habían desgarrado todas las cuerdas de su sensibilidad. Al parecer, el tono sincero de Maramballe llegó a conmoverla. Ella vacilaba, mientras él suspiraba en el auricular, avivando el fuego.

—Solo un breve encuentro... ¡por última vez!

—Pero mi padre dio órdenes a los sirvientes para que no lo dejaran entrar —dijo ella desesperada.

—¡Oh, eso no es un obstáculo! —se animó Maramballe—. Entraré por el jardín, usted me dejará abierta la verja.

—Pero en el jardín hay vigilancia. Ya sabe que ahora se ha reforzado la seguridad en todas partes.

—Pero a los guardias no se les habrá ordenado prohibirme la entrada; además, seguro que podré pasar inadvertido... ¡Solo será por un momento!...

—Está bien... Venga cuanto antes, mientras mi padre está ausente.

Maramballe soltó el teléfono al instante y empezó a buscar por todas partes sus guantes y sombrero desperdigados.

"¡Señor todopoderoso, Dios misericordioso, escucha mis oraciones...!", murmuraba. Salió corriendo por el pasillo y estuvo a punto de llevarse por delante a *Fräu* Neikirch.

Consiguió escabullirse entre los vigilantes y alcanzar la casa sin ser visto. Llegó al recibidor y se detuvo, emitiendo un leve carraspeo.

—Estoy aquí —respondió ella en un susurro—, al lado del piano.

Maramballe dio algunos pasos y volvió a detenerse indeciso. Se había dado tanta prisa en llegar que no había tenido tiempo de pensar un plan de acción para ese momento. ¿Qué hacer? ¿Presentarse como un desconsolado enamorado, o aprovechar la ocasión para colarse en el despacho, "pescar" los documentos y salir corriendo? Había que elegir: ¡la dama o el dinero! Por unos segundos se libró en su interior una dura batalla. Y finalmente decidió que en cualquier caso debía dar ya por perdida a Wilhelmina, y que por tanto tendría que concluir lo planeado sobre el expediente 174.

No obstante, no podía actuar con tamaña deslealtad hacia ella. Sería una imprudencia de su parte. "Ofender a una mujer no solo es un acto reprobable, sino peligroso. Las mujeres suelen vengarse", meditó. Teniendo esto en cuenta, decidió elegir una vía intermedia. Fue rápidamente al despacho, se inclinó sobre la mesa, encontró los documentos, los guardó bajo su chaleco, y volvió al recibidor.

—Pero, ¿dónde está?... —preguntó fingiendo, en un tono más alto.

—Aquí —respondió ella en voz baja.

—Me pareció que su voz salía del despacho y la busqué allí... ¡No se imagina cuánto siento lo que ha pasado!... Bueno, en realidad me ha encantado lo sucedido, pero no que hayan descubierto nuestra chiquillada. Yo... —se disponía a decir "la amo", cuando notó que se le escurría la carpeta con los documentos. Se llevó la mano al pecho y, apretando el chaleco para sujetar los papeles, continuó—: Yo nunca podré olvidarla... —"¿y si ahora me dice que me ama?", se planteó aterrorizado. "No, ahora no es el momento de abrir su corazón". Y encontrando su mano, besó respetuosamente el borde de sus fríos dedos—. ¡Adiós, Wilhelmina!

Ella respondió con un gesto mientras suspiraba. Quizá no le había gustado su conducta excesivamente correcta y caballerosa...

Evitando que afloraran sentimientos más profundos que pudieran retenerlo más tiempo, Maramballe suspiró profundamente, se alejó de ella y, susurrándole un "hasta siempre", se dirigió a toda prisa hacia la puerta.

Estaba eufórico. ¡Por fin tenía en su poder la noticia que conmocionaría al mundo y le daría la ocasión de vivir holgadamente! Su carrera como avezado periodista estaba garantizada.

8
La persecución

Su imaginación volaba tan alto en esos momentos que había descuidado todas las precauciones, y mientras corría por el sendero del jardín se llevó a alguien por delante. Tanto él como el invisible desconocido cayeron al suelo.

—¡Alto! ¿Quién anda ahí? —se oyó decir al vigilante.

Maramballe, apretando fuertemente la preciada carga con la mano izquierda, intentó incorporarse cubriéndose la cara con el otro brazo; no olvidaba el efecto "revelado". Afortunadamente, ya estaba oscureciendo, pero aun así el guarda pudo agarrarle una pierna y retenerlo mientras pedía ayuda. Propinándole un fuerte golpe con el pie libre, Maramballe consiguió que la mano soltara su presa, se levantó de un salto y emprendió la huida.

En un momento se organizó un gran revuelo. Se oían silbatos y voces de alarma, y la gente acudía de todas partes. Maramballe logró llegar hasta la puerta que daba acceso al jardín, tuvo que derribar a otro de los guardias y salió corriendo a la calle sin dejar de taparse la cara con la mano. Pocos minutos después, su figura se les haría visible a sus perseguidores, que se lanzarían tras él. A partir de ahora solo podrían alcanzarlo a ciegas, guiándose por el ruido de sus pasos en la carrera. Tenía que "borrar sus huellas", atravesando un espacio que estuviera en total oscuridad. Decidió entonces que lo mejor sería dirigirse al cercano Tiergarten. En la acera se topó con multitud de transeúntes, contraviniendo todas las normas de circulación, echó a correr golpeando a todo aquel que se cruzaba en su camino. Agachó la cabeza, y como un ariete se abrió paso entre los peatones, dejando a su espalda gritos, lamentos y maldiciones de todo tipo. Las personas derribadas le sirvieron de barrera contra sus perseguidores. Eso le favorecía en su situación; pero, por otra parte, no le convenía ir dejando esa "estela sonora" que podía servir de segura orientación para los que buscaban.

Por entonces, en la penumbra del parque se estaba formando su imagen y los agentes del orden que se habían unido a la búsqueda se lanzaron en persecución de esa fantasmal y huidiza sombra. Durante la carrera ya no estaban seguros de si estaban persiguiendo al "fantasma" o al auténtico prófugo en carne y hueso; de ahí que se veían obligados a intentar apresar con sus propias manos al presunto delincuente, pero estas solo penetraban en el espacio vacío de la imagen. De hecho, varias veces consiguieron retener a alguien y una parte del equipo se quedó con los detenidos, a la espera de su "visualización". Sin embargo, los resultados fueron decepcionantes: el primer individuo atrapado resultó ser un anciano de muy avanzada edad y el segundo, un pastor protestante. Únicamente dos jóvenes fueron conducidos al puesto de policía para interrogarlos y aclarar su identidad. Todo esto dificultaba enormemente cualquier acción, pero no por ello se interrumpió el rastreo.

No tardó Maramballe en poder oír más cerca la típica alarma de las sirenas, que indefectiblemente se asociaba con la persecución policial a la caza de algún delincuente. Tan pronto como se oían los coches de policía, aproximándose, el movimiento en las calles se paralizaba momentáneamente. Los transeúntes se arrimaban a las paredes de los edificios para dejar paso libre a las brigadas policiales.

Maramballe cruzó la calle, llegó corriendo a un tramo de la acera que parecía despejado y seguidamente dobló la esquina. Allí el tráfico era normal y los automóviles ocupaban la calzada, avanzando unos tras otros junto a la acera. Aguzando el oído consiguió saber qué coche estaba más cerca de él. Saltó a la aleta del guardabarros lateral y se coló dentro del automóvil. En un momento se oyeron las asustadas voces de las mujeres que lo ocupaban.

—Mil perdones —dijo Maramballe, convencido de que las voces no pertenecían a nadie que conociera—. Por poco me atropella su vehículo, y he tenido que subirme a él para evitarlo.

Realmente esas cosas sucedían con frecuencia en las calles, desde que empezó el desastre.

Al reparar en el tono educado de la disculpa, las damas se tranquilizaron. Cuando el coche llegó a la altura de Tiergarten, Maramballe saltó de él y siguió su camino silenciosamente a través del césped, evitando la luminosidad de los senderos y aprovechando la penumbra que ofrecían los árboles. Iba haciendo círculos como una liebre, y, en algunos puntos iluminados caminaba hacia atrás para despistar a los rastreadores. Entretanto, las voces de los agentes de la ley eran cada vez más distantes, pero aun así durante un tiempo siguió dando vueltas, cruzando toda la zona oeste del parque hasta llegar al zoológico.

En un rincón oscuro tropezó con una pareja que estaba tranquilamente sentada sobre la hierba. Antes de que el joven pudiera decir nada desde el suelo, Maramballe se acercó por detrás, le quitó el sombrero hongo que llevaba y lo sustituyó por su gorra a cuadros, en la que sus perseguidores debían haberse fijado. Instantes después ya se había esfumado entre las sombras de la vegetación, pasó a continuación por un quiosco-restaurante vacío, salió del parque y se dirigió dando un rodeo a la otra punta de Berlín: el Treptower Park.

Vagó un rato por las oscuras veredas del parque y decidió que ya había difuminado suficientemente su rastro, aunque por precaución prefirió no volver a su hotel con la valiosa carpeta. Si alguno de sus perseguidores lo hubiese reconocido, la policía se presentaría de inmediato con una orden de registro. ¿Dónde podía ocultar por un tiempo el expediente?... ¡Lyle! No se le podía haber ocurrido una idea mejor. A Lyle en verano le cedía su habitación un conocido suyo, empleado de la embajada británica. Claro que el edificio de la embajada se encontraba al final del bulevar Unter den Lindenm junto al Tiergarten, o, lo que es lo mismo, cerca del lugar de los hechos que acusaban a Maramballe. Por otra parte, la extraterritorialidad de la embajada era la mejor salvaguarda ante la injerencia de las autoridades. Pero, ¿aceptaría Lyle la custodia de un documento así? Bueno, en el peor de los casos, tendría que arreglárselas sin su consentimiento.

Al llegar a las inmediaciones de la sede diplomática, ya contaba con un elaborado plan.

9
Una visita intempestiva

A Maramballe ya lo conocían en la embajada, pues había visitado en más de una ocasión a su amigo. De ese modo no le resultó muy difícil entrar en "territorio inglés".

Lyle se encontraba en su habitación.

Maramballe estaba preparado para poner en práctica su plan sin demora alguna.

Antes de llamar a la puerta, sacó la carpeta y se la puso a la espalda. Nada más abrir la puerta su colega, se volvió dirigiéndose hacia la cama; levantó el colchón disimuladamente e introdujo su preciado tesoro debajo. Todos sus movimientos habían sido calculados de tal forma que Lyle no pudiera darse cuenta del "paquete depositado", incluso una vez "revelada" la escena.

"Debajo del colchón, la carpeta estará segura unos cuantos, días, y cuando las aguas vuelvan a su cauce, la sacaré de allí de la misma manera", se dijo Maramballe para tranquilizarse.

Una vez hecho eso, se sentó en el borde de la cama.

—¡Uf...! ¡Estoy agotado! —resolló, apoyándose en el cabecero.

—Pero, ¿dónde te has sentado? —le preguntó su colega, al verlo en la cama—. Siéntate aquí, en el sillón.

—Gracias. Deja que me recupere un poco. Prefiero estar un rato aquí mejor. Esos sillones son algo traicioneros ahora; nunca sabes si están o no en su lugar. Ya me he caído más de una vez al sentarme en uno "imaginario". En cambio, la cama es un mueble fiable, no se mueve de su sitio —dijo, dando una serie de suaves palmaditas a la parte del colchón bajo la que se encontraba la codiciada carpeta.

El reloj de alguna lejana torre dio las campanadas de medianoche.

Lyle guardaba silencio. Intentaba imaginarse un motivo para tan inesperada visita.

Estaba tan preocupado que no podía estar ni en casa —explicó Maramballe—.Quería compartir contigo mi inquietud. Acabo de estar en la Sociedad Astronómica, escuchando la disertación de un reconocido astrónomo. Según sus previsiones, la velocidad de la luz disminuirá aún más. Tardará en recorrer un metro ¡dos horas y tres segundos! ¿Te imaginas lo que sucederá? Toda la noche, en las calles y lugares de trabajo, vagarán por ahí silenciosas las sombras diurnas; en cambio de día, Berlín se convertirá en un desierto... Habrá que encender las luces por la mañana temprano para que alumbren por la tarde, y apagarlas mientras aún es de día. ¡Figúrate lo que será el Reichstag por las noches! La sala iluminada, y los fantasmas de los políticos dirimiendo el destino de millones de personas... ¡Y a nosotros, los corresponsales, nos tocará escucharlos por la mañana, y filmarlos por la noche! O, por ejemplo, un banco. ¿Cómo podrás retirar tu dinero si el empleado solo podrá verte a ti y a tus documentos pasadas varias horas? ¿Y cómo estar seguro de si te entregan realmente el dinero, y no un número atrasado del *Berliner Tageblatt*? ¿Y la industria? Se paralizará por completo. Será como si nos quedáramos ciegos. El mundo entero estará ciego. ¡Será una catástrofe, la ruina, el final, la destrucción total...!

Maramballe estaba tan metido en su papel que acabó asustándose él mismo del cuadro descrito. Pero, moviéndose sobre la cama, se acordó de los documentos que acababa de esconder, y para distraer definitivamente la atención de su amigo sobre el verdadero motivo de su visita, concluyó su perorata con dramatismo:

—¡Todas las grandes cuestiones, los elaborados acuerdos diplomáticos y los pactos secretos parecerán papel mojado ante el mundo! ¡Mejor dicho, ante el desahuciado mundo! ¡Todo reducido a polvo y cenizas!...

Lyle, como auténtico inglés, lo escuchaba todo sin inmutarse y sin interrumpir a su invitado. Únicamente el halo de humo que exhalaba su inseparable pipa parecía más denso.

—¿Qué astrónomo ha dicho eso? —preguntó intencionalmente.

—Este... ¿cómo se llama?... lo tengo en la punta de la lengua. Algo así como Schwartzbrot o Butterbrott... Es imposible recordar esos apellidos alemanes.

—¡Qué raro!... —dijo entre dientes su colega.

—Lo tienen oculto para que no cunda el pánico.

—Lo raro es que yo también estuve hoy en una charla de la Sociedad Astronómica —prosiguió con calma Lyle.

"Este larguirucho inglés siempre metiendo las narices donde no debe", pensó Maramballe enojado.

—Y todos los científicos declaraban unánimemente que, según sus observaciones, en los últimos días la velocidad de la luz se había recuperado cuatro segundos por metro.

—¡Cualquiera entiende a esos científicos! —exclamó el francés, haciendo un gesto ostensible con los brazos.

Procuraba mostrarse indiferente, pero en el fondo esa noticia, de la que no tenía conocimiento hasta entonces, lo alegró enormemente. La "explosiva carpeta" sobre la que descansaba aumentaba su valor con cada segundo en que se acercaba la luz y se aproximaba el regreso a un modo de vida normal.

Para evitar más preguntas de Lyle sobre la conferencia de astrónomos, se apresuró a cambiar de tema.

—Pues me has tranquilizado... Figúrate, mientras estaba viendo la ópera, se oye a Valentín cantando "¡Dios todopoderoso, Dios misericordioso!", y en el escenario vemos todavía a Mefistófeles intentando rejuvenecer a Fausto... Bueno, creo que es hora de marcharse.

Comprobando disimuladamente el colchón para dejarlo como estaba, Matramballe se despidió y se marchó, no sin inquietud ante el grave peligro al que quedaba expuesto su amigo, que escondía en su propia habitación el expediente robado.

10
Los documentos desaparecidos

Wilhelmina oyó ruido en el jardín justo después de que se fuera Maramballe, pero sacó sus propias conclusiones. Seguramente, Maramballe no quería dar su nombre a los vigilantes para no comprometerla de nuevo con su visita clandestina.

"No cabe duda de que es todo un caballero", pensaba mientras se balanceaba suavemente en su mecedora… "¡Y cómo ha sabido contenerse en mi presencia! ¿Será verdad que me ama?..."

En el fondo, la chica, que había sido campeona en distintos deportes, y llevaba un corte de pelo tan exiguo como la falda que apenas cubría las rodillas, notaba cómo en su interior se empezaban a despertar sentimientos que estaban adormecidos desde hacía siglos; algo que venía de sus abuelas y bisabuelas, de una época en que se llevaban pelucas y crinolinas.

Una cita secreta… Un amante desdichado… Un padre inflexible y severo… ¡Ahí estaban todos los elementos para una novela!

"Mi padre, por supuesto, se opondría al matrimonio. Pero mejor aún. Huiría con Louis, como mi bisabuela Carolina lo hizo con mi bisabuelo… Niza, Sorrento, Argel…"

Unos pasos interrumpieron esas ensoñaciones. Y reaccionó casi con hostilidad ante esa incursión del siglo XX en su mundo fantástico de romanticismo decimonónico, especialmente cuando reconoció la característica cojera del teniente.

Comprendió que se avecinaba un nuevo intento de "asalto" a la fortaleza. Después de aquel beso fatal, su padre no había dejado de sermonearla con sus principios morales, sus normas del buen gusto, la ligereza de su conducta y las obligaciones que tenía con él, así como con la reputación derivada de su cargo; finalmente, concluía que su conciencia no estaría tranquila hasta que se desposara con el teniente.

—No encontrarás un marido mejor. Aun no es mayor, está bien considerado entre sus superiores, tiene excelentes contactos, es amigo personal del heredero al trono... —su padre bajó el tono, aunque estaban solos en su despacho y continuó—: La república no es eterna, y el pueblo alemán está de parte de la monarquía. Alemania volverá a ser un imperio, ¡y tú tienes que entender las enormes posibilidades que se abrirán entonces ante el barón Blittersdorf!... Y tienes que estarle agradecida por no haber desistido en sus pretensiones, después de todo lo que ha pasado. En lo único que insiste es en que el enlace se celebre lo antes posible, y yo lo comprendo a la perfección.

Entonces Wilhelmina no había dado contestación alguna y se había marchado en silencio a su habitación: era demasiado orgullosa para tener que justificarse, y mucho menos para reconocer la magnanimidad del barón. Su padre continuó persuadiendo al "fantasma" de su hija antes de percatarse de que hacía ya tiempo que había salido del despacho.

Y ahora estaba ahí, venían hacia ella en busca de una respuesta... Sus pisadas subían por la escalera. Se oían las voces de su padre y del teniente. Wilhelmina quería refugiarse en su habitación, pero recordando que más tarde la verían huyendo, decidió no moverse de su asiento.

—¿Es usted o su "fantasma", *Fräulein* Wilhelmina? —oyó de boca del teniente, nada más entrar en el salón.

—Soy su fantasma —respondió ella—. El fantasma de mi bisabuela Carolina. ¿Acaso no ve la peluca de rizos y el vestido con crinolina?

Wilhelmina, como todas las mujeres de su clase, dominaba perfectamente el arte de ocultar sus sentimientos bajo una máscara de indiferencia: saber mentir se consideraba el mejor indicador de buena educación en el mundo en que ella vivía.

El teniente, redoblando los esfuerzos de su torpe intelecto, intentaba mostrarse ingenioso. Empezaron a hablar despreocupadamente, mientras el padre de Wilhelmina entraba en su despacho.

—Wilhelmina, ¿tú no habrás tocado los papeles que estaban en mi mesa? —sonó de repente la voz alarmada de Leier.

—No, ni siquiera he entrado ahí —respondió inmediatamente ella.

—¡Qué extraño! —masculló el ministro, dando una palmada sobre el tapete de la mesa. A continuación salió de su despacho y dijo con voz temblorosa—: Ha desaparecido de mi mesa una carpeta con documentos... documentos de vital importancia y totalmente confidenciales...

—Seguro que lo único que pasa es que no eres capaz de encontrarlos —respondió ella serenamente, aunque en su interior empezó a cobrar forma una confusa, indefinida y desagradable sensación—. Vamos, le ayudaremos a encontrarlos —sugirió, dirigiéndose al teniente.

Los tres se pusieron a buscar, pero no encontraron ninguna carpeta sobre la mesa.

—¿A lo mejor lo guardaste en un armario? —sugirió Wilhelmina.

—¡Claro que no! —respondió irritado su padre—. Los papeles estaban aquí exactamente, en el borde de la mesa, en una carpeta amarilla. ¿No ha entrado a la casa alguien de fuera?

A Wilhelmina se le cortó la respiración. "¡Maramballe! ¿Sería posible?... Él entró en el despacho, se fue tan apresuradamente... y después debió huir de los guardias... Solo ha podido hacerlo él..."

Nunca estuvo Maramballe tan cerca de la catástrofe como en ese momento. Bastaba con que Wilhelmina pronunciara su nombre para que toda la beneficiosa empresa asociada al expediente 174 quebrara en un instante, y él fuera a dar con sus huesos a la cárcel. Pero, por fortuna para el periodista, en el alma de la joven aún no se habían acallado las voces de los románticos antepasados, y se dijo "no" antes de reconocer la traición del "desdichado amante". Esta negación la detuvo, pero no impidió que antes incluso de llegar a vocalizar la palabra, se desatara en su ser una auténtica tormenta de indignación. ¡Maramballe la había engañado, como si fuera una muchacha provinciana y boba! En su papel de amante dolido la había utilizado para alcanzar sus objetivos más ruines... Y de nuevo dudó sobre si debía delatarlo o no.

Mientras tanto, Leier ya había convocado al personal de servicio y se había enterado de la persecución de cierto desconocido, que a todas luces solo habría podido colarse en la casa a través de la puerta de entrada del jardín. Pero, ¿quién le había abierto? De momento la cuestión quedó sin explicación.

Sonó el teléfono y todos se alborotaron. Era una llamada de la Jefatura de Policía: informaban que el sospechoso había conseguido huir. Wilhelmina no sabía si alegrarse o apenarse con la noticia. Estaba tan enfadada con Maramballe, que se habría alegrado con su captura; pero, por otra parte, eso pondría al descubierto su involuntaria complicidad. Por supuesto que nadie pensaría en una colaboración consciente con el delincuente, pero ¡qué vergüenza y qué ridículo haber sido engañada de esa forma!

La desazón de Wilhelmina era cada vez más insoportable, se sentía tan herida en su orgullo femenino que con cada minuto que pasaba esa sensación pugnaba por manifestarse. Y, cuando su padre concluyó en tono dramático: "¿Acaso es posible que haya traidores en mi propia casa?", ya no pudo contenerse más y, acercándose a él le dijo:

—Papá, tengo que hablar contigo.

Pero justo en ese momento entró en la sala un nuevo testigo, el cocinero, que decía tener algo muy importante que comunicar.

—Lo escucho —le dijo impaciente Leier.

—Por nuestra cocina ha pasado más de una vez un griego que se dedica al comercio de tejidos de seda. Los vendía a muy buen precio, y mi mujer, la chica que lava los platos y la mujer del mayordomo le compraban siempre algo. Y ese hombre ha estado también aquí esta tarde. Cuando dejó en el suelo su cesto y extendió las telas, las mujeres estuvieron eligiendo un buen rato. Y de repente se fue la luz. Eso sucede mucho últimamente, por eso nadie se sorprendió demasiado. Solo la mujer del mayordomo se echó a reír por lo inoportuno del apagón... Probé entonces a girar el interruptor y al cabo de unos minutos volvió la luz. El griego ya no estaba, pero la cesta con las telas seguía allí. Primero pensamos que había salido al patio y volvería después, pero ya no apareció.

—¿Y por qué no has contado todo eso antes?

—Hasta ahora no nos hemos enterado de lo de los documentos desaparecidos, su excelencia. Y del griego no nos preocupábamos, porque no se nos ocurría que fuera a regalarnos toda su mercancía.

—Está bien, puede retirarse, Karl.

Cuando el cocinero se hubo retirado, Leier dijo lo que pensaba en voz alta:

—Sí, es muy posible. De la cocina se puede ir hasta el comedor, y de ahí se puede pasar al despacho. Pudo apagar deliberadamente la luz de la cocina, llegar hasta aquí, sustraer los documentos y marcharse sin que nadie lo notara. Tuvo tiempo de sobra para hacer todo eso. Pero, entonces, ¿qué fue el ruido que se oyó en el jardín? ¿Quién andaba ahí?

—El mismo delincuente griego —aventuró el teniente—. De seguro intentó atravesar el jardín y salir a Budapeststrasse, pero por lo visto se topó con el vigilante que dio la voz de alarma.

—O tal vez fuera uno de los cómplices —opinó Leier. Le voy a pedir un favor, señor teniente. Vaya a la Jefatura de Policía y transmita mi petición para que movilicen todas las fuerzas disponibles que sean necesarias para la búsqueda y captura de los culpables. Se trata de un asunto de suma importancia que atañe a la seguridad del Estado.

El barón se cuadró haciendo chocar los tacones de sus botas en un gesto puramente militar y tras despedirse brevemente, se retiró. Cuando dejaron de oírse sus pasos renqueantes, Leier se dejó caer en un sillón, agotado.

—¿Querías decirme algo Wilhelmina?

—Sí... —ella quería confesar la visita de Maramballe esa tarde, pero el relato del cocinero la hizo dudar de su culpabilidad en el robo de los documentos. Finalmente decidió no revelar su cita secreta. Quizá pasado el tiempo no se hubiera decidido a emprender acción alguna respecto a Maramballe, pero ahora la tempestuosa rabia desatada en su interior no se había aplacado aún. Su orgullo agraviado exigía venganza—. Papá, he decidido aceptar la proposición del teniente.

Y en ese momento el espíritu romántico de su bisabuela Carolina la abandonó.

11
Noche en vela

Maramballe pasó la noche intranquilo; dando vueltas a los acontecimientos del día, llegó a la conclusión de que aún no había pasado el peligro. Si bien había conseguido borrar sus huellas, no todo había salido tan bien como hubiera deseado. Su huida debió de poner patas arriba toda la casa: se había descubierto sin duda la desaparición de los documentos, y manifestado ante Wilhelmina el verdadero motivo de esta "última cita". Y entonces... entonces ella no dudaría en entregarlo. Maramballe esperaba en cualquier momento que la policía irrumpiera en su habitación. Lo único positivo era haber conseguido esconder el *dossier* en lugar seguro.

Esa noche ni siquiera se cambió de ropa. Estuvo paseándose silenciosamente por su cuarto, atento al más mínimo ruido que pudiera venir del corredor y tramando un posible plan de fuga, por si fuera necesario huir precipitadamente. Una de las ventanas daba a la calle, la otra a un pequeño jardín. Esta última sería la elegida para escapar. La abrió y se asomó a la calle. La noche era bochornosa. Sobre el fondo amoratado del cielo relucía una luna anaranjada, como un farolillo chino suspendido sobre el grisáceo edificio de tres plantas.

De vez en cuando se oía un trueno. Se acercaba una tormenta. Aguzando el oído, Maramballe advirtió cierto murmullo en el jardín, no lejos de su ventana.

"¿Será una emboscada?", pensó alarmado.

El terrorífico estrépito de un trueno hizo retumbar toda la casa, aunque en el cielo aún no se veía ninguna nube. Un instante después se oía el repiqueteo de la lluvia. Era curioso oír esos sonidos sin ver llover y con un cielo sin nubes a la vista. El viento silbaba, pero los árboles del jardín seguían inmóviles; no se mecía ni una hoja.

Después del estallido del trueno y con el ruido de fondo de la lluvia, percibió claramente un cuchicheo delante de la ventana, como una conversación en voz baja.

La lluvia cesó tan repentinamente como se inició, y en el silencio reinante Maramballe oyó unos pasos silenciosos acercándose por el pasillo. Se detuvieron en la puerta y alguien llamó golpeando suavemente con los nudillos.

Maramballe contuvo la respiración.

"¡La policía!"

Dedujo que no tenía escapatoria. En el jardín le prenderían en una emboscada, y en el corredor estaba un destacamento de la policía. No le cabía duda, en cualquier caso, siempre tendría más posibilidades de huir por el jardín que en un estrecho pasillo.

No lo pensó y saltó desde la ventana: cayó sobre lo que le parecieron unos anchos hombros, al tiempo que se oía el grito de una mujer. Reconoció al momento la voz de la respetable viuda Neikirch.

—¿Qué pasa? ¿Qué le sucede? —pronunció una segunda voz, perteneciente sin duda al trombonista que ocupaba la habitación contigua. Al parecer, los dos habían salido al jardín a respirar un poco de aire fresco al caer la tarde.

Miramballe tropezó con el robusto cuerpo de su patrona y, llevado por el pánico, salió corriendo hacia el Tiergarten. Allí imperaba la silenciosa tormenta. No había viento, pero los árboles se encorvaban como si los golpeara la fuerza de un huracán; las ramas se agitaban y de ellas caían torrentes de agua. Relámpagos amarillentos rasgaban las nubes. Estaba cayendo un auténtico aguacero, pero aquello era solo una visión, ya que sobre Maramballe no caía ninguna gota.

El frescor de la noche lo despejó y pudo poner en orden sus ideas. En cualquier caso, en el jardín, no se le había tendido ninguna emboscada. Pero entonces, ¿quién había llamado a su puerta?

Toda la noche estuvo vagando por los senderos del parque, y hasta que amaneció se atrevió a volver al hotel.

—Pero, ¿es que había salido? —le preguntó sorprendido el conserje, mientras le abría la puerta.

—Sí —contestó lacónicamente—. ¿No ha venido nadie preguntando por mí?

—Por la noche vino un tipo... No le permití la entrada, pero insistió en que venía por un asunto urgente y de suma importancia, y que usted lo estaba esperando.

—¿No se fijó qué aspecto tenía cuando se le pudo ver?

—Llevaba el sombrero calado hasta las cejas y el cuello subido. Me pareció que tenía la barba oscura y hablaba con acento extranjero.

"¿Quién podía ser?", se preguntaba Maramballe, mientras avanzaba con cuidado por el pasillo. Los terrores de la pasada noche habían quedado atrás, pero, aun así no acababa de tranquilizarse.

—Buenos días, *fräu* Neikirch —saludó al notar la agitada respiración de la patrona.

—Buenos días —respondió esta secamente, y a continuación dio un portazo.

El joven entró cautelosamente en su habitación. No había nadie.

12
Drama sonoro

En el Reichstag acababa de concluir la sesión en la que se discutía el estado de la industria y las medidas tomadas por el gobierno. Diferentes ministros habían intervenido con sus informes. Según sus datos, la situación de la producción en las fábricas y empresas del país no era tan negativa como podría esperarse. La adaptación de la maquinaria al "método ciego" de producción se había realizado con un notable éxito. Se había extendido el uso de cronómetros; se habían restablecido "criterios de tiempo" según el proceso productivo y hasta relojes con señales acústicas que indicaban no solo los minutos, sino también los cuartos de minuto.

Por supuesto, este "bienestar oficial" no se correspondía con el verdadero estado de las cosas, que distaba mucho de ser esplendoroso. No obstante, tampoco se podía calificar el panorama de catastrófico.

Contra lo previsto, la mayor amenaza se cernía sobre la situación agraria. Ni siquiera el ministro del ramo pudo ocultar sus temores.

—La duración de la insolación no ha variado —expuso—; en cambio, la salida y la puesta del sol no se corresponden con la verdadera posición del astro. Solo podemos ver los primeros rayos de luz solar, cuando estos se "revelan" —como se dice ahora—, es decir, cuando se hacen visibles sobre la superficie de la tierra y ante nuestra retina. Este fenómeno se compensa porque el efecto de estos rayos se deja sentir aún algún tiempo después de haberse presentado el ocaso. Sin embargo, por desgracia para nosotros, y como resultado de la desaceleración de la luz respecto al tiempo empleado en su medida, la superficie de la tierra está recibiendo una cantidad menor de luz, y además parece más enrarecida. Hemos podido constatar cómo han desaparecido determinados colores del espectro; algunos se han modificado y también han surgido colores totalmente nuevos; otros son el resultado de la combinación de varios entre sí.

"Es un fenómeno que no puede dejar de tener su efecto en el crecimiento de los cereales y cultivos industriales. En algunos casos, como por ejemplo el lino, parece que la acción de los rayos ultravioleta los ha hecho crecer más rápido de lo normal y alcanzar una altura excesiva, pero no han llegado, sin embargo, a fortalecerse, como si estuvieran enfermizos y anémicos. En general, puede decirse que la maduración de los cereales ha bajado enormemente, pero no debe cundir el pánico, pues sabremos vencer esa dificultad. Nuestros químicos y agrónomos han volcado todos sus esfuerzos en encontrar recursos para acelerar la maduración de los vegetales. El calentamiento de las raíces, la transmisión de la corriente eléctrica en el subsuelo y los nuevos abonos químicos, van encaminados en esa dirección. Respecto a la salvación de la cosecha del año que viene, podemos tener una certeza casi absoluta. La cuestión primordial ahora es salvar el trigo aún inmaduro, salvar la cosecha de este año. Vamos a confiar en que lo conseguiremos y ponemos nuestras esperanzas no solo en la ciencia. He dejado para el final la noticia más prometedora y optimista. Las mediciones efectuadas esta misma mañana han mostrado que la velocidad de la luz ha aumentado cuatro segundos.

En los escaños de los diputados conservadores hubo un estallido de aplausos.

—Agradecemos al ministro su aumento de cuatro segundos —se oyó decir con sorna a algún diputado de la oposición.

—Venga, ahora vamos a comer —dijo Maramballe a Lyle, casi empujándolo.

Y se encaminaron al Tiergarten, acompañados de Metaxa, que prometió comentarles una jugosa noticia.

—Usted siempre tiene novedades —dijo riéndose Maramballe.

Cuando llegaron a su lugar de reunión habitual, bajo el viejo y frondoso tilo, y se sentaron en torno a la pequeña mesa de mármol, oyeron pasos en la parte trasera del quiosco. Y de repente Maramballe pudo oír la voz del teniente Blittersdorf.

—¡Señor Maramballe! ¿Tendrá usted a bien satisfacer mi deseo?

—¿Se refiere a un duelo? ¿En pleno siglo XX? ¡Es un anacronismo! Se rio forzadamente el aludido—. Yo no he ofendido a nadie, ni puedo corresponder a su derecho de defender a los "ofendidos".

—Pues lo obligaré a reconocer tal derecho y a aceptar mi desafío.

Acto seguido se desató un verdadero drama sonoro, pero invisible.

Alguien golpeó a alguien. Se oyó cómo caían los cuerpos y un furioso grito. Más golpes, más caídas y un sordo gruñido.

—¡Eso es para que aprenda! —dijo la amenazadora voz del teniente, antes de iniciar su retirada.

Los que estaban sentados en las mesas cercanas y los transeúntes casuales esperaban con impaciencia el inicio de la "sesión". Cuando el campo de batalla empezó a manifestarse, se oyeron alegres risas desde todas partes.

Todos pudieron ver cómo Maramballe, que estaba hablando con el teniente, se echó a un lado sin previo aviso, y todos los golpes fueron a parar a Metaxa, quien, con una expresión de susto, cayó de bruces al suelo. A continuación Lyle, sin soltar su pipa, se inclinó para poder determinar, por la respiración, la posición del atacante. Y en un instante, como siguiendo un manual de boxeo, descargó sobre la mandíbula del teniente un seco pero certero golpe que lo derribó. Si Lyle hubiera tenido al teniente a la vista, seguramente no le hubiera podido acertar mejor.

Maramballe se quedó boquiabierto. Nunca habría esperado del "gélido" Lyle una reacción así de efectiva.

—Pero, ¿por qué te has inmiscuido en la pelea? —no pudo evitar preguntar.

—Yo también puedo defender a los oprimidos —dijo, liberando satisfecho una bocanada de humo—. A partir de ahora, si este señor quiere batirse, tendrá que hacerlo con tres a la vez: contigo, porque estás resentido por algo; con Metaxa, por haber golpeado; y conmigo, porque yo lo agredí. Y no tengo inconveniente en medir mis fuerzas con él, siempre que no sea con otra arma que los puños.

¡Era increíble! El boxeo había animado tanto a su colega que hasta se había vuelto hablador.

—Bueno, y ¿quién es ese gallito que nos atacó? —preguntó Lyle.

—¡Yo lo sé! —saltó el omnipresente Metaxa. Pero Maramballe lo detuvo en seco.

—¡Chist…! No hace falta remover esa historia. Podría oírnos cualquier policía que ande cerca, sin ser visto. Usted quería contarnos algo, señor Metaxa…

—Sí, quizá tenga usted razón. Ya hablaremos en otro lugar. El escándalo que hemos organizado puede atraer a multitud de curiosos que están ansiosos por enterarse del motivo de la discusión, y lo que quiero contarles no deben oírlo desconocidos.

Después de charlar sobre el futuro de la cosecha, los tertulianos se despidieron.

Esa misma tarde, Maramballe se sentaba a su mesa en la habitación del hotel, dispuesto a escribir "a ciegas" y con grandes letras su habitual crónica, cuando de repente notó los inconfundibles pasos del renqueante teniente aproximándose por el pasillo. Intentaba disimular su cojera caminando despacio, pero el fino oído de Maramballe captó el peculiar y desigual ritmo de sus pasos, y enseguida fue consciente de la situación en la que se encontraba. El celoso contrincante había venido a "ajustar cuentas". Pero, ¿debía enfrentarse cara a cara con su enemigo? El militar era bastante más fuerte que él, y además era probable que fuera armado. ¿Debía huir? La ventana estaba cerrada y el barón estaba muy cerca de la puerta, que además no estaba cerrada con llave. Sin pensárselo, saltó del sillón y se ocultó debajo de la mesa. Justo en ese instante la puerta se abrió de golpe, y el teniente hizo acto de presencia. Se detuvo, observando atentamente la habitación, y vio a Maramballe sentado en su mesa y concentrado en su trabajo. Pero, ¿era el auténtico o solo su imagen?

El mayor había planeado su acción basándose en el elemento sorpresa, de modo que sacó en el acto su revólver y, apuntando sin vacilar a la cabeza de Maramballe, le descargó dos certeros disparos. Este, sin ver al teniente, ni se inmutó y siguió escribiendo. Eso entraba dentro de lo normal. Pero ahora el teniente prestó atención no tanto a su vista como a sus oídos, para intentar adivinar por el sonido cuál había sido el efecto de sus disparos. Y no se equivocaba, al lado de la mesa oyó un leve gemido, seguido del ruido inequívoco que solo podía producir el cuerpo del periodista al caer.

Asunto resuelto. El barón salió tranquilamente al pasillo, y pudo llegar hasta la calle sin mayores problemas.

El ruido de los disparos atrajo a los huéspedes de otras habitaciones y también *Fräu* Neikirch se acercó para llamar a la puerta.

—¿Qué ha pasado aquí, señor Maramballe?

Si no hubiera sido por el asunto del robo, Maramballe habría llamado a los testigos potenciales y les habría pedido que se quedaran hasta visualizar la escena del atentado contra su vida que se acababa de producir; pero ahora consideraba que lo importante era no armar ningún escándalo ni llamar la atención. Más decisivo aún era que no lo vieran como un ridículo cobarde, escondido debajo de la mesa. Cuando se imaginó la escena, con esa vergonzosa forma de batirse en retirada, se decidió definitivamente a no revelar el verdadero sentido de lo sucedido.

—Nada de particular, *fräu* Neikirch —respondió con calma. Ha venido a visitarme un amigo y le estaba enseñando mi revólver, cuando al descargarlo se me disparó accidentalmente.

—Ahora hay que tener mucho cuidado con esas cosas —le recriminó la patrona—. Le ruego encarecidamente que no vuelva a hacer algo así en mi casa.

—¡Oh! Por eso no se preocupe *fräu* Neikirch, era la única munición que me quedaba.

13
El hombre del antifaz

A pesar de los inconvenientes de la catástrofe, la boda de Wilhelmina Leier y el barón Blittersdorf se celebró por todo lo alto.

Sin embargo, un extraño y —especialmente para el novio— desagradable incidente aguó la fiesta.

Después de la ceremonia, los novios volvieron a casa como marido y mujer, y empezaron a llegar los invitados con sus felicitaciones. Pero de pronto se oyó un grito de la novia y se formó un alboroto entre la multitud de comensales.

Cuando se manifestaron las imágenes, a los invitados les asombró una desvergonzada e inaudita escena: un joven con un antifaz negro se acercó a la novia y con el mayor de los descaros la abrazó y le dio un apasionado beso en los labios. Después buscó a tientas la mano del novio y puso en ella un pequeño paquete. Al final hizo una aparatosa reverencia y se marchó.

El novio, después de presenciar todo el episodio con los demás invitados, se puso tan furioso que, ofuscado, se lanzó contra la fantasmal figura, derribando al anciano consejero diplomático que ocupaba ese lugar. Una vez "revelada" esta sucesión de imágenes, muchos de los presentes a duras penas pudieron contener la risa. Por respeto, hicieron como si no hubieran visto nada, se sentaron a la mesa y la fiesta continuó según lo previsto. No se interrumpieron las felicitaciones, pero ahora con un tono burlón; al brindar, las risas eran fingidas y después por lo bajo se reían de verdad tapándose con las servilletas. El teniente no podía quitarse de la cabeza la aparición del enmascarado, y se veía obligado a sonreír y aparentar naturalidad, pero no conseguía borrar las arrugas de consternación de su frente ni la febril contracción en la comisura de los labios.

—Parece un difunto asistiendo a su propio funeral, ¿no es cierto? —murmuraban las malas lenguas. Señalando el rostro absorto, aunque forzadamente sonriente del barón.

Todos sentían curiosidad por el paquete que había recibido el novio de manos del desconocido, pero especialmente del propio teniente. Su impaciencia llegó a tal punto que nada más concluir el ágape se dirigió al jardín y, destrozando el paquete, extrajo su contenido. Lo miró, pegándoselo literalmente a los ojos, e inmediatamente decidió ocultarlo a toda prisa.

—¿Qué hay en el paquete que le ha entregado el enmascarado? —oyó preguntar a Leier.

El teniente se sobresaltó por la pregunta y la presencia inesperadas.

—¿En qué paquete?... ¡Ah, nada!... Tonterías ¡Una chiquillada! —dijo deliberadamente en voz alta, para que todos lo oyeran—. Ha sido una broma de mi hermano. No muy acertada, hay que decirlo, pero él siempre se ha distinguido por su frivolidad y excentricidad.

—¿Su hermano? No sabía que tuviera un hermano —dijo con asombro Leier—. Y entonces, ¿por qué no se ha quitado la máscara y se ha quedado con nosotros?...

Leier notó cómo el teniente le cogía con fuerza la mano y comprendió perfectamente el gesto, por lo que no hizo más preguntas.

—Mi hermano ha estado viajando por África y acaba de volver. Mañana seguramente nos hará una visita...

La historia del hermano se difundió rápidamente entre los invitados, pero no resultaba muy convincente.

14
El final del día del juicio

Maramballe se despertó: al abrir los ojos los entornó en un acto reflejo, ante la desacostumbrada luminosidad de la habitación. Se volvió hacia la ventana y pudo ver, entre los dos edificios de enfrente, una franja de cielo azul. Saltó inmediatamente de la cama y se puso a agitar sus manos en el aire. ¡Podía verlas al mismo tiempo que las movía! A continuación arrastró el sillón y lo puso en medio de la habitación. ¡Y lo seguía viendo allí donde lo había puesto! ¡Se acabaron los fantasmas y los dobles! La representación visual sincronizaba con la presencia física de los objetos. No cabía duda: la luz había recuperado su velocidad normal. Quizá no llegara a alcanzar aún los 300 000 kilómetros por segundo habituales, pero eso sería objeto de estudio por parte de los astrónomos. En la vida cotidiana, y dentro de los fenómenos conocidos, una diferencia de cuatro kilómetros, o incluso de algunas decenas de kilómetros era algo inapreciable.

Lo embargó una inmensa alegría, como si después de vivir en el país de las sombras hubiera regresado a su tierra natal, al cristalino mundo de las cosas reales, con su cielo azul y sus verdes árboles.

Se puso a canturrear alegremente, mientras daba vueltas por el cuarto. Una cancioncilla que significaba el regreso a la vida y que se contagió a los demás huéspedes de la casa, a los viandantes, a toda la ciudad y al mundo entero. Por todas partes se oían las voces alegres y excitadas de la gente. Como si el planeta despertara de su larga y penosa enfermedad, dejando atrás un cúmulo de delirantes pesadillas y de repente se sintiera sano y vital. Todos cantaban, se reían, se felicitaban unos a otros. Los conductores y los maquinistas, sin esperar el permiso de las autoridades, manejaban sus vehículos y tranvías a toda velocidad. Aullaban las sirenas, tintineaban las campanillas y el mismo ruido y alboroto se extendía de un extremo a otro de la ciudad, que parecía bullir como una caldera de acero fundido.

—¡Formidable! ¡Increíble! ¡Maravilloso! —no dejaba de exclamar Maramballe, sin preocuparse de que lo tomaran por loco. Se sentó en el sillón sin el menor cuidado, y golpeó los brazos con sus puños—. ¡Es un objeto, no un fantasma! ¡Se acabó el reinado de los fantasmas!

Sí, el reinado de los fantasmas había concluido y en ese mismo instante se produjo una revalorización de todo aquello que era preciado. Las astutas maniobras políticas y los acuerdos internacionales —tanto públicos como secretos— recuperaron su valor, sentido e interés.

Maramballe recordó en el acto el expediente 174, que aún descansaba bajo el colchón de Lyle.

"Ahora será aún más difícil sacar de ahí la carpeta sin que nadie lo note —pensó—. Pero sea como sea, la haré, aunque tengo que darme prisa. Ahora la podrían encontrar; bastaría con que Lyle o la mucama levantaran un extremo del colchón."

Sin esperar ni un segundo, Maramballe se vistió para ir a ver a su amigo.

Este lo recibió con su habitual tranquilidad. Ni siquiera el fin de las perturbaciones con la luz lo había vuelto más expresivo. Como siempre, fumaba su pipa concentradamente, mientras observaba con atención a su interlocutor a través de los bucles de humo. A Maramballe le pareció que su amigo entornaba sus transparentes ojos más de lo habitual, como si con ellos esbozara una sutil y burlona sonrisa.

Ese gesto lo inquietaba. Pero cuando su amigo empezó a hablar, se olvidó y acabó relajándose con fluida conversación.

—Te habrán contado lo que ocurrió en la boda del barón Blittersdorf y Wilhelmina Leier.

"Así que eso es lo que ocultaba aquella sombra de sonrisa en la pétrea cara de mi colega", pensó Maramballe, y respondió con fingida ingenuidad.

—No, no me han contado nada.

Lyle lo miró con incredulidad, pero le contó con detalle la intervención del enmascarado que besó a la novia.

—Así que el adversario del barón ha sido vengado por alguien —concluyó Lyle—. Reconócelo: ese desconocido del antifaz, ¿eras tú?

Maramballe puso cara de asombro y, finalmente, no pudo reprimir una espontánea carcajada.

—¡A ti no se te escapa nada!

—Y, naturalmente, el teniente sabe que fuiste tú.

—Se sobrentiende.

—Pero ahora querrá matarte, después de esa broma, corres peligro si te quedas en Berlín.

—No, no me matará, se tendrá que tragar esa ofensa —dijo con convicción Maramballe.

—El teniente no es de esas personas que pueda digerir en silencio una afrenta de ese calibre.

—Desde luego que no. Unos días antes había venido a verme y me descargó dos disparos en la cabeza. Claro que para desgracia suya, solo mató al segundo Maramballe, mi doble fantasmal. De eso se convenció en definitiva al ver con qué dulzura el auténtico Maramballe besaba apasionadamente a su joven esposa.

—¿Él te reconoció bajo la máscara?

—Es probable. Pero además recibió mi "tarjeta de visita" como regalo de bodas.

—¡Ah! ¿Te refieres al misterioso paquete que dejó a todos intrigados? ¿Qué contenía? Dicen que el teniente se negó a hablar de ello y ni siquiera se lo contó a Wilhelmina ni a su padre.

Maramballe arqueó las cejas significativamente y se paseó por la habitación, acercándose con disimulo a la cama.

—Te lo explicaré todo. El teniente entró en mi habitación de forma tan repentina que realmente habría podido acabar conmigo, de no haber sido porque pude oír y reconocer sus pasos acercándose a mi puerta. Tuve el tiempo justo de esquivar los disparos echándome a un lado. Las balas pasaron tan cerca de mi cara que pude sentir cómo silbaban. Pude confundir al atacante, me puse a gemir. —Maramballe no consideró necesario contar el pequeño detalle de cómo se escondió bajo la mesa—. Una vez cometido su crimen, el teniente se marchó apresuradamente. Y yo intenté tranquilizar a los vecinos, preparé mi cámara de fotos —que suelo tener siempre cargada— y me dispuse a esperar la visualización de la escena. De este modo conseguí fotografiar toda la secuencia de los hechos: a mí, sentado en el escritorio, y al teniente disparando a mi sillón, en realidad vacío. Cuando apareció el "fantasma" del teniente, yo ya no estaba donde él vio mi imagen, a la que disparó. Las sucesivas imágenes fotográficas son una prueba irrefutable del crimen cometido por el teniente: asesinato en grado de tentativa. Si no acabó siendo un verdadero asesinato, fue gracias al "truco" propiciado por la velocidad de la luz, que me dio la oportunidad de esquivar el peligro en el último momento. Para mayor credibilidad, hice una primera toma de mi imagen sentado a la mesa, y una segunda en la que aparecía el teniente disparándome. Si se presta atención, se ve que la situación de la habitación es idéntica, con lo que se completa el cuadro del intento de asesinato.

Maramballe se sentó en un extremo de la cama, bajó los brazos y, balanceándose metió los dedos en el colchón.

—¿Y esa era la fotografía que le dejaste al teniente?

Bueno, le puse tres de las fotos: la mía, la suya y en la que aparece la escena "conjunta". Ahora ya conoces la explicación completa. El teniente queda advertido de que obra en mi poder un documento capaz de inculparlo en cualquier momento, en caso de que tenga intención de perseguirme. Pasar del altar a la cárcel no es muy agradable.

—Pero el teniente tiene muchos contactos y podría hacer que cerraran el caso.

—Lo dudo, yo podría publicar las fotos en la prensa extranjera. Un escándalo así, aunque no llegara a los tribunales, lo dejaría bastante lastimado. Y, por si fuera poco, podría entregar una copia de las fotografías a Wilhelmina, para que sepa que su marido es un delincuente. Aparte de arruinar sus relaciones, ella siempre podría esgrimir ese argumento contra su marido, y él quedaría a su merced.

Maramballe intentaba llegar con los dedos hasta la carpeta, pero no conseguía palparla y su temor iba en aumento. Lyle seguía sentado frente a él de perfil y fumando.

—Teniendo esa prueba en tus manos no te sería difícil hacerte amigo de la familia —dijo con ironía Lyle.

—Eso… ya se verá… —respondió algo ensimismado Maramballe.

La carpeta había desaparecido… Pero él no perdía la esperanza de que se hubiera metido más al fondo por casualidad, y continuaba moviéndose sobre la cama.

—¿Y por qué no acudes ahora mismo a los tribunales con tus reveladoras fotografías?

—Tengo mis razones para no actuar así.

Lyle se volvió hacia él de manera brusca, y clavándole la mirada, le dijo:

—No busques más, ahí no está la carpeta.

A Maramballe le pareció como si la luz se hubiese detenido totalmente. Se le nubló la visión y le faltaban las palabras.

—¿Cómo?... ¿Qué carpeta?... —balbuceó hipando.

—Justo la misma que pusiste debajo de mi colchón.

—¡Yo no he puesto ahí ninguna carpeta!

—Entonces, mejor —respondió serenamente Lyle—. Eso significa que la carpeta vino a mí y puedo disponer de ella a mi antojo.

—Escúchame, Lyle —suplicó Maramballe—, amigo mío, devuélveme la carpeta. Yo la saqué de casa de Leier arriesgando mi vida.

—Ahora escúchame tú. Yo te consideraba mi amigo, pero has actuado de forma muy desleal al dejarme aquí esos documentos robados.

—Pero no podía hacer otra cosa... Me estaban persiguiendo, y no estaba seguro de que consiguiera despistarlos... Tu casa... la seguridad del territorio de la embajada...

—Podrías haberme comprometido no solo a mí, sino a toda la legación diplomática británica. ¿Por qué no te valiste de la extraterritorialidad de tu embajada, que se encuentra cerca de aquí? ¡No hay excusas que valgan! Si ese expediente 176 ha caído en mis manos, no pienso dejarlo escapar.

—¿El expediente número 176? —preguntó a su vez Maramballe—. Perdona, pero creo que te equivocas, se trata del expediente número 174.

—¡Mientes!

—¡Como!... —dijo Lyle, apretando su enjuto y nudoso puño cubierto de pecas en el dorso—. ¿Yo miento? Si no retiras tus palabras ahora mismo, saldrás volando del territorio de la embajada británica para aterrizar en el de la francesa —añadió amenazante.

La amistad entre ambos no se había visto expuesta hasta entonces a ningún conflicto grave. Pero ahora Maramballe se encontraba tan furioso por el comportamiento de su "amigo" que estaba dispuesto a enfrentarse físicamente a él: apretó los puños y adoptó la posición del boxeador con los brazos flexionados para bloquear los golpes.

Pero en ese preciso instante empezó a hablar el locutor de la emisora sintonizada, y las primeras palabras que resonaron en toda la estancia obligaron a los dos amigos-enemigos a detenerse y prestar atención.

—¡Hola! ¡Atención todos los oyentes! ¡Escuchen con atención! El "fin del mundo" ha terminado, pero... ¡podría repetirse!

—¡Lo que nos faltaba!, lamentó Maramballe, mientras se sentaba en el sillón para seguir escuchando.

—Para comprender los motivos de la disminución en la velocidad de la luz, debemos en primer lugar estudiar la propia esencia de ella.

Maramballe no estaba de humor para oír discursos científicos, y menos en ese momento clave para conseguir los ansiados documentos. Pero se le quedó grabada la frase "El fin del mundo podría repetirse". Si fuera así, todo volvería a perder sentido. Al menos sería útil saber qué probabilidad existía de que algo de esa naturaleza volviera a ocurrir... De modo que se resignó a escuchar la retahíla de datos científicos, bajo los cuales, sin embargo, se ocultaban las cuestiones más importantes de la vida. Lyle, de pie, apoyado en la mesa, escuchaba igualmente las noticias.

—Actualmente —continuaba el locutor— existen dos teorías sobre la composición de la luz: la atómica y la ondulatoria. La primera afirma que cualquier fuente de luz representa por sí misma una especie de batería, que bombardea los objetos circundantes con un "fuego huracanado", cuyas descargas se extienden por igual en todas direcciones, y siempre en línea recta.

"La velocidad de este vuelo suele ser constante y en el vacío equivale a 300 mil kilómetros por segundo. En el caso en que la luz atraviese otro medio, como el aire o el cristal, su velocidad, aun siendo enorme, sufre alguna alteración. Al incidir sobre algún objeto material, los átomos de luz no explotan, como sucedería con un fuego de artillería: o bien se incrustan en ese objeto (absorción de la luz); o bien son repelidos por este y rebotan en él (reflexión de la luz). Así, a grandes rasgos, es como Newton describió la luz. Estas hipótesis han sido predominantes durante todo un siglo, pero después se han visto desplazadas por la "teoría ondulatoria", de la que hablaremos más adelante, y luego han sido recuperadas por la llamada "teoría cuántica de la luz" (del latín *quantum*: cantidad, porción).

"Según la teoría cuántica, los átomos de luz son partículas físicas que se distinguen del resto de la materia por el hecho de que no poseen la densidad y "perpetuidad" de los demás átomos. Los átomos de luz "nacen" como consecuencia de un exceso de energía en el átomo del que son expulsados, "viven" durante su vuelo desde ese átomo matriz hasta otro diferente y acaban muriendo —es decir, desapareciendo— al convertirse en energía para este último.

"Ahora analizaremos los motivos que pueden conducir a una disminución en la velocidad de la luz, partiendo de la teoría atómica. Supongamos que entre el Sol y la Tierra, en el espacio, surge alguna barrera en forma de gas o de algún otro elemento material desconocido para nosotros y con gran densidad. Si esa materia absorbiera la luz, la tierra se vería sumida en las tinieblas. De la misma forma, la luz no llegaría a nuestro planeta si chocara y fuera reflejada por esa masa en su viaje hacia nosotros. Y, finalmente, si la luz fuera refractada al atravesar ese cuerpo, se producirían variaciones en su dirección, pero no en su velocidad. Solo nos queda una hipótesis, que indicábamos antes: la desaceleración de la luz a su paso por un obstáculo de naturaleza desconocida para nosotros. ¿Qué clase de obstáculo?, es algo para lo que aún no tenemos explicación. Puede que sea algún tipo de particular neblina. Y, si esa nebulosa nos recuerda a las que podemos observar con nuestros telescopios, es del todo posible que tenga forma de espiral. En tal caso, nuestro planeta, en su movimiento conjunto con el sistema solar, podría en más de una ocasión atravesar el "anillo" de esa masa espiral, con lo que se produciría de nuevo un efecto de ralentización de la luz.

"Por todo ello, el gobierno recomienda encarecidamente tener preparados en todo momento aparatos de señalización acústica y otros mecanismos utilizados durante el pasado "fin del mundo" para regular el tráfico en las calles y los procesos de producción. Eso en lo que respecta a lo que se deriva de la teoría atómica y cuántica de la luz.

"Lo que nos dice la teoría ondulatoria de la luz es que las oscilaciones luminosas vienen dadas por cambios rápidos y periódicos de fuerza en los campos electromagnéticos que emanan de las fuentes luminosas, en los distintos puntos del espacio. Según esta teoría, las ondas del espectro luminoso no se diferencian en nada de las ondas de radio. Su velocidad es la misma.

"No hemos podido apreciar una disminución en la velocidad de las ondas de radio; en cambio sí pudimos constatar un fenómeno singular e inexplicable. Como es sabido, las ondas de radio son capaces de circundar la Tierra en un lapso de tiempo muy corto (1/7 de segundo) y luego vuelven a su lugar de emisión en forma de "eco". De esta manera podemos captar esas ondas enviadas alrededor del mundo en repetidas ocasiones. Pero se han observado casos en los que las señales enviadas desde una emisora de radio no han regresado de inmediato, sino que han estado "desaparecidas" durante un tiempo determinado, y no han sido captadas de nuevo sino al cabo de ¡diez o veinte minutos! ¿Por dónde vagaban esas ondas? Evidentemente, por alguna región del espacio, hasta que regresan finalmente, quizá reflejadas por algún cuerpo celeste. Lo que las hizo cambiar de dirección no lo sabemos. Lo que sí sabemos es que las ondas llegaron con un retraso de veinte minutos, aunque la velocidad de su "vuelo" probablemente no fuera menor de lo habitual. Pero si la luz es por su naturaleza en sí misma un campo electromagnético, ¿no se habrá sometido al mismo fenómeno las ondas de radio?

"En cualquier caso, lo importante es que los motivos que ocasionaron la disminución de la velocidad de la luz pueden repetirse. Por eso, insistimos: prudencia, precaución y entereza".

El programa de radio llegó a su fin y Maramballe miró a Lyle. Este guardaba silencio.

—¿Y para qué tanta palabrería? —dijo Maramballe—. Al final no hay nada concreto; todo son hipótesis. Sin ese discurso, ya sabríamos que lo que pasó puede repetirse de nuevo. ¡Ahora no es momento de dar lecciones! Y nosotros no habíamos concluido nuestra conversación, Lyle. Esa maldita radio...

—Yo opino que, si concluimos nuestra conversación, no será muy favorable para ti, Maramballe —dijo Lyle, apretando de nuevo los puños.

Maramballe se envalentonó, como un gallo antes de la pelea.

Pero en ese momento alguien llamó a la puerta. Lyle se dirigió hacia ella, como si su colega no estuviera cortándole el paso, y después este tuvo que hacerse a un lado.

Al abrirse la puerta entró Metaxa. Toda su cara era una sonrisa, su blanca dentadura refulgía y sus ojos vidriosos resaltaban como nunca.

—¡Hola! ¿Están los dos? Mucho mejor. La otra noche fui a verlo, señor Maramballe, por un asunto. El portero me dijo que estaba en casa, pero me cansé de llamar y me marché. Tiene usted un sueño muy profundo. Un hombre honrado siempre duerme bien.

"Así que este fue quien llamó a mi puerta. ¡Cómo no lo adiviné! —pensó Maramballe—. Pero Metaxa no lleva barba, ¿o quizá fuera disfrazado?"

—Sí, hay un asunto, ¡un gran asunto! —continuó Metaxa.

—¿Y qué número lleva su asunto? —preguntó burlonamente Lyle, que ya había adoptado su serenidad habitual.

—¡Je, je! Lo ha adivinado; es el expediente número 174.

—¿Cómo...? No puede ser. Ese expediente lo tengo yo, es decir, Lyle.

—Eso es imposible, porque el expediente número 174 está en mi poder —insistió Metaxa.

—¿Sobre el pacto germano-soviético?

—Sobre el acuerdo entre esas dos naciones —concluyó el griego.

—Pero yo me llevé esos documentos con mis propias manos de la mesa del despacho de Leier —reveló Maramballe sin poderse contener.

—Pues con las prisas debió coger el "fantasma" de ese documento. O lo que realmente pasó es que usted se llevó otros papeles que estaban debajo de la carpeta del expediente 174, porque esa carpeta la cogí yo unos minutos antes de que usted entrara en el despacho. Al salir, yo alcancé a oír que usted entraba, aunque aquello era solo una conjetura, que ahora he confirmado. Usted mismo se ha castigado. Yo le propuse un trato, ¿recuerda?..., en el teatro. Usted se negó, no quiso perder mil marcos; entonces decidí actuar por mi cuenta.

—Espero que ahora sepas disculparte —dijo Lyle a Maramballe.

—Sí, ¡discúlpame! Pero, ¿quién iba a imaginar?... ¡Qué estúpido he sido! Tendría que haberme acercado la carpeta a los ojos... Pero, ¿dónde está? Enséñemela.

Metaxa esbozó una sonrisa triste en sus ojos, pero al mismo tiempo astuta en el gesto de su boca.

—Le costará cinco mil marcos. *Imera* es un buen periódico, pero no me dará ni seiscientos, y yo quiero vivir bien, terminar mis estudios.

—¡Cinco mil! —se indignó Maramballe—. Pero ¡eso es un robo! Metaxa; usted me cogió la carpeta prácticamente de las manos.

Metaxa volvió a sonreír de la misma manera.

—En realidad es muy barato. Por un *dossier* así pueden pagar veinte, treinta o cuarenta mil marcos.

—Dos o tres mil puedo darle, Metaxa. Y, si no los acepta, acabaré por denunciarlo.

—¿Y qué? —respondió el griego sin alterarse—. Usted me denuncia a mí y yo a usted. Los dos iremos a la cárcel y no tendrá nada con qué inculparme.

—Yo le daré los cinco mil —intervino Lyle entre espirales de humo.

—¡No, nada de eso! —saltó Maramballe—. ¡Yo soy el primer comprador! Tú no has hecho nada por conseguirlo y yo he arriesgado mucho. Está bien, le doy los cinco mil. ¿Dónde está la carpeta? —le dijo a Metaxa con apuro.

—Ofrezco diez mil marcos —dijo Lyle, con toda parsimonia.

—Espere un momento. ¡Esto es una canallada! —dijo Maramballe, mientras Lyle fruncía el ceño—. Quiero decir que es un absurdo. ¿Para qué vamos a inflar el precio? Ya es suficiente. Venga, yo le doy esos diez mil, pero vamos a dejarnos ya de subastas. —Maramballe cogió impulsivamente por los hombros a Lyle, y casi llorando le suplicó—: Tú eres mi amigo. Te lo ruego. Dejémoslo así. Quédate con los documentos que yo me llevé. No te pediré nada por ellos, y tú me cedes el expediente 174, ¿de acuerdo?

—*Yes* —respondió lacónicamente el inglés, zafándose del abrazo de su colega.

Maramballe respiró aliviado, y en el acto sacó su talonario y su infaltable pluma. Tenía la misma sensación que cuando se sentaba a escribir la más complicada de sus crónicas. Resoplaba, se sentaba de nuevo para dar vueltas por la habitación. Metaxa esperaba pacientemente, como la araña que ha visto caer su presa en la tela, pero aún teme que pueda escaparse.

—Dígame Lyle —preguntó el griego— ¿ha podido echarle un vistazo al expediente número 176?

—Sí, es bastante "jugoso". Pone al descubierto, dicho suavemente, la influencia ejercida por un consorcio sobre el gobierno, para introducir modificaciones en la ley de aranceles al comercio exterior, que se promulgará en breve. Claro que con eso no vas a ganar diez mil marcos —apuntó Lyle.

Maramballe suspiró ruidosamente.

—¡Diez mil marcos!... Es casi lo que vale mi acreditación. Quizá pudiera usted bajar la suma en algunos miles de marcos. —Metaxa miró entonces a Lyle con complicidad—. ¡Está bien, como quiera, sanguijuela! —Y como si estuviera a punto de cumplir su propia sentencia de muerte, Maramballe firmó el cheque, lo arrancó del talonario y se lo entregó a Metaxa, diciéndole: aquí tiene, en mano.

Metaxa se desabrochó con calma la chaqueta, el chaleco y la camisa, debajo de la cual llevaba una carpeta en la que aparecía impresa en grandes letras: *Expediente N.° 174.*

Los documentos pasaron de una mano a otra, y Metaxa, sonriendo satisfecho con sus aceitunados ojos oscuros, se marchó. Pero, antes de que Maramballe tuviera tiempo de abrir la carpeta, volvió a aparecer inesperadamente. Entreabrió la puerta y, echando un vistazo a la habitación, dijo con sorna:

—Señor Maramballe, ¿quiere que le devuelva sus diez mil marcos?

—¡Por supuesto! ¿qué hay que hacer?

—Deme dos mil más, y en una hora tendrá sus diez mil; cuando mucho una hora.

Maramballe miró con desconfianza al griego.

—¡Usted quiere engañarme!

—El señor Lyle será testigo. Es un asunto seguro, un buen negocio. Dele usted a él los dos mil marcos y cuando reciba sus diez mil, él me los dará. ¿De acuerdo?

—¡Está bien! ¿Qué debo hacer?

—Extienda otro cheque con valor de dos mil marcos.

Maramballe aún lo pensó un momento, suspiró y, como un jugador al límite, decidió "jugárselo todo a una carta". Arrancó el talón y se lo entregó a Lyle, que lo depositó tranquilamente en su bolsillo.

—¿Y ahora qué tengo que hacer?

—Vaya volando a su casa y coja los negativos de las fotografías que hizo cuando el barón le disparó. ¿Estamos? —Y sin esperar respuesta apuntilló— ¡Muy bien!

A Maramballe realmente le pareció un buen trato, pues conservaba algunas copias de las que podría sacar nuevos negativos, si fuera preciso. En cuanto a los originales, ¿por qué no venderlos por una buena suma?

—¡Bien, trato hecho! Usted vaya por el barón y yo por los negativos.

Maramballe se enfundó la carpeta con el expediente 174 bajo el chaleco y se dirigió al hotel. Lyle, por su parte, aceptó la propuesta para que la reunión se realizara en su domicilio, como "terreno neutral".

El taxi tardó muy poco tiempo en llevar y traer de vuelta a Maramballe y él llegó a la cita antes que Metaxa y Lyle, aunque estos no tardaron en aparecer. El barón los acompañaba vestido de civil, y se conducía como si hubiera ido al cuartel del enemigo a firmar la capitulación.

—Supongo que estará al corriente del motivo de mi visita —dijo, saludando solemnemente, pero sin tender la mano.

—Sí, sí —respondió enseguida Maramballe—. El señor Metaxa me dijo que estaba usted interesado en comprar unos negativos fotográficos. Tengo tres de gran interés para usted.

—¿Y el precio?

—Veinte mil marcos.

Blittersdorf miró confuso a Metaxa, que miró a su vez a Maramballe con expresión de sorpresa aún mayor.

—Yo no puedo darle esa suma.

—Quince mil, y no se hable más.

—¡Diez mil!

—¡Quince mil!

—¡Adiós, señores!

—¡Catorce! ¡Trece! ¡Doce!... ¡No puedo bajar más! ¡Es demasiado barato!

El barón se volvió, ya en la puerta.

—Podría darle doce mil marcos, pero con una condición innegociable... Usted podría hacer copias de esas fotografías...

Maramballe hizo un gesto con las manos, indicando que no pensaba hacer tal cosa. Con ese movimiento, la carpeta que aún tenía debajo del chaleco empezó a caerse y consiguió atraparla antes de que fuera a parar al suelo, pero... ¡vaya! El barón tuvo tiempo de ver por un segundo el número escrito en la carpeta: 174.

"Interesante hallazgo", pensó el barón, aunque no lo manifestó abiertamente.

—Pues bien, esta es mi condición —dijo con firmeza—: no volverá a hacerme chantaje alguno, ni jamás pondrá en circulación sus repugnantes fotos.

—En ellas aparece usted, señor barón.

—¡Y usted también, señor Maramballe! Si no cumple lo prometido, entonces...

—¿Entonces qué?

—Lo mataré. La segunda no fallaré. El efecto del "fin del mundo" ya se acabó.

—¡De acuerdo! Acepto su condición —confirmó Maramballe—. Le doy mi palabra de honor de que nunca publicaré nada de esto. Y por su parte exijo no tomar represalias en mi contra.

El barón sonrió.

—Bien, acepto.

Un trato más se había cerrado. Maramballe le entregó los negativos al barón, y este a cambio los doce mil marcos. Después de guardarse la película en el bolsillo, hizo una breve reverencia y se despidió. Pero, antes incluso de que hubiera llegado a la puerta, Metaxa tuvo tiempo de recibir su cheque de dos mil francos de su colega inglés y salió tras los pasos del barón con la agilidad de una lagartija.

¡Por fin Maramballe podía deleitarse en ver qué contenía el expediente 174! Sin esperar ni un segundo más, abrió la carpeta allí mismo.

Con la respiración acelerada, se sentó a la mesa y se puso a estudiar los documentos que le habían costado tanto tiempo y dinero.

Lyle fumaba su pipa sentado tranquilamente en el alféizar de la ventana.

Una vez concluida su lectura, a Maramballe se le encogió impotente todo el cuerpo, como si se le hubieran extraído todos los huesos.

—¿Es interesante? —preguntó Lyle.

—Es solo un acuerdo comercial. ¡Todo esto ya se hizo oficial y fue publicado en los periódicos! ¡No dice una palabra más! ¡Aquí no hay ningún pacto secreto germano-soviético!... —dijo Maramballe, teniendo que morderse la lengua.

Lyle se aguantaba la risa como podía, pero el oído de Maramballe no había perdido facultades. Después de tanto entrenamiento en los días de la catástrofe, y esa burla era la chispa que haría saltar el barril de pólvora.

—¡Oh, estafadores! ¡Canallas! ¡Tramposos! ¡Me engañaron, almas vendidas!... Me empujaron a robar; son una banda de delincuentes. Ustedes son los que han firmado un pacto secreto de Inglaterra y Grecia contra Francia. Tú, Lyle, hiciste subir el precio a propósito. Me has robado… Tú… Tú…

No pudo pronunciar ni una palabra más. Sus gritos podían alarmar a los vecinos y Lyle tomó medidas para evitarlo: se acercó rápidamente a su furioso colega y tomándolo por el cuello, con sus férreas y pecosas manos a modo de tenazas, le dijo suavemente:

—Ya te advertí, Maramballe, de que Metaxa era más astuto que nosotros dos juntos. Así que no temas, bella Francia; la vida es juego y lucha. Hoy no has tenido suerte, pero mañana puedes cerrar un trato tan brillante con Italia o Brasil contra Inglaterra, y desquitarte. —Y ahora con más severidad, Lyle concluyó—: Por favor, no vayas divulgando por ahí nuestras pequeñas desavenencias; no olvides que estamos en Alemania.

Maramballe resolló, se guardó la carpeta debajo del chaleco —aunque ya no la iba a necesitar— y, sin despedirse de Lyle, salió de la habitación para dirigirse a su hotel.

Dentro de su ropero había adosado a la pared del fondo una segunda tabla y entre ambas guardaba los documentos que no podía ver la policía alemana. Cerró la puerta con llave, desmontó el falso fondo y extrajo de su escondrijo secreto los negativos que acababa de vender al teniente, mascullando para sí:

—Todavía oirá hablar de mí, señor barón.

Las fotografías estaban a salvo, pero ¿qué hacer con el expediente número 174? Era peligroso conservar una prueba así en la habitación, aunque fuera escondida en el armario. Finalmente, decidió quemar los papeles. Pero antes de que pudiera llevar a cabo su plan, llamaron a la puerta. Todo ese tiempo había vivido con la tensión de la espera y había tomado sus precauciones para que no lo tomaran desprevenido. Había hecho en la puerta un pequeño agujero que apenas se notaba, y así podía ver quién estaba al otro lado.

Presa del pánico, vio que había toda una brigada de policías en el corredor. No cabía duda, el teniente había visto la carpeta que se le cayó del chaleco y se apresuró a comunicárselo a la policía, para que le cayeran *in fraganti*. "¡Maldito Barón!", mascullo entre dientes.

Pero, ¿qué podía hacer? No le había dado tiempo a quemar los documentos y aporreaban la puerta insistentemente, mientras una ruda voz tronaba:

—¡Abra, señor Maramballe, o echaremos abajo la puerta! ¡Lo hemos visto entrar a su habitación!

"¡Vaya, con qué rapidez trabaja la policía berlinesa! —se dijo, sorprendido—. De seguro el barón llamó a la policía y de inmediato salieron tras mi pista..."

La puerta empezaba a crujir... Unos instantes después saltó en pedazos ante el empuje de los vigorosos agentes. Los policías irrumpieron en la habitación... pero la encontraron vacía.

Mientras la registraban, de repente se oyó al locutor de la emisora de radio hablando con voz remota, "acartonada" y como de ultratumba. Las noticias parecían horribles:

"¡Nueva catástrofe! ¡La Tierra ha entrado en una nebulosa formada por gases tóxicos! ¡Acudan a los refugios antigas! Diez minutos de exposición son suficientes para intoxicar a una persona...!

La noticia dejó perplejos a los policías. Olvidándose del motivo que los había llevado allí, se precipitaron al pasillo y corrieron hasta el refugio subterráneo más cercano, golpeando y derribando a los sorprendidos transeúntes.

Maramballe salió en ese momento del armario e hizo sonar la marcha de la victoria a través del altavoz del aparato de radio.

—¡Vaya broma que les he gastado! —dijo, riendo satisfecho—. Ahora ya no habrá quién los saque del refugio. Y yo no necesito más de media hora para llegar a la estación. El visado de salida lo llevo en el bolsillo y tengo dinero de sobra. —Y se rio a carcajadas aún más fuertes—. Me imagino la cara que pondrá Metaxa cuando se acerque al banco para cobrar el cheque y le comuniquen que en mi cuenta no hay más que unos cientos de marcos.

* * *

TÍTULOS DE ESTA COLECCIÓN

Canción de Navidad y otros cuentos. *Charles Dickens*

Del arte de la guerra. *Nicolás Maquiavelo*

El beso y otras leyendas. *Gustavo Adolfo Bécquer*

El cuervo y otros cuentos. *Edgar Allan Poe*

El gran Gatsby y otros cuentos. *F. Scott Fitzgerald*

El jugador / Noches blancas. *Fedor Dostoievski*

El libro de Monelle y otros relatos. *Marcel Schwob*

La cabeza del profesor Dowell /
El día del juicio final. *Aleksandr R. Beliáiev*

La dama de las camelias y otros relatos.
Alejandro Dumas, hijo

La perfecta casada. *Fray Luis de León*

Los idus de marzo. *Thornton Wilder*

Los mitos de Cthulhu. *H. P. Lovecraft*

Poemas de amor. *Pablo Neruda*